Uma pedagogia
des**obediente**

P372   Uma pedagogia desobediente : tecendo a sala de aula e a vida escolar a partir de projetos de indagação / Organizadores, Fernando Hernández-Hernández, Marisol Anguita; tradução: Pedro Soares Gediel, Luciane Alves Schein ; revisão técnica : Lourdes Atié. – Porto Alegre : Artmed, 2025.
xix, 290 p. : il.; 23 cm.

ISBN 978-65-5976-067-1

1. Pedagogia. 2. Prática pedagógica. I. Hernández-Hernández, Fernando. II. Anguita, Marisol.

CDU 371.3

Catalogação na publicação: Karin Lorien Menoncin – CRB 10/2147

**FERNANDO HERNÁNDEZ-HERNÁNDEZ
MARISOL ANGUITA**

(ORGS.)

Uma pedagogia desobediente

tecendo a sala de aula e a vida escolar a partir de **projetos de indagação**

Tradução
**Pedro Soares Gediel
Luciane Alves Schein**

Revisão técnica
Lourdes Atié
Socióloga pela Universidade Federal do Rio de Janeiro com pós-graduação em Educação pela Facultad Latinoamericana de Ciencias Sociales, na Argentina. Diretora da empresa Ideias Futuras.

penso

Porto Alegre
2025

Obra originalmente publicada sob o título *Una pedagogia desobediente: Tejer la vida del aula y de la escuela desde proyectos de indagación*, 1ª Edição
ISBN 9788419690784

Copyright © 2023
Ediciones OCTAEDRO, S.L.
C/ Bailén, 5, 08010 Barcelona
www.octaedro.com
octaedro@octaedro.com

Coordenadora editorial
Cláudia Bittencourt

Editor
Lucas Reis Gonçalves

Capa
Paola Manica | Brand&Book

Preparação de original
Gabriela Dal Bosco Sitta

Leitura final
Ildo Orsolin Filho

Editoração
AGE – Assessoria Gráfica Editorial Ltda.

Reservados todos os direitos de publicação, em língua portuguesa, ao
GA EDUCAÇÃO LTDA.
(Penso é um selo editorial do GA EDUCAÇÃO LTDA.)
Rua Ernesto Alves, 150 – Bairro Floresta 90220-190 – Porto Alegre – RS
Fone: (51) 3027-7000

SAC 0800 703 3444 – www.grupoa.com.br

É proibida a duplicação ou reprodução deste volume, no todo ou em parte, sob quaisquer formas ou por quaisquer meios (eletrônico, mecânico, gravação, fotocópia, distribuição na Web e outros), sem permissão expressa da Editora.

IMPRESSO NO BRASIL
PRINTED IN BRAZIL

Autores

Fernando Hernández-Hernández (org.). Professor Emérito da Unidade de Pedagogias Culturais da Faculdade de Belas-Artes da Universidade de Barcelona (UB). Além do meu trabalho na universidade, colaboro com projetos educativos, em escolas e museus, que viabilizam que todos os estudantes encontrem seu lugar para aprender. Entre 1979 e 1980, lecionei na Inglaterra, onde tive contato com o conceito e a prática do currículo integrado. Continuo aprendendo nas aulas da universidade, na pesquisa que realizo no grupo Esbrina e como parte do grupo da Perspectiva Educativa dos Projetos de Trabalho (PEPT).

Marisol Anguita (org.). Sou uma professora apaixonada por educação e pela vida. Na etapa da educação infantil, tento possibilitar uma vida de aprendizagem rizomática que nos permita ser em companhia. Faço parte de diferentes grupos de indagação dos Institutos de Ciência e Educação (ICEs) da UB e da Universidade Autônoma de Barcelona (UAB), que me proporcionaram ser formadora. O grupo que me inspirou a ser a professora que sou é o grupo da PEPT, que há mais de 30 anos me ilumina. Fiz um mestrado em cultura visual e educação, que me revelou novas tramas a partir das quais conto nossas histórias de aprendizagem como pesquisadora narrativa.

Aida Mallofré López. Professora do ensino fundamental em processo de aprendizagem. Entusiasmada para continuar compartilhando processos e desejos de aprender tão intensos quanto os que vivi na sala de aula com Juanjo López.

Alba Castelltort Valls. Graduada em Ciências Ambientais e Doutora em Educação Ambiental pela UAB. Trabalho como docente no Institut Ca n'Oriac de Sabadell. Minha trajetória profissional começa na equipe técnica do Programa Escolas + Sustentáveis (Barcelona) e como pesquisadora em formação no Departamento de Didática da Matemática e das Ciências Experimentais da UAB. Essas experiências me permitiram conhecer profundamente linhas de trabalho em escolas de educação infantil, ensino fundamental e ensino médio, bem como processos de dinamização da participação nos centros educativos. Tenho colaborado como formadora na área da educação ambiental, no desenho de projetos transversais e, nos últimos anos, coordenei as sessões de formação interna sobre avaliação, prática reflexiva e aprendizagem entre iguais.

Andrea Richter Boix. Graduada em matemática pela UAB. Fiz mestrado em Matemática Aplicada na Universidade Politécnica da Catalunha, o que me permitiu trabalhar em diferentes áreas científicas. Gosto de acompanhar adolescentes no seu processo de desenvolvimento e aprendizagem, por isso me interessam propostas educativas com uma visão globalizada, centradas no acompanhamento e que promovam a ação. Desde 2019, sinto-me muito afortunada por fazer parte da equipe do Institut Ca n'Oriac de Sabadell.

Aurelio Castro Varela. Professor da Unidade de Pedagogias Culturais da Faculdade de Belas-Artes da UB e coordenador do mestrado em Artes Visuais e Educação. Membro do grupo de pesquisa Esbrina e do grupo de inovação docente Indaga't. Recentemente, coeditou, com Laura Trafí-Prats, o volume coletivo *Visual Participatory Arts Based Research In The City: Ontology, Aesthetics And Ethics* (Routledge, 2022).

Elisabeth Aznar. Professora de educação infantil e ensino fundamental. Graduada em Psicopedagogia pela Universidade Ramon Llull. Obteve o diploma de Estudos Avançados no Programa de Doutorado Diversidade e Mudança na Educação, Políticas e Práticas (UB). Membro do grupo da PEPT. Atualmente, é diretora do Cesire (https://serveiseducatius.xtec.cat/cesire/). Sua trajetória formativa e profissional gira em torno da transformação educativa, com o desejo de fazer das escolas espaços melhores para aprender e viver.

Esther González de Vicente. Graduada em Biologia pela UAB. Fiz mestrado em Biotecnologia Agrária pela UB e, durante alguns anos, fiz parte do Departamento de Biologia Celular-Celltec da mesma universidade.

Os centros educativos devem ser centros de referência na criação coletiva e na difusão cultural. Minha trajetória como docente foi se moldando até chegar a um equilíbrio entre ciência e arte. Sou docente na escola pública e faço parte da tribo do Institut Ca n'Oriac de Sabadell, onde sonhamos com um mundo para todos, cheio de árvores, bicicletas e outras maravilhas.

Irati Lerga Sola. Professora da educação infantil, em que continuo aprendendo a acompanhar crianças nos seus processos de aprendizagem da vida.

Jaione Arroniz Murguialday. Fiz o mestrado Artes Visuais e Educação: uma Abordagem Construcionista na UB, onde comecei a me inspirar para ser a professora de educação infantil que quero ser.

Jordi Domènech Casal. Doutor em Biologia e graduado em Humanidades. É professor de ensino médio do Instituto Marta Estrada e professor associado do Departamento de Didática da Matemática e das Ciências Experimentais da UAB. Participa de vários espaços horizontais de inovação educativa, como os grupos LIEC, EduWikiLab e Betacamp. Publicou vários artigos sobre educação e ensino de ciências, além de dois livros: *Aprendizaje basado en proyectos, trabajos prácticos y controversias* e *Mueve la lengua, que el cerebro te seguirá: 75 acciones lingüísticas para enseñar a pensar ciencias*, que receberam, respectivamente, o Prêmio Marta Mata de Pedagogia e o Prêmio Joan Profitós de Ensaio Pedagógico. https://jordidomenechportfolio.wordpress.com/, https://blogcienciesnaturals.wordpress.com/, @jdomenechca.

Juanjo López Ruiz. Professor de ensino fundamental e diretor da Escola Serralavella de Ullastrell durante oito anos, nos quais promoveu processos de inovação e transformação. Membro de diferentes grupos de indagação dos ICEs da UAB e da UB. Membro do grupo da PEPT e do grupo Cultura Matemática das Pessoas. É formador de professores e professoras.

Laia Vives Parés. Professora de ensino fundamental e membro do grupo de trabalho e pesquisa da PEPT, que busca vincular as transformações educativas que acontecem na sala de aula e no grupo com a assessoria a centros educativos públicos da Catalunha. Doutora pela Universidade de Girona com trabalho sobre a prática reflexiva docente e a PEPT.

Mariane Blotta Abakerli Baptista. Doutora em Artes Visuais e Educação pela UB (2014). Atualmente coordena o curso de Artes Visuais na Faculdade Santa Marcelina (São Paulo, Brasil). É pesquisadora do Grupo de Pesquisa em Mediação Cultural (São Paulo, Brasil). Em sua pesquisa, busca compreender como se constrói o conhecimento nos processos de formação. No ensino, dedica-se à formação em cultura visual na área do ensino das artes visuais.

Sandra Prat. Narrando minha história de sala de aula e meu percurso atual, me posiciono no meu eu docente: quem sou eu? Encontro uma emoção de vivências compartilhadas com meus companheiros de viagem e meus referenciais pedagógicos, o grupo da PEPT com Fernando Hernández e um grupo de pessoas mágicas e maravilhosas que me enchem de luz e reflexão constantes há 15 anos. Além disso, Marisol foi minha principal referência e guia desde o início, compartilhando práticas de sala de aula e tecidos de relações de aprendizagem. Graças a eles, a pesquisa educativa é minha paixão e meu guia, centrando olhares na transformação educativa em momentos da minha docência na sala de aula há 20 anos, em espaços de formação em centros e atualmente como diretora da Escola Joan Torredemer de Matadepera (Barcelona), na qual também compartilho um projeto de vida com minhas três filhas.

> Uma vez que você tenha viajado, a viagem nunca termina,
> mas se repete várias e várias vezes nas câmaras mais silenciosas.
> A mente nunca consegue se desvencilhar da jornada.
>
> *Pat Conroy (1986)*

> O passado importa e o futuro também, mas o passado
> nunca fica para trás, nunca termina de uma vez por todas, e
> o futuro não é o que chegará a ser em um desdobramento
> do instante presente; em vez disso, o passado e o futuro são
> participantes envolvidos no devir iterativo da matéria.
>
> *Karen Barad (2007)*

Para as colegas que, ao longo dos anos, fizeram parte do grupo da Perspectiva Educativa dos Projetos de Trabalho. Para as que o iniciaram. Para as que participaram do grupo Minerva. Para quem foi e é parte dessa comunidade na qual transitamos e tecemos pensamentos, saberes, cuidados e afetos.

Também para quem, em diferentes lugares, fez parte de uma trama de cumplicidades a partir da qual geramos saber pedagógico compartilhando experiências da sala de aula e da vida na escola.

De todas as suas contribuições se nutre este livro. A todas elas, obrigada pelo presente de termos feito juntas uma parte do caminho.

À memória de Jordi Domènech-Casal.

Apresentação à edição brasileira

Fernando Hernández-Hernández, professor emérito da Universidade de Barcelona, Espanha, já é bastante conhecido no Brasil, desde que o Grupo A, então como Artmed, traduziu sua obra intitulada *A organização do currículo por projetos de trabalho*, em coautoria com Montserrat Ventura, publicada no final dos anos de 1990.

Ainda me lembro da comoção que causou para que entendêssemos o que eram os projetos de trabalho, quando ele sabiamente demonstrou o que não eram projetos de trabalho. Mesmo assim, seguimos tentando entender as diferenças das múltiplas denominações para o que seriam esses projetos. Levamos tempo para compreender que projetos de trabalho não tinham fórmulas nem passo a passo a ser seguido, como estávamos acostumados. Representava uma mudança de paradigma na visão sobre a escola, em seus princípios inegociáveis, em sua organização, no papel dos professores e dos estudantes. Outras de suas obras foram traduzidas e nos ajudaram a entender melhor do lugar que ele nos falava.

Agora chega ao Brasil, traduzido pelo selo Penso, um livro necessário para que aprofundemos ainda mais o papel da escola em tempos tão conturbados. *Uma pedagogia desobediente: tecendo a sala de aula e a vida escolar a partir de projetos de indagação* é uma obra coletiva que tem como organizadores Fernando Hernández-Hernández e Marisol Anguita. O seu título já é uma provocação: o que vem a ser uma pedagogia desobediente?

No Brasil, nunca foi tão urgente desobedecer aos padrões que nos impõe a pedagogia em tempos de medições e todas as suas consequências. Portanto, mais do que ser lida, esta obra precisa ser estudada e, de preferência, em companhia. Exige esforço, discussões coletivas e, acima de tudo, coragem para se desprender daquilo que não nos serve mais.

A primeira parte deste livro é a mais extensa. Fernando Hernández-Hernández começa indagando o que significa aprender para nos apresentar uma genealogia dos projetos – desde suas primeiras fontes, numa linha do tempo ampla, até a Perspectiva Educativa dos Projetos de Trabalho (PEPT) –, contextualizando sistematicamente para que possamos entender as questões emergentes nas sociedades contemporâneas.

Tenho certeza de que esta primeira parte será uma leitura exaustiva e ao mesmo tempo ansiosa (como foi para mim), querendo chegar logo à tal pedagogia desobediente. Então sugiro a você que percorra suas leituras não necessariamente seguindo a ordem linear do livro (como indica o Sumário), mas de forma desobediente, escolhendo o percurso que lhe parece melhor para mergulhar no assunto. Lembre-se de que, como explica Hernández em "Apontamentos para uma pedagogia desobediente", na primeira parte, desobediência pedagógica nada tem a ver com desobediência civil; não significa ir contra, mas é um convite a nos "abrir a uma possibilidade que nos leva a resistir às forças que nos normalizam e nos convidam ou obrigam a ceder a práticas e pensamentos preestabelecidos". Assim, entende que a desobediência é crítica, e não negativa. Por isso, sugiro que você mergulhe na leitura construindo seu percurso de leitura.

Além de uma parte teórica e conceitual muito profunda, o livro também nos presenteia com diversas experiências de projetos de indagação, termo que melhor define as múltiplas possibilidades para se trabalhar com projetos na escola. São experiências que vão desde a educação infantil até a universidade, finalizando com um artigo que mostra como este grupo de professores, que estudam juntos há mais de 20 anos, compartilham suas experiências e refletem em companhia sobre o que se tornou esta obra.

Espero que este livro seja uma inspiração para todos os leitores e leitoras que acreditam na força da educação e que buscam ou já exercem uma pedagogia crítica para tempos inimagináveis.

Boa leitura!

Lourdes Atié
Socióloga, educadora e diretora da empresa Ideias Futuras.

Sumário

Apresentação à edição brasileira xi
Lourdes Atié

Introdução: prefigurar eventos desobedientes
para a educação escolar 1
Fernando Hernández-Hernández, Marisol Anguita

O lugar de onde escrevemos este livro 1
Pensar a educação escolar a partir de uma pedagogia
desobediente 2
Escrever sobre educação escolar entre águas turbulentas 3
O sentido do livro se tece com uma trajetória de
vida compartilhada 5
O que os diferentes capítulos oferecem 7
Referências 11

PARTE I

Capítulo 1 Estabelecer algumas coordenadas para
transitar pela proposta do livro 15
Fernando Hernández-Hernández

Aprender a sentir-se afetado 15
Aprender em um quadro de relações afetivas 15

Descentralizar a aprendizagem e resgatar a educação 18
Diferenciar aprender de aprendizagem 20
Uma contribuição interdisciplinar sobre aprendizagem para
"seguir com o problema" 22

Os significados do aprender de forma relacional e globalizada 24

Reconhecer e estabelecer relações entre experiências,
informações, conhecimentos e saberes 24
Uma genealogia sobre "globalizar" na educação escolar 26
O movimento da Escola Nova como ponto de partida 28
Ovide Decroly: a globalização como processo de síntese 30
John Dewey: a globalização na relação entre a escola e a vida 32
Célestin Freinet: o método global para conectar o sujeito
com a vida 34
Paulo Freire e o tema gerador 36
Sobre o currículo integrado, mais uma vez 39
Termos que enquadram modos de pensar e fazer 41
O currículo da humanidade de Lawrence Stenhouse 44
Um primeiro esboço do que virá no próximo tópico 45
O que significa abordar o currículo a partir de
uma perspectiva globalizada 48
Não ignorar as dificuldades 49

Aprender por projetos: notas para uma genealogia de uma práxis mutante 51

A armadilha dos nomes e a importância de uma genealogia 51
Os projetos: uma breve genealogia 54
O que a investigação nos diz sobre a ABP 68
Algumas considerações para fazer um primeiro balanço 70

Aprender a partir dos projetos: convite a uma pedagogia desobediente 72

Esboçar nossa perspectiva do projeto 73
Aprender como processo em devir 77
O currículo escolar como rizoma 80
Apontamentos para uma pedagogia desobediente 84
E a avaliação? Entre observar os "movimentos" dos estudantes
e não saber o que aprendem 89

Referências 90

PARTE II

Capítulo 2 O papel do desejo na relação pedagógica, ou como possibilitar um currículo desejante como paisagem de reinvenção 103

Marisol Anguita, Sandra Prat

Caixas de correio para compartilhar desejos: a história de Gabriel 106
Uma história de desejo que se entrecruza na conversa 110
Gerar mundos que falem de nós 115
Referências 117

Capítulo 3 Contribuições sobre uma pedagogia dos afetos, ou como sentir-se afetada e deixar-se afetar 119

Marisol Anguita

Pensar-nos a partir de uma pedagogia dos afetos 119
A pedagogia dos afetos e os refugiados da Síria 121
Sentirmo-nos gigantes de mãos dadas 127
Referências 131

Capítulo 4 Sujeitos biográficos, ou como o que somos se pensa enquanto construímos nosso relato coletivo 133

Eli Aznar, Marisol Anguita

De onde falamos 133
Relatar o que nos acontece em relação 136
    Ser presidentas 136
    As caixas de vida (1) 137
    Uma visita, uma cena 138
    As caixas de vida (2) 139
Tecer relatos que arejam o nós 142
Tecer a vida da sala de aula em relatos 144
Referências 147

Capítulo 5 A conversa cultural como eixo da aprendizagem com sentido 149
Aida Mallofré, Juanjo López

O lugar do diálogo na relação pedagógica 149
    Estabelecer uma linguagem comum: o que entendemos por conversa cultural? 151
Escutar e nos escutar para construir em trama 155
O potencial transformador da conversa: o que possibilita? 158
    Um espaço para aprender em companhia 158
A conexão com o mundo de um currículo integrado 160
A indagação como sentido de ser 163
Nós nos juntamos ao time 166
Referências 166

Capítulo 6 A vida do grupo como lugar para ser em companhia, ou como nos abrimos ao mundo para criar nosso próprio mundo 169
Irati Lerga, Marisol Anguita

Vamos de mãos dadas na paisagem-aula 169
A história de um grupo de pessoas que deseja viver sua vida 171
Entretecer nossas vozes 172
Tecido de relações, ou como vamos tecendo a trama 173
A trama da evolução 174
Deixamo-nos tocar pelas surpresas de nossa vida compartilhada 178
Esta vida é a nossa! 180
Como deixar-se comprometer é aprender a dizer nós 182
Ser uma boa professora, ou como ser autoras do nosso caminho de aprender 185
Referências 188

Capítulo 7 O papel do diálogo na relação pedagógica, ou como algumas mentes solitárias começaram a conversar e a enfrentar seu medo de não conhecer...........191

Jaione Arróniz, Marisol Anguita

O diálogo como espaço para aprender em companhia...................191
Como o diálogo é gerador de reflexão e indagação.......................197
Referências.. 209

PARTE III

Capítulo 8 "Com caneta azul ou com caneta preta?": o difícil trabalho de construir a desobediência....................213

Jordi Domènech-Casal (In memoriam)

Progredir..214
A aprendizagem baseada em projetos e o ruído 214
Atividades: criar projetos e atividades que emancipem.
   "Busque a vida"..216
Avaliação. Democratizar os objetivos...218
Sala de aula. Decidir em contexto. O desafio logístico
   do mundo real..218
Centro educativo. Desobedecer às liturgias escolares:
   o plano de autonomia...221
Comunidade. Tecer uma comunidade, compartilhar um projeto.....222
Currículo para a desobediência. Fundamentar a desobediência
   e conectá-la à ação...224
Conclusões..226
Referências..227

Capítulo 9 DE-GENER-ANDO: processo de acompanhamento e aprendizagem coletiva sobre gênero e diversidades............................229

Alba Castelltort Valls, Esther Gonzàlez de Vicente, Andrea Richter Boix

Preposição "de"..230
Prefixo "de"...231

Andar 232
Gerar 233
Assimetria 235
    ∀ssimetria: a voz do alunado 236
    ∀ssimetria: a voz das docentes 238
    ∀ssimetria: a voz das famílias 241
Degenerar 241
Referências 242

Capítulo 10 (Re)montar imagens, esboçar deslocamentos e projetar subjetividades para aprender de forma coletiva a partir do estabelecimento de relações 245

Fernando Hernández-Hernández, Aurelio Castro Varela

Aprender por meio da indagação em tempos de covid-19 245
A disciplina Visualidades Contemporâneas a partir da codocência 246
Os projetos de indagação entrelaçados em uma ecologia de aprendizagem 250
As imagens da pandemia: abrindo-se para aprender por meio da indagação 251
O trabalho final como projeto de indagação 253
Aprender por meio de projetos de indagação a partir de uma posição crítica 255
Referências 258

Capítulo 11 Compartilhar aquilo que não pode ser ensinado 261

Laia Vives Parés

Aprendendo com vocês 261
Partir da minha experiência como professora 262
Assumo os silêncios e as reticências: primeira transformação ... 264
Confio nos meus alunos: segunda transformação 266
Perco o controle: terceira transformação 268
Conecto-me: quarta transformação 269
Ativo a imaginação pedagógica: quinta transformação 270

Um longo caminho 271
Referências 272

Capítulo 12 O grupo da Perspectiva Educativa dos Projetos de Trabalho (PEPT): gerar saber em companhia 275

Mariane Blotta Abakerli Baptista

Introdução: situar o sentido do capítulo 275
Coordenadas para situar o grupo da PEPT 276
As reuniões e o diálogo 277
A construção do saber pedagógico a partir de uma atitude
    indagadora 279
As reuniões do grupo sendo um projeto 279
Xarxa: de estratégia de aprendizagem a conceito-chave
    da PEPT 280
A noção de tecido de vida da sala de aula 285
A construção do conhecimento em companhia e
    os saberes pedagógicos 286
Um epílogo para indicar o que aconteceu depois 287
Referências 288

Introdução:
prefigurar eventos desobedientes para a educação escolar

Fernando Hernández-Hernández

Marisol Anguita

O LUGAR DE ONDE ESCREVEMOS ESTE LIVRO

Este livro não é uma declaração ou uma proposta sobre algo que deve ser ou que se deve fazer para dar resposta aos desafios da educação escolar. É um conjunto de relatos de experiência nos quais compartilhamos o que somos e o que queremos ser quando nos envolvemos e participamos da sala de aula e da vida da Escola.* Em boa parte, o que aqui se apresenta é uma trama de histórias nas quais compartilhamos nossas experiências na educação infantil, no ensino fundamental, no ensino médio e na universidade. Escrevemos com a finalidade de nos narrarmos e cuidarmos com base na escuta e na conversa atenta, encarando assim as experiências escolares cotidianas a partir de pensamentos e práticas nas quais pesquisamos e geramos experiências, conhecimentos e saberes.

Os primeiros referenciais apresentados nas histórias deste livro remontam à reforma de 1990 (Lei Orgânica Geral do Sistema Educativo — LOGSE). Eles se configuram na proposta, baseada em cinco anos de intensa experimentação na Escola Pompeu Fabra, em Barcelona,** do que então chamamos de "aprender por meio de projetos de trabalho". Inicialmente no grupo Minerva e agora no grupo da Perspectiva Educativa dos Projetos

---

* Ao escrever "Escola" com inicial maiúscula, nos referimos às instituições de educação formal, da escola infantil à universidade.

** Relatamos o processo dessa experiência em Hernández e Ventura (1992-2008). N. de E. No Brasil, a obra foi traduzida como *A organização do currículo por projetos de trabalho*, Editora Artmed (1998).

de Trabalho (PEPT), compartilhamos a impossibilidade de "ensinar a fazer projetos", a importância de narrar, a (des)colonização das infâncias, as cartografias como forma de documentar e conhecer, as políticas e pedagogias dos afetos... Nesses encontros, que nos convocaram ao longo de mais de 30 anos, tratamos de gerar saber pedagógico em companhia, refletindo a partir das narrações de nossas experiências de vida na sala de aula.

Uma das perguntas que nos acompanhou nesses anos foi: como compartilhar o que não pode ser ensinado? Não porque consideremos que se trate de um segredo para iniciados, mas porque a maneira como fomos inventando o que um dia chamamos de "aprender por meio de projetos de trabalho" não pode ser "vivida" se não se compartilha o sentido ou perspectiva do educar(se) no qual se sustenta e o da Escola na qual se projeta.

Por assumirmos essa impossibilidade, consideramos que este não é um livro sobre uma prática — a dos projetos, tomados como um método, como uma série de prescrições e passos, uma prática marcada por esse "ter de fazer" a que se refere Deligny —, mas sobre "[...] um conjunto aberto de infinitos: trançar, errar, enfeitar, inventar, acreditar [...]" (Garcés, 2020, p. 58). Seguindo os passos de Deligny em Garcés (2020), o que exploramos entre nós e nas salas de aula são experiências de "permitir". Não no sentido de dar permissão, mas no de "[...] permitir a eles — permitir a nós — ter a sensação de poder fazer algo diante do que acontece; de não ser somente os que restam ou os que ficam" (Deligny, 2008, p. 707).

PENSAR A EDUCAÇÃO ESCOLAR A PARTIR DE UMA PEDAGOGIA DESOBEDIENTE*

Este livro compartilha com diferentes atores sociais, dentro e fora das instituições educativas, o anseio de realizar uma política prefigurativa, compreendida como um conjunto de práticas e de relações sociais que, no presente, antecipam os fundamentos de uma sociedade futura (Ouviña, 2013; Graeber, 2019). Realizamos essa política reconfigurando o que pode ser considerado educar na Escola, explorando em que espaços se produzem e

---

* Falaremos das contribuições da pedagogia desobediente na seção "Aprender a partir dos projetos: convite a uma pedagogia desobediente" do Capítulo 1. Agora somente a introduzimos como eixo que percorre as histórias do livro.

difundem projetos de pesquisa, e problematizando quem se considera legitimado ou não para fazê-los e reconhecê-los.

Essa prefiguração nos aproxima de uma pedagogia desobediente (Atkinson, 2018). Não pensamos na desobediência como ir contra algo, mas como desdobrar uma possibilidade de abertura que nos leva a resistir às forças que nos normalizam, nos convidam e obrigam a fraquejar diante de pensamentos e práticas preestabelecidas. A noção de pedagogias desobedientes se relaciona com a defesa de um *ethos* pedagógico que não antecipa nem determina um sujeito ontológico ou epistemológico prescrito (o docente ou o aprendiz). A desobediência é plantada diante da invalidação ontológica e epistemológica das práticas que não se ajustam à prescrição. Um *ethos* desobediente não se guia por princípios ou valores transcendentes, mas trata de permanecer aberto à imanência "do que não encaixa" nos marcos do pensar e do trabalho pedagógico estabelecido.* Como Atkinson, não pensamos a práxis da desobediência no sentido de ser incômodos ou rebeldes apenas porque sim, mas em termos de possibilitar um evento que, ao não cumprir com o preestabelecido, abra novas formas de pensar e atuar.**

Como comentou o inesquecível Jordi Domènech-Casal, um dos participantes deste livro, ao menos uma vez em sua trajetória escolar, os estudantes — e os professores, acrescentamos nós — têm o direito de viver uma experiência de aprendizagem desobediente. Nós não nos colocamos esse limite e tentamos firmemente que a desobediência se faça presente em nosso trabalho cotidiano, nas relações com os estudantes nos diferentes contextos de que participamos. Mas, se se tentasse ao menos uma vez, certamente se moveriam alguns preconceitos, ainda que não necessariamente se modificassem as crenças que estruturam o ser professor.

ESCREVER SOBRE EDUCAÇÃO ESCOLAR ENTRE ÁGUAS TURBULENTAS

Finalmente, queremos deixar um aviso. Sabemos que escrever sobre educação escolar é problemático, porque é um terreno em que se cruzam crenças, projetos sociais, saberes disciplinares, interesses econômicos, evidências de pesquisa e experiências pessoais que fazem com que todo mundo —

---

* Ver Atkinson (2018, p. 4, parafraseado).
** Ver Atkinson (2018, p. 195, parafraseado).

a partir do que a Escola significou em suas biografias — tenha um parecer e uma convicção sobre o que "deve ser" e o que "se deve fazer" na Escola. Essa complexidade se multiplica em países como a Espanha, onde a Escola é um campo de confrontação política e religiosa (a religião como política, a política como religião) para manter a divisão de classes sociais e sustentar as desigualdades. Por isso assumimos que escrevemos entre apocalípticos e integrados.

Reconhecendo esse espaço de confronto, neste livro não pretendemos dizer como se deve pensar e o que se deve fazer. Estamos conscientes de que os problemas da educação escolar são muito complexos e de que nos enganam os que prometem ter "a solução". O que fazemos neste livro é compartilhar o que nos permite pensar aquilo que possibilitamos que aconteça na vida de nossas salas de aula. E isso a partir da premissa de que essas histórias e as conversas com quem nos inspira dão sentido ao nosso trabalho nas relações pedagógicas.

Por todas essas razões, o que propomos vai além de uma mudança de organização ou uma introdução de métodos que acabam se tornando fórmulas que se repetem. Para nós, a questão central é como possibilitar que crianças e jovens possam adquirir uma compreensão de mundo que faça suas vidas serem saudáveis, satisfatórias e sustentáveis. Para isso, pensamos que é necessário ter uma perspectiva, um modo de relação que se refira simultaneamente aos indivíduos, à humanidade em seu conjunto e ao planeta que habitamos. Afinal, como escreve Terry Wrigley (2022), embora seja verdade que nós que nos dedicamos à educação frequentemente não tenhamos motivos para ser otimistas, podemos, sim, ter e compartilhar uma grande necessidade de esperança.

Por isso, o que apresentamos neste livro se configura como a abertura de um espaço para compartilhar e como um convite para fazer parte de uma conversa na qual, a partir da sala de aula e da vida da Escola, possamos antecipar as características de uma sociedade futura. Isso nos leva a questionar: como as experiências apresentadas neste livro podem tornar visível o que ainda não aconteceu? As relações pedagógicas que se entrelaçam nos projetos de pesquisa podem constituir um meio capaz de gerar modos de prefiguração de outras maneiras de ser e de se relacionar na Escola e na sociedade?

O SENTIDO DO LIVRO SE TECE COM UMA TRAJETÓRIA DE VIDA COMPARTILHADA

Nós que integramos o grupo da PEPT (professores de todos os níveis educativos, assessores, formadores e administradores) nos vinculamos pela necessidade de nos cuidarmos e compartilharmos experiências da vida em sala de aula para gerar saber pedagógico (Abakerli Baptista, 2014). Ao longo desses anos, o grupo construiu saber, conhecimento e prática pedagógica, contribuindo para que a Escola promova uma aprendizagem significativa para todos os que fazem parte dessa instituição sempre em crise, mas que segue fundamental para a promoção da coesão social e a abertura a um mundo de experiências e saberes em companhia. Nesse processo, encaramos questões relacionadas ao currículo, tomado como experiência, e não como norma (Anguita; Hernández, 2010), à documentação dos processos de aprendizagem (Hernández; Anguita, 2012), à importância de narrar, à descolonização das infâncias e à pedagogia afetiva (Hernández; Canales; Lozano, 2020). Mas, sobretudo, o que foi constante nesse tempo foi responder à necessidade de explorar e expandir o aprender por meio de projetos a partir de uma epistemologia baseada na imanência,* que conecta a experiência dos aprendizes com suas necessidades de estabelecer relações consigo mesmo , com os outros e com o mundo (Alabat *et al.*, 2016).

Esse propósito nos leva a pensar sobre o que se pode aprender em relação com a sala de aula e a vida da Escola. Dentro e fora dela. Para fazer isso, estamos conscientes do que apontou Rob Walker, para quem o currículo é aquilo que acontece entre o docente e cada um dos estudantes (Goodson; Walker, 1991). Também nos guiamos pela distinção feita por Atkinson (2011) entre "aprender" e "aprendizagem". O primeiro refere-se ao que nos afeta e nos faz mudar de ponto de vista, e tem as características de um "acontecimento" que transforma o sujeito. A segunda está associada à fantasia de que o que se aprende pode ser planejado e medido de forma sistemática e generalizada por meio de um teste com papel e lápis (Anguita; Hernández--Hernández; López Ruiz, 2018).

---

* Na introdução do terceiro tópico do Capítulo 1, esclarecemos o significado que damos à imanência. Como prévia, observamos que a imanência, como pensam Gilles Deleuze e Félix Guattari (2004) em *Mille Plateaux*, tem a ver com espaços de reapropriação e ruptura diante do que deveria ser. Nesse sentido, o projeto, conforme se apresenta neste livro, está relacionado à imanência.

A partir dessas bases, a ideia do livro, desde o início, foi oferecer uma visão complexa e não normativa do que se pode aprender e ensinar de maneira globalizada, relacional e estabelecendo conexões. O propósito que nos moveu foi articular um texto construído com uma série de contribuições, que partem de um primeiro capítulo em que se apresenta uma genealogia da aprendizagem globalizada e relacional e os vários significados possíveis do que pode ser "realizar" um projeto. Procuramos relacionar esse andaime com evidências da vida da sala de aula e a Escola, e com essas leituras que nos acompanharam durante esses anos, além de mostrar formas de escrita que gerem proximidade com o possível leitor ou leitora.

O livro é apresentado em três partes relacionadas. A primeira, que tem o propósito, como dissemos, de fundamentar o que vem depois, se organiza em quatro tópicos que apontam problemas, mostram evidências e propõem reflexões sobre o aprender com sentido, a globalização da aprendizagem, a genealogia dos projetos e uma abordagem dos projetos no âmbito de uma pedagogia desobediente.

Na segunda parte, se entrelaçam contribuições da vida da sala de aula. A maioria delas é resultado das conversas entre as autoras, que questionam dicotomias, propõem questionamentos e articulam conceitos com relatos de experiências em escolas de educação infantil e dos anos iniciais do ensino fundamental.

A terceira parte amplia o foco e apresenta dois relatos de educação secundária* que se relacionam com a possibilidade de uma pedagogia desobediente e com a educação a partir de uma perspectiva de gênero. Somam-se a esses outros dois capítulos, que mostram, por um lado, um exemplo de aprender por meio de projetos na universidade e, por outro lado, a complexidade de levar a aprendizagem por meio de projetos a um processo de formação continuada de professoras.

O livro termina com um olhar dirigido ao grupo de autoformação sobre a PEPT, nome da perspectiva educativa proposta aqui. Vamos agora mostrar, com um pouco mais de detalhes, as contribuições de cada capítulo.

---

* N. de R.T. A educação secundária corresponde no Brasil aos anos finais do ensino fundamental juntamente com o ensino médio.

O QUE OS DIFERENTES CAPÍTULOS OFERECEM

O livro começa com um capítulo em que Fernando Hernández apresenta alguns dos eixos que configuram a Perspectiva Educativa dos Projetos de Trabalho (PEPT). É um capítulo que está sempre em construção, pois dialoga com contribuições e evidências que vão surgindo e acrescenta camadas ao complexo debate sobre o papel da Escola nas sociedades contemporâneas — sociedades que atravessam tempos de marcada incerteza, em que as desigualdades e injustiças se ampliam.

Esse capítulo está organizado em quatro partes. A primeira foca no aprender, entendido como uma das funções da Escola, à qual se unem a socialização e a contribuição para o conhecimento pessoal de cada sujeito. A segunda revê o significado da globalização e de aprender a relacionar-se e estabelecer conexões, em um percurso que se detém em alguns autores da Escola Nova (Ovide Decroly, John Dewey, Célestin Freinet), em Paulo Freire e seu tema gerador, no currículo integrado, no currículo de humanidades proposto por Lawrence Stenhouse e numa síntese do que pode significar adotar um sentido globalizador nas relações pedagógicas.

Essa intenção genealógica é mantida no tópico seguinte, sobre os sentidos da práxis do projeto na história da educação e nas mudanças nas formas de organização do trabalho nas sociedades industriais. O capítulo conclui compartilhando a perspectiva do projeto que se sustenta no livro e ao qual se vinculam três contribuições: o currículo como rizoma, a pedagogia desobediente e a avaliação como reconstrução de um percurso.

Esse capítulo é seguido por um primeiro bloco de tópicos em que a narração de experiências de vida em sala de aula é articulada com conceitos que ampliam seu significado.

No Capítulo 2, abrindo a segunda parte do livro, Marisol Anguita e Sandra Prati exploram o papel do desejo na relação pedagógica em um grupo de educação infantil e outro dos anos iniciais do ensino fundamental. Com essa abordagem, evidenciam, além das possibilidades de conversa pedagógica, o sentido do aprender como movimento desejante na vida da sala de aula.

No Capítulo 3, Marisol Anguita pesquisa o lugar da pedagogia afetiva na vida de uma turma de educação infantil. Para isso, apresenta duas experiências de vida em sala de aula. A primeira parte das vivências e dos movimentos de afeto da turma em relação ao modo como a Guerra da Síria atrapalha a vida das pessoas refugiadas. A segunda narra os deslocamentos que derivam do interesse da turma pelos "gigantes" que dançam nas festas populares. Ambos os relatos se cruzam para destacar como aprender tem a ver com o que nos afeta, mudando a maneira como olhamos para nós mesmos, para os outros e para o mundo.

No Capítulo 4, Eli Aznar e Marisol Anguita exploram a importância de estarmos conscientes dos sujeitos biográficos na construção de relatos coletivos da vida da sala de aula. Para dar conta do que isso implica, narram cenas em que diferentes turmas tecem pensamentos e experiências em sua busca por dar sentido ao que os afeta em suas relações com o mundo, com os outros e consigo mesmos.

No Capítulo 5, Aida Mallofré e Juanjo López resgatam o papel da conversa cultural como eixo da aprendizagem com sentido em uma turma do terceiro ano do ensino fundamental. Para abordar esse tema, propõem duas perguntas, a partir das quais pensam sobre as experiências da vida da sala de aula que compartilham no texto: o que acontece se concebemos o diálogo na sala de aula como uma forma de refletir o processo que realizamos ao pensar e agir em uma rede de relações? O que acontece quando a conversa se transforma no eixo de uma aprendizagem com sentido?

No Capítulo 6, Irati Lerga e Marisol Anguita abordam a importância de serem contadoras de histórias e fazerem parte de histórias em uma turma de educação infantil. As duas narradoras compartilham o significado da vida em grupo como lugar para ser em companhia. Assim, a turma aparece como articuladora de um tecido de histórias que possibilita modos de ser em relação.

Por fim, no Capítulo 7, que encerra esse bloco, Jaione Arróniz e Marisol Anguita refletem, a partir de experiências de vida de uma turma de educação infantil, sobre o papel do diálogo na relação pedagógica. O diálogo é considerado uma ferramenta de aprendizagem individual e coletiva na qual se constrói um relato tecido com diferentes vozes. Não é uma mera exposição que os ouvintes desejam que termine para começarem seu relato pessoal, mas pretende ser vinculadora e possibilitar novos olhares. O diálogo aparece como movimento que gera reflexão e indagação.

O bloco seguinte dá continuidade à conversa, agora aberta a outros cenários educativos que costumam estar fora de foco quando se fala em aprender a estabelecer conexões e realizar projetos globalizados. Estamos nos referindo ao ensino médio e à universidade. Não significa que nesses ambientes institucionais não se realizem experiências que deixem rastros de desobediência. Apenas não são conhecidas. Daí a importância de torná-las visíveis e de mostrar que é possível uma pedagogia desobediente que proporcione aos docentes e estudantes outros modos de se situarem nas relações pedagógicas.

No Capítulo 8, que abre a terceira parte do livro, Jordi Domenèch-Casal apresenta alguns exemplos da vida de uma escola de educação secundária em que a desobediência não é (apenas) uma atitude mental, mas o resultado de uma tomada de decisão rigorosa que se conecta com o que é dissidência e com o que é conhecimento. Isso implica, por um lado, identificar ou conectar elementos necessários para uma desobediência rigorosa, que se baseia no conhecimento e na análise crítica. E, por outro lado, assumir que educar na e para a desobediência implica também capacitar para a ação.

No Capítulo 9, Alba Castelltort Valls, Esther Gonzàlez de Vicente e Andrea Richter Boix apresentam o projeto Assimetrias. Essa iniciativa possibilitou, em uma escola de ensino secundário, um processo de aprendizagem a partir de uma visão horizontal e participativa que levou os professores a repensarem algo tão básico e ao mesmo tempo intocável como o organograma do instituto. Além disso, o cuidado tornou-se um eixo central da vida escolar. Esse projeto também provocou uma desobediência disruptiva, entendida como um ato corajoso e estimulante, em que o processo de realizar uma exposição sobre questões relacionadas aos temas de gênero se transformou em algo único para estudantes, docentes e familiares.

No Capítulo 10, Fernando Hernández e Aurelio Castro discutem como a Universidade pode ser um ambiente de possibilidades para explorar modos de relações desobedientes que gerem maneiras de ensinar e aprender centradas no estudante e vinculadas a problemas da vida real. A proposta que apresentam, relacionada com a disciplina Visualidades Contemporâneas, vincula-se com uma pedagogia desobediente na medida em que abre fissuras nas expectativas e modos de fazer das estudantes, no dualismo entre teoria e prática, na noção da imagem como "representação para ser lida", na codocência como rompimento do isolamento docente e na consideração da sala de aula como espaço que fixa e hierarquiza relações e corpos.

No Capítulo 11, Laia Vives narra o que acontece na intersecção entre as perguntas que surgem de situações cotidianas, processos de pesquisa e ações para incidir naquilo que interessa a uma turma de sexto ano do ensino fundamental. A partir dessas e outras experiências de vida em sala de aula, explora algumas das transformações que são mobilizadas quando acompanha os que se propõem a repensar sua prática educativa com base na PEPT. Nesse processo, é importante enfrentar os desafios implicados em reconhecer os medos, a necessidade de controle, o lugar dos conteúdos, a relevância das relações, a importância de se atrever e mobilizar a imaginação pedagógica e, sobretudo, a urgência de ativar a confiança dos alunos.

Finalmente, o Capítulo 12, de Mariana Aberkali, apresenta uma "história" do grupo da PEPT de Barcelona. Um grupo que, desde a sua criação, foi um espaço de encontros entre professoras de educação infantil e ensino fundamental, professoras de ensino médio, diretoras, assessoras, formadoras, inspetoras, professoras universitárias e estudantes de mestrado e doutorado. Nas reuniões mensais, elas compartilham dúvidas, incertezas, conquistas e experiências. Trocam pontos de vista e aprofundam os referentes que compõem a PEPT, não apenas a partir de bases teóricas, mas principalmente a partir de suas práticas docentes, em um constante processo de formação e criação compartilhada.

Até aqui, vimos o que pode ser encontrado nesta publicação. Finalizamos esta introdução com uma observação sobre o título do livro. A pedagogia é uma práxis que reflete uma visão do sujeito e do mundo. Por isso, vai além do que é escolar. Kincheloe e Steinber (1999) compreendem a pedagogia como a produção da identidade ou a maneira pela qual aprendemos a ver a nós mesmos em relação ao mundo. Por isso, a pedagogia costuma estar acompanhada de um adjetivo. O título do livro faz referência a uma pedagogia desobediente. Poderíamos ter colocado outras adjetivações: contribuir para uma pedagogia decolonial, para uma pedagogia outra, para uma pedagogia insurgente ou uma pedagogia do bem viver. Se escolhemos a noção de desobediência, é porque é um convite para questionar o que já sabemos e para pensar sobre as inércias que carregamos. Para compartilhar o que queremos conservar e o que pode estar por vir. Afinal, este livro é, sobretudo, um convite, como reitera Grace Paley*, para que nós e as estudantes aprendamos a ser amáveis, corajosas, honestas;** a detectar o opressor, desfrutar da luta contra a injustiça e colocar a amizade sempre antes da rivalidade. E que o façamos a partir de concepções e práticas que o tornem possível.

---

* Adaptado do texto de Elvira Lindo (2023).
** N. de E. Há a preferência, neste livro, de se utilizar o feminino plural como genérico para se referir a um grupo específico em que sua maioria é feminina, como "professoras", "alunas" ou "meninas".

REFERÊNCIAS

ABAKERLI BAPTISTA, M. B. *Relaciones entre la cultura visual y la perspectiva educativa de los proyectos de trabajo en un trayecto de formación*. 2014. Tesis doctoral (Doctorado en Artes y Educación) – Facultad de Bellas Artes, Universidad de Barcelona, Barcelona, 2014. Disponível em: https://diposit.ub.edu/dspace/bitstream/2445/65287/1/MBAB_TESIS.pdf. Acesso em: 9 ago. 2024.

ALABAT, I. *et al*. La moda de los proyectos. *Cuadernos de Pedagogía*, v. 487, p. 80–87, 2016.

ANGUITA, M.; HERNÁNDEZ, F. O currículo de educação infantil com uma trama de experiências, relações e saberes. *Pátio. Educação Infantil*, v. 22, p. 12–16, 2010.

ANGUITA, M.; HERNÁNDEZ-HERNÁNDEZ, F.; LÓPEZ RUIZ, J. Les trajectòries d'aprenentatge en els projectes d'indagació com a focus d'acció educativa. *La personalització de l'aprenentatge*, n. 3, p. 42–45, 2018.

ATKINSON, D. *Art, disobedience and ethics:* the adventure of pedagogy. Cham: Palgrave, 2018.

ATKINSON, D. *Art, equality and learning:* pedagogies against the state. Roterdam: Sense, 2011.

DELIGNY, F. *Oeuvres*. Paris: L'Arachnéen, 2008.

GARCÉS, M. *Escuela de aprendices*. Barcelona: Galaxia Gutenberg, 2020.

GOODSON, I.; WALKER, R. *Biography, identity and schooling:* episodes in educational research. London: Falmer, 1991.

GRAEBER. D. *Fragmentos de una antropología anarquista*. Barcelona: Virus, 2019.

HERNÁNDEZ, F.; ANGUITA, M. A documentação em um processo de relação pedagógica. *Pátio, Educação Infantil*, v. 30, p. 32–35, 2012.

HERNÁNDEZ, F.; VENTURA, M. *La organización del currículum por proyectos de trabajo:* el conocimiento es un calidoscopio. Barcelona: Graó: Octaedro, 2008.

HERNÁNDEZ, F.; CANALES, C.; LOZANO, P. Expandir la investigación: las trayectorias de aprendizaje del grupo la Perspectiva Educativa de los Proyectos de Trabajo (PEPT). *In*: HERNÁNDEZ, F. *et al*. (ed.). *¿Cómo aprenden los docentes?*: tránsitos entre cartografías, experiencias, corporeidades y afectos. Barcelona: Octaedro, 2020. p. 203–218.

KINCHELOE, J.; STEINBERG, S. *Repensar el multiculturalismo*. Barcelona: Octaedro, 1999.

OUVIÑA, H. La política prefigurativa de los movimientos populares en América Latina. Hacia una nueva matriz de intelección para las ciencias sociales. *Acta Sociológica,* n. 62, p. 77–104, 2013.

WRIGLEY, T. Learning in a time of cholera: imagining a future for public education. *European Educational Research Journal,* v. 21, n. 1, p. 105–123, 2022.

Leituras recomendadas

ANGUITA, M.; HERNÁNDEZ, F.; VENTURA, M. Los proyectos, tejido de relaciones y saberes. *Cuadernos de Pedagogía,* n. 400, p. 77–84, 2010.

LINDO, E. Feminismo: un leguaje que nos sirva a todas. *El País,* 5 de marzo, 2023.

PARTE
I

1

Estabelecer algumas coordenadas para transitar pela proposta do livro

Fernando Hernández-Hernández

APRENDER A SENTIR-SE AFETADO

> Aprender é ser afetado [...]. Começamos a pensar quando aquilo que sabemos (ou não sabemos) afeta a nossa relação com as coisas, com o mundo, com os outros.
> Para isso, faz falta coragem, e a coragem se cultiva na relação afetiva com os outros.
> Essa é a experiência fundamental que pode mudar hoje profundamente nossa relação com o mundo e suas formas de dominação, cada vez mais íntimas e subjetivas.
> A partir daí, a educação volta a ser um desafio para as estruturas existentes e um terreno de experimentação.
>
> *Garcés (2013)*

Aprender em um quadro de relações afetivas

Utilizei a citação de Marina Garcés como ponto de partida porque me permite considerar uma visão do aprender como processo relacional que transforma quem participa dele. Essa aposta pelo aprender vinculado a uma rede de afetos já é um posicionamento inicial que dá sentido ao que apresento nestas páginas e detalharei neste primeiro capítulo, que se reflete em outras contribuições do livro.

Vou me deter, de forma breve, ao sentido afetivo do aprender. Em outro lugar (Hernández-Hernández, 2020), pontuei que os afetos são um movimento no qual estudantes e professores se envolvem em processos que acontecem quando, como sujeitos com capacidade de autoria, se sentem afetados por uma intra-ação[1] de relações (Cvetkovich, 2012, parafraseado). Esse movimento de afeto os leva a mudar a sua visão de si mesmos, dos outros e do mundo. Nesse quadro, como aponta Atkinson (2011), acontece a aprendizagem "real", que transforma o aluno (e o professor) e se configura como parte de um evento. O evento[2] não pode ser planejado, pois o que o caracteriza é que ele "aparece", mas há condições que podem favorecer para que ele talvez aconteça. Essa transformação é um movimento de afeto, porque essa aprendizagem de verdade (*real learning*) tem a ver com "sentir-se afetado" e se vincula à capacidade de existir em um trânsito entre estados (antes, durante e depois do processo de aprender). A gente aprende quando se sente afetado. Por isso, por não se sentir afetado, boa parte do que se supõe que é aprendido na Escola[3] é esquecido ou não adquire sentido. Porque o sujeito não se sente afetado.

O afeto não é uma força isolada, mas transversal, que atravessa todas as dimensões do conhecimento, do sujeito e da realidade. Além disso, implica uma mudança substancial nas relações em torno da política, da pesquisa e da pedagogia. Os afetos são essa força invisível encarnada em um devir corporal, em uma expressão de encontro entre uma forma corpórea e forças que não são necessariamente "humanas" (Hickey-Moody, 2016); situada em

---

[1] A noção de intra-ação foi proposta por Karen Barad (2003). Ela se refere ao fato de que os elementos não têm propriedades inerentes, mas surgem da relação, combinando-se para a ação. Essa noção questiona os dualismos e as separações, visto que critica — como se observa, por exemplo, na natureza — que os elementos se constituem em relações, e não em separações. Isso implica questionar as divisões e os compartimentos curriculares, como veremos na seção seguinte deste capítulo. Ver Barad (2003).

[2] A noção de evento é proposta por Atkinson (2011) e Badiou (2005) e implica "[...] o que já podemos fazer, nossas capacidades estabelecidas, mas também, e de maneira crucial, o que ainda não sabemos que somos capazes de fazer" (Atkinson, 2011, p. 229).

[3] Ao longo deste capítulo, escrevo "Escola" e "escolas". Ao escrever em maiúscula, me refiro de maneira geral a todas as instituições de educação regular, da educação infantil até a universidade. Quando escrevo em minúscula, me refiro às instituições de ensino fundamental (6 a 12 anos).

um momento específico e em uma situação relacional, ela transborda de tal forma que permite um deslocamento de um estado a outro.

"O afeto é, portanto, fluxo e refluxo, como o ciclo da maré; transforma a si mesmo e ao que o rodeia e encontra novos significados, aplicações e potencialidades por meio de seu uso [...] é uma materialidade que sempre esteve e está em processo" (Bakko; Merz, 2015, p. 8). Uma forma de situar os movimentos e as temporalidades dos afetos é por meio das "práticas afetivas".

O que citamos anteriormente tem a ver com o sentido das relações pedagógicas (Hernández-Hernández, 2011), nas quais os afetos aparecem, emergem e acontecem quando há uma experiência de encontro de subjetividades (como nos conhecemos e narramos) e saberes (como nos vinculamos com o que conhecemos). Esse encontro não pode ser previsto nem utilizado como atalho para aprender certos dispositivos culturais; esse encontro emerge.

Como apontei em outro lugar (Hernández-Hernández, 2018), pensar o aprender a partir dos afetos supõe focar a experiência de "sentir-se afetado". A aprendizagem de verdade provoca deslocamentos e um *choque* (Spinoza) que se incorpora ao sujeito e ao que o afeta. Nesse sentido, o afeto não se refere apenas à emoção, mas também a um movimento corporal que afeta e que pode afetar o outro. Por isso o aprender tem a ver com deslocamento e mudança de olhar, e se transforma em um evento e uma experiência significativa de muitas maneiras.

Esse tipo de aprendizagem está próximo da realidade que se vive cotidianamente na Escola com os projetos de indagação, dos interesses que nos movem e dos desafios que enfrentamos todos os dias. É um processo que traz consigo a "consciência da aprendizagem", a partir da qual o processo de aprender é atravessado pelo corpo, conectado com outros corpos e com outras situações vividas, que se associam de formas difíceis de prever.

Prestar atenção às práticas afetivas, que não se pode programar, mas sim possibilitar que aconteçam, é um dos pontos-chave da Perspectiva Educativa dos Projetos de Trabalho (PEPT). Prestar atenção supõe descentralizar a relevância que se dá, há tempos, a uma aprendizagem focada nos resultados e, como faz Biesta (2012),[4] devolver o ensino e a aprendizagem à educação e recuperar o papel da figura da professora. A essa questão me refiro na próxima seção.

---

[4] A versão em espanhol do artigo está disponível em: https://revistas.upn.edu.co/index.php/PYS/article/view/4069/3497.

Descentralizar a aprendizagem e resgatar a educação

A maioria dos que, de uma forma ou outra, se relacionam com a Escola pensa que a prioridade dessa instituição é que os professores ensinem e os alunos aprendam. Tal posição foi reforçada nos últimos 20 anos, certamente pelo papel hegemônico das provas de avaliação de aprendizagem promovidas pela Lei *No Child Left Behind*[5] e das avaliações internacionais da Organização para a Cooperação e Desenvolvimento Econômico (OCDE) — as provas do Programa Internacional de Avaliação de Estudantes (PISA). A partir de ambas as iniciativas, se estabeleceu como função prioritária da Escola dirigir a educação para preparar os alunos a responder com êxito essas provas, o que significa colocar no centro a aprendizagem que pode ser "medida".

No entanto, a Escola vive experiências que estão além de aprender informações e instruções, e ainda dar conta de tudo isso em provas padronizadas.[6] Como aponta Biesta (2004, 2006) com insistência, as crianças e os jovens vão para a Escola (também para a universidade) para socializar, para conhecer a si mesmos e para aprender "coisas".

Por isso, Biesta (2022) nos convida a considerar que o objetivo da educação não pode ser somente que os alunos aprendam. Afinal, a aprendizagem é somente uma das formas como nós humanos podemos existir e nos relacionar com o mundo que nos rodeia. Há outras "possibilidades existenciais", como as apontadas no parágrafo anterior, para as quais o projeto educativo da Escola também contribui, e é importante que a educação — não somente a aprendizagem — abra essas possibilidades aos alunos.

Biesta (2015) considera a aprendizagem vinculada às seguintes finalidades: que os estudantes aprendam algo, que aprendam por alguma razão, que aprendam com alguém e por meio de relações educativas. Se não for assim, Biesta considera que a aprendizagem é em si mesma um termo completamente vazio, pois em suma se refere à mudança que as práticas de aprendi-

---

[5] Essa lei entrou em vigor durante a presidência de George W. Bush, em 8 de janeiro de 2002. Com ela, as escolas estadunidenses foram forçadas a obrigar seus alunos a melhorarem progressivamente as notas das provas para não perderem o financiamento recebido do governo federal. Essa melhoria se "media" por meio de respostas em provas padronizadas, elaboradas por diferentes empresas. Isso levou os professores a focar suas atividades na preparação dos estudantes para responder às provas padronizadas.

[6] No filme *E Buda desabou de vergonha* (E BUDA..., 2007), a menina protagonista afirma que vai para a escola "para que lhe contem histórias".

zagem podem exercer no estudante, mas nada diz sobre a "qualidade" dessa mudança. Isso faz com que o foco da aprendizagem em si mesma possa ser, em certo sentido, perigoso, pois desvia da proposição de algumas perguntas necessárias sobre os conteúdos ou, mais amplamente, sobre temas que deveriam estar na agenda educativa, sobre o propósito (o que queremos com nossos alunos?) e sobre as relações educativas. Essas perguntas desaparecem na linguagem abstrata — com frequência vazia — de alguns ambientes e situações de aprendizagem em que o tema e o propósito não são especificados e a natureza das relações educativas se invisibiliza. As consequências dessas ausências, para as quais Biesta chama a atenção, podem ser encontradas no que Lluís, estudante de Geologia e Belas Artes, expressa na pesquisa do projeto "Trayectorias de aprendizaje de estudiantes universitários" (TRAY-AP):[7]

> O que acontece é que te ensinam muitas coisas, mas não te dizem muito bem para quê. E, às vezes, não há uma atitude de preocupação, porque já é um pouco da inércia de... Não digo que seja culpa dos alunos ou dos professores, mas você já aprende que, na escola principalmente, te dizem o que você tem que estudar, sem dizer para que tem que estudar. E então... bem, é como um pouco de inércia, no final você já adquire o hábito de não saber relacioná-lo fora disso.

Priorizar a aprendizagem faz esquecer que a função básica da Escola é educar, o que significa tornar-se parte do que constitui a cultura ou as culturas de uma sociedade. Ou, em uma visão cosmopolita e crítica, do que vincula e relaciona diferentes culturas. Por essa razão, os professores não são os acompanhantes do aprendizado dos alunos, mas as pessoas com quem eles aprendem. A decisão do que constitui essa "cultura" é o que faz o aprendizado ter um sentido ou outro e enfatizar alguns aspectos (visões, valores, conquistas e desafios) que fazem parte da vida social ou outros. Por isso, quando se propõe uma mudança no currículo — pelo menos é assim na Espanha, onde a Escola é um campo de batalha de interesses políticos, empresariais e sindicais, e não um lugar de acordos, como acontece

---

[7] *Trayectorias de aprendizaje de jóvenes universitarios: concepciones, estrategias, tecnologías y contextos*, Ministerio de Ciencia e Innovación, PID2019-108696RB-I00. 2020-2022. Para informações sobre o projeto, é possível consultar: https://esbrina.eu/es/portfolio/trayectorias-de-aprendizaje-de-jovenes-universitarios-concepciones-estrategias-tecnologias-y--contextos-2/.

em outros países —, a discussão gira em torno do que os alunos devem aprender de acordo com a visão de quem tem o poder ou a influência para defender seus valores. Voltarei a me referir a essa questão no segundo tópico deste capítulo.

Diferenciar aprender de aprendizagem

Se Biesta nos alerta para a "aprendizagem-centrismo" e o deslocamento do professor à figura de acompanhante da aprendizagem do aluno, Atkinson (2011) estabelece a diferença entre aprendizagem e aprender. Aprender tem a ver com o que nos afeta, como vimos. Por isso, nos leva a mudar nosso olhar sobre nós mesmos, os outros e o mundo. Esse sentido do aprender faz parte de um evento — do qual já falei — que nos transforma. A noção que subjaz à aprendizagem reflete uma fantasia da pedagogia e da psicologia a partir da qual se projeta a promessa de "medir" o que se aprende por meio de provas de papel e lápis. Essa visão, que hoje é hegemônica, reflete a indústria escolar e o interesse pela classificação dos alunos, das escolas e dos países.

A proposta de Atkinson nos leva a considerar que aprender é, acima de tudo, uma questão de relações. Ele nos convida a prestar atenção não aos resultados da aprendizagem (como se fosse possível saber "realmente" o que os indivíduos aprenderam), mas à possibilidade de encontros nos quais se compartilhem subjetividades e saberes. Isso faz com que o espaço da sala de aula, em que circulam docentes e alunos, seja, acima de tudo, um entorno conectado com outros entornos do aprender (fora da escola), nos quais acontecem encontros de sujeitos e "actantes"[8] em torno da experiência de conhecer e compartilhar. Dessas experiências não se esperam trajetórias e respostas homogêneas, mas uma diversidade de percursos que, ao atravessarem as formas de compartilhamento (orais, visuais, performáticas, auditivas, etc.), ampliam os sentidos de ser daqueles que se dispõem a aprender a partir da curiosidade, da busca e da indagação

---

[8] A noção de "actantes" é de Bruno Latour e está relacionada à teoria do ator-rede. Chama a atenção não apenas a ação dos humanos, mas também a dos agentes não humanos (materiais, institucionais, legislativos...) que interagem em determinado ambiente. Se pensarmos na sala de aula a partir dessa perspectiva, veremos que não apenas o professor e os alunos constituem a relação pedagógica, mas também os actantes (móveis, livros didáticos, computadores, horários, rituais...).

(Anguita; Hernández-Hernández; López Ruiz, 2018). Quando isso não acontece, nos deparamos com o que nos diziam[9] alguns estudantes de uma escola de educação secundária com boa reputação entre as famílias do bairro onde está localizada:

> E5: Concordo com Carla, trabalhamos muito por temas. Fazemos, por exemplo, os créditos de revisão no final do segundo e do terceiro trimestre... E fazemos projetos artísticos em vez de música e artes plásticas, mas, de resto, é tudo por meio de temas.
>
> E3: Temas, provas, temas, provas.
>
> E7: O único momento do trimestre que parece mais dinâmico é o trabalho de revisão, que dura duas semanas, mas o resto é mais monótono.

Assumir essa visão do aprender requer considerar que se pode aprender não apenas de maneira representacional (textos, números, imagens), mas como parte de uma narrativa indireta. Isso supõe não entender o mundo como dado, mas como permanentemente novo e devir (*becoming*). Isso nos coloca diante do que sabemos, mas também diante do que descobrimos e, sobretudo, do que não sabemos (*the unknown*), ao qual se refere Atkinson (2011).

Implica também assumir que o aprender não é apenas um processo cognitivo, mas performativo, experiencial e afetivo. Isso supõe ir além da ideia de que o conhecimento sobre como os alunos aprendem está "lá fora" para ser capturado no processo ou na atividade de uma avaliação. Essa perspectiva faz com que o conhecimento seja permanentemente novo, pois deve ser pensado, e não reproduzido. Isso me leva a propor que se pode conhecer-aprender de diferentes maneiras. Essa consideração nos convida a experimentar, improvisar e considerar que aprender pode ser uma experiência de criação. Por isso entendemos que as relações do aprender não acontecem em espaços estratificados e estruturados, mas naqueles abertos à possibilidade de indagação e compartilhamento permanente em uma rede de relações. Pois, como diz Radford (2008, p. 2015), aprender "[...] não é apenas saber algo, mas também tornar-se alguém". Fazer parte desse duplo movimento é o desafio e o convite que este livro propõe.

---

[9] Essa citação faz parte da pesquisa de Hernández-Hernández (2021a).

Uma contribuição interdisciplinar sobre aprendizagem para "seguir com o problema"[10]

Ao escrever este primeiro tópico, percebo que a abordagem do aprender que se apresenta requer um desenvolvimento mais amplo. Resumir as críticas de Biesta à desvalorização da educação diante da aprendizagem e ao rebaixamento do professor que a acompanha pode ser tema de um extenso artigo. A noção do aprender como evento e suas consequências para a sala de aula e a vida na Escola têm implicações que aqui foram apenas intuídas. O mesmo acontece com a noção do aprender como movimento afetivo. Assumo, então, que apenas tracei o caminho a ser explorado. Espero esclarecer um pouco mais nos seguintes tópicos deste capítulo (especialmente na seção 1.4). De qualquer forma, espero que as leituras que apresentei possam servir a quem lê como incentivo para explorá-las por conta própria. Com esse objetivo, proponho percorrer esta seção.

Em 2021, a revista da American Education Research Association (AERA) publicou um artigo[11] no qual se pode encontrar, além de uma revisão de contribuições, omissões e complementações entre as perspectivas dominantes sobre a aprendizagem na psicologia e na pedagogia, uma série de contribuições do que seria uma visão interdisciplinar capaz de lançar luz sobre como abordamos a aprendizagem. Nesse artigo, se identificam três ondas de teorias da aprendizagem, que, com diferentes fundamentações, se projetaram sobre a Escola. Cada uma delas fornece lentes que colocam em primeiro plano alguns fenômenos de aprendizagem e esquecem outros: nas décadas de 1940 e 1950, o behaviorismo e as visões de Thorndike sobre o condicionamento clássico (os seres humanos agem em associações de estímulo e resposta) e o condicionamento operante de Skinner (essas ações estão ligadas ao esforço e à punição das consequências das ações). As décadas de 1960 e 1970 trouxeram o cognitivismo, que sustentava que os seres humanos foram moldados como mentes ativas que empregam processos de

---

[10] Essa citação é do livro de Donna Haraway (2020). Haraway se refere à reconfiguração de nossas relações com a Terra e seus habitantes. De minha parte, me refiro à educação dentro e fora da Escola, sempre em crise e sempre necessária; sempre recebendo soluções salvadoras e sempre buscando alternativas que equilibrem as injustiças e desigualdades.

[11] Nasir *et al.* (2021). Atrevo-me a recomendar esse artigo especialmente a quem se dedica à formação de professoras e professores, aos professores da educação secundária e a quem tem curiosidade em saber como se fundamentam suas concepções sobre o aprender.

construir, armazenar, recuperar e modificar representações simbólicas da informação. Por fim, na década de 1990, a teoria sociocultural converteu a aprendizagem em transformações de participação e identidade, associando a aprendizagem de "como saber e fazer" à aprendizagem de "como ser".

Se esses são os antecedentes que, em grande medida, orientam as ações da docência por sua vinculação implícita a essas concepções e aos imaginários que configuram, na atualidade, e a partir daquilo com que a ciência interdisciplinar contribui (pesquisas recentes em educação, neurociência, psicologia e antropologia), considera-se a aprendizagem:

- enraizada nos sistemas evolutivo, biológico e neurológico;
- integrada com outros processos de desenvolvimento, em que o "sujeito" biográfico em sua totalidade deve ser levado em conta (emoção, identidade, cognição);
- formada na prática culturalmente organizada ao longo da vida das pessoas;
- experimentada de forma corporificada e coordenada por meio de interação social.

O texto aponta para a importância da transversalidade da aprendizagem a partir de uma teoria contemporânea: o aprender está enraizado em sistemas biológicos e socioculturais. É corporificado, não apenas cognitivo. Isso nos permite pensar que o aprender não pode ser entendido a partir de um único ângulo, mas precisa de todos eles, e tem de ser explorado a partir de outros campos disciplinares. Cada indivíduo tem maneiras diferentes de implicar-se na sala de aula, por isso é importante levar diferentes tipos de conhecimento para a turma. O desafio é como os professores podem abordá-los. Nos diferentes capítulos do livro, é possível encontrar formas de gerar situações, a partir de diversos conhecimentos e experiências, em que todos podem encontrar seu lugar na compreensão das diferentes camadas da realidade e fazê-lo em companhia.

Com essa bagagem, convido a passar para o próximo tópico, no qual abordo o significado e a importância de propiciar experiências de aprender em relações que favoreçam, como nos convida Edgar Morin (2001), a colocar o saber em um ciclo, e não em uma enciclopédia. Trata-se de um convite a transitar de forma indagadora e crítica nas relações entre sujeitos, conhecimentos e saberes. Com este tópico, vou explorar uma forma de encarar essa pedagogia das relações.

OS SIGNIFICADOS DO APRENDER DE FORMA RELACIONAL E GLOBALIZADA

> O conhecimento não é uma prática limitada ou fechada, mas uma interpretação constante do mundo.[12]
>
> Barad (2007)

Reconhecer e estabelecer relações entre experiências, informações, conhecimentos e saberes

Um colega comentou um dia, quando estávamos conversando sobre meu interesse em ensinar a estabelecer relações e conectar experiências, informações, conhecimentos e saberes na Escola, que não se pode relacionar se não se sabe com o que se está relacionando. O mesmo pode ser dito de globalizar: não se pode globalizar se não se sabe o que se globaliza. Também não se pode ter um planejamento interdisciplinar se não se sabe quais disciplinas estão relacionadas.

Não considerei essas limitações um freio, mas um convite à reflexão. Para me fazer algumas perguntas: o que significa saber sobre algo? Há alguém que saiba "tudo" sobre a sua área? Até onde vão os limites e as possibilidades desse conhecimento em um mundo cada vez mais especializado e em transformação? A intuição e a curiosidade contam como saber? O reconhecimento do saber está relacionado em estruturas colaborativas ou é apenas uma disposição individual? Olhando ao meu redor hoje, vejo que, talvez mais do que em qualquer época anterior, homens e mulheres relacionam seus conhecimentos para fazer emergir algo novo. As vacinas contra a covid são um exemplo claro de como diversos saberes individuais e grupais foram reunidos em prol de um projeto coletivo. Cada um dos pesquisadores não sabia tudo o que os outros colegas estavam investigando, mas eles disponibilizaram seus conhecimentos baseados na confiança e na colaboração. Um edifício não se constrói apenas com a intervenção do arquiteto. Seu nome é o que aparece no esboço da ideia, mas para dar forma, para tornar o projeto uma realidade, são necessários os conhecimentos e saberes de quem calcula as estruturas, analisa a geologia do terreno, projeta os materiais, executa a

---

[12] Citação original: "Knowing is not a limited or closed practice, but a constant interpretation of the world".

obra... O arquiteto não tem todos esses conhecimentos, mas sabe que eles estão lá e que, se forem colocados em relação, poderão concretizar a ideia que ele incorporou no projeto. Eu poderia continuar com outros exemplos cotidianos: um hospital, um centro de análise de dados, uma escavação arqueológica... Também a sala de aula de uma Escola. É por isso que me atrai a ideia de Morin (2001) de "colocar o saber em um ciclo", e não em uma "enciclopédia". E começar a fazer isso da escola até a universidade. O saber do especialista é necessário, mas também é o daqueles que se questionam além da especialização para ter uma compreensão mais holística do fenômeno que estão tentando compreender.

Quando iniciei minha tese de doutorado (Hernández, 1985), havia uma preocupação acadêmica e em diferentes grupos com o relacional, da teoria dos sistemas à ecologia[13]. Embora meu interesse inicial tenha sido indagar sobre a perspectiva observacional e relacional proposta por R. G. Barker, que ele denominou "psicologia ecológica", também me perguntei o que havia levado algumas das ciências sociais (antropologia, sociologia e psicologia) a aproximar-se da ecologia. E que relação essa aproximação tinha com a visão sistemática que a ecologia estava proporcionando e com a crítica de alguns movimentos sociais que se levantaram contra os efeitos indesejados das aplicações científicas e que culminaram na reivindicação do primeiro Dia da Terra nos Estados Unidos (1970). Eu não sabia sobre todos esses tópicos quando comecei minha tese, mas fazê-la, desenvolver o projeto de indagação que realizei, permitiu situar-me, compreender um fenômeno que desconhecia e me fazer perguntas. Além disso, coloquei em movimento uma forma de abordar outros fenômenos que são objetos de meu interesse, que têm me acompanhado na minha trajetória de vida e profissional.

Esse modo de interrogar a realidade também pode ser levado ao significado do globalizado, da globalização, e ao estabelecimento de relações entre experiências, conhecimentos e saberes na educação escolar. Quando começou a surgir a necessidade de globalizar em educação e

---

[13] Em 1950, Ludwig von Bertalanffy lançou as bases para uma teoria geral dos sistemas, inicialmente baseada na observação de que "um organismo não é um conglomerado de elementos diferentes, mas um sistema organizado e integrado". Mais tarde, o próprio Bertalanffy estendeu o seu axioma a outras áreas do conhecimento, como biofísica, psicologia, filosofia, cibernética, entre outras. Na sua elaboração, a noção de "ecossistema" é fundamental. Essas ideias estão presentes na proposta de projeto de indagação.

em que conjuntura ela se insere? Como se constrói a noção da criança como um ser que se globaliza em sua relação com o mundo? Qual é o significado da globalização ligada ao desenvolvimento evolutivo a partir da filogênese e da ontogênese na psicologia infantil? Que metodologias didáticas se apresentam como facilitadoras de um aprender globalizado? O que endossa e questiona o aprender de forma globalizada? Como as possíveis respostas a algumas dessas perguntas se relacionam com o aprender por meio de projetos?

O que segue não são respostas fechadas a essas perguntas, mas linhas de pensamento que podem oferecer algumas contribuições a essas e outras questões que se entrelaçam com o que é apresentado nos demais capítulos desta publicação.

Uma genealogia sobre "globalizar"[14] na educação escolar

Antes de começar este percurso, gostaria de fazer uma advertência. Explorar como a noção de aprender tem sido articulada de forma globalizada a partir do estabelecimento de relações e conexões entre experiências, informações, conhecimentos e saberes não é algo que possa ser feito com base em definições ou exemplos. Implica debates mais aprofundados sobre o que é posto em relação, o que está conectado e em torno de que; sobre que conhecimentos são necessários como ponto de partida ou como parte do processo de investigação ou indagação;[15] sobre os diferentes "níveis" de complexidade das relações ou sobre as questões ontoepistemológicas que essas abordagens contemplam ao globalizar na Escola. Por isso, na primeira parte desta seção, pretendo conectar a proposta de aprender para promover o estabelecimento de relações e conexões com uma longa tradição na história da educação que mostra a relevância dessa proposta. Para tanto, exploro como a ideia da

---

[14] Esta seção tem como ponto de partida a conferência *De què parlem quan ens referim a una educació globalitzada*, que proferi em 3 de julho de 2019 na LIV Escola d'Estiu de Rosa Sensat.

[15] Ao longo deste capítulo, diferencio indagação e investigação (indagar e pesquisar). Essa diferenciação se encontra no livro de Elliot Eisner (1998) e se refere à afirmação do autor de que nem toda investigação precisa seguir o método científico para ser considerada como tal, especialmente a que se realiza sobre processos sociais ou atividades que não podem ser predeterminadas, como acontece com as propostas artísticas. Esses processos e atividades requerem uma perspectiva de indagação para serem compreendidos.

globalização do que se aprende e do aprender globalizado reflete uma preocupação e constitui uma referência que tem sido uma constante para além das situações conjunturais. Não se trata de uma exceção, uma ocorrência ou uma moda.

Não se pode dizer, portanto, que o que se demanda hoje em algumas iniciativas educativas[16] responde apenas a um modismo — ainda que em muitos casos isso ocorra —, pois responde a um desafio e a uma necessidade que sempre existiram. Contudo, isso foi obscurecido por inovações que se mostraram como respostas ou soluções para problemas imediatos que geralmente são diluídos quando a conjuntura ou urgência é substituída por outra aparente novidade. Ou por interesses comerciais aos quais não convém implementar iniciativas de professores que considerem os contextos e realidades sociais dos estudantes e que ofereçam formas de se relacionar para promover a sua compreensão.

Para iniciar esse percurso, gostaria de destacar, como Sara Ahmed (2017, p. 33), um ato de reconhecimento "[...] de nossa dívida com aqueles que nos precederam; que nos ajudaram a encontrar nosso caminho quando o caminho estava oculto, porque nos desviamos dos caminhos que nos disseram para que seguíssemos". Olhemos, então, para aquelas vozes do passado que agora permanecem ocultas diante do aparente brilho do imediato.

Passo a explorar alguns dos movimentos e maneiras de abordar uma educação global ou o aprender a partir do estabelecimento de relações e conexões, mas sem esquecer que, como aponta Ortega (1990), o conceito de globalização ao longo da escolarização se vincula a referentes psicológicos (como forma de relação sintética com o mundo), sociológicos (como integração de conhecimentos para promover sua compreensão) e pedagógicos (vinculados às situações das crianças).

---

[16] Não vou fazer uma lista daqueles que propõem a necessidade de aprender de forma globalizada como alternativa a alguns dos desafios enfrentados pelo mundo atual e que indicam como podemos respondê-los a partir da Escola. Em vez disso, destaco o seguinte trecho do relatório da Unesco (2021, p. 104): "Por exemplo, abordagens educacionais baseadas em problemas e projetos podem ser mais participativas e colaborativas do que as lições convencionais. As pedagogias baseadas na indagação e na pesquisa-ação podem permitir que os estudantes adquiram, apliquem e gerem conhecimento ao mesmo tempo".

O movimento da Escola Nova como ponto de partida[17]

Vou tentar não voltar ao que pode ser encontrado em outros textos e até na Wikipédia sobre a Escola Nova, mas acho que é preciso começar com esse movimento que, entre os séculos XIX e XX, construiu pontes entre a Europa e os Estados Unidos (aqui com o nome de Educação Progressista). Ele serve de guarda-chuva para acolher as iniciativas de um grupo de personalidades[18] cujas propostas tiveram um eco extraordinário nas concepções e práticas que permearam — e ainda permeiam — a educação escolar. Suas ideias e contribuições afetaram a concepção de criança, a relação entre escola e democracia, a importância de conectar a aprendizagem com a vida, o papel da experiência, a psicologização da educação para vinculá-la ao desenvolvimento, etc., além de articular propostas para levar essas contribuições para a sala de aula. Sem que seja possível considerá-lo encerrado, começo apontando algumas conjunturas que tornaram possível esse movimento. Com isso, procuro exemplificar que usar as mesmas palavras não significa coincidir nos conceitos ou nas realidades às quais pretendemos responder.

Esses homens e mulheres passaram, como já disse, entre os séculos XIX e XX, um período atravessado pela Revolução Russa, pela Primeira Guerra Mundial, pelo *Crash* de 1929 e pela ascensão do totalitarismo. Nessa época, as mudanças no sistema de produção tornaram-se evidentes, especialmente no que diz respeito à divisão do trabalho em atividades compartimentadas que o fordismo propunha. Essas mudanças exigiam uma educação para uma prática não mais artesanal e sem autoria do trabalhador sobre o processo do objeto produzido por ele, como na Primeira Revolução Industrial.

---

[17] O artigo de Maida (2011) foi de grande ajuda na escrita desta seção.

[18] Ciente de que há nomes que podem ficar de fora, aqui estão alguns que fizeram parte da Liga Internacional para a Nova Educação: Ovide Decroly, Pierre Bovet, Beatrice Ensor, Edouard Claparède, Paul Geheeb, Adolphe Ferrière, John Dewey, Jean Piaget e Maria Montessori. A eles podemos acrescentar desde Ferrer y Guardia, Célestin Freinet, as irmãs Agazzi, Andrés Manjón ou Giner de los Ríos até Alexandre Neil. Todos transitam na esteira desse movimento. Embora com nuances, todos têm em comum o fato de terem proposto alternativas às abordagens educacionais vigentes, revisto os princípios que sustentam o ato educativo e as instituições criadas para isso e buscado uma nova educação ativa, que preparasse para a vida real e partisse dos interesses reais da criança — que passa a ser o centro da educação. Se pensarmos bem, esses propósitos ainda estão, em grande medida, na pauta do debate educativo atual.

A Escola Nova implantou suas propostas em meio à segunda Revolução Industrial, quando se tornou necessário que a educação escolar atingisse o maior número de pessoas e as qualificasse por meio da formação profissional para atuar em indústrias em expansão, que exigiam alta tecnologia: "[...] maquinaria elétrica, refino de petróleo, equipamentos fotográficos e científicos, aviões, construção naval, certos produtos químicos, máquinas comerciais e de escritório e vários tipos de maquinaria industrial" (Goldin, 1999, p. 87–88).

Essa conjuntura também exigiu um outro sentido de democracia, que implicava não apenas a participação de (quase) todos e todas, mas também a responsabilidade de participar dela. Para promovê-lo, a escola tem uma função essencial. John Dewey, que sistematizou as ideias desse movimento nas primeiras décadas do século XX, articula essa necessidade em *A escola e a sociedade* (1900) e *Democracia e educação* (1916). Dewey (1980, p. 89-90) definiu a educação como "[...] aquela reconstrução ou reorganização da experiência que se soma ao sentido dela e aumenta a capacidade de dirigir o curso da experiência posterior". Segundo Cremin (1961, p. 123), a concepção de crescimento de Dewey refletida nessa citação explica sua visão do objetivo da educação como uma estrutura gerencial que "[...] ampliaria o leque de situações sociais em que os indivíduos percebem os problemas, tomam decisões e agem em conformidade".

Alguns desses homens e mulheres foram médicos, biólogos e psicólogos que contribuíram para a configuração de uma nova psicologia infantil — baseada nas noções e no estudo da filogênese e da psicogênese —, que desdobrou uma nova noção de infância. A psicogênese demonstrou um fato especialmente importante para a aprendizagem precoce: a criança não é um pequeno adulto ou uma folha de papel em branco. As crianças apenas são "diferentes". Isso leva à projeção de uma noção de infância que está ligada a um sujeito que tem interesses, que desdobra sua evolução a partir da interação e da exploração do mundo ao seu redor, que não é um mero receptor, mas que aprende a partir da ação... De todos esses autores, darei atenção a três, que se referiram explicitamente à globalização ou a globalizar e continuam fazendo parte do patrimônio que inspira — embora a sua influência nem sempre seja reconhecida — essa perspectiva da educação: Ovide Decroly, John Dewey e Célestin Freinet.

Ovide Decroly: a globalização como processo de síntese

Nesse contexto de mudança, Ovide Decroly (1871-1932) definiu o significado da globalização como estratégia de pensamento na educação escolar. Baseou-se na ideia de que o pensamento das crianças é sintético (elas percebem a realidade como um todo), e não analítico (elas a percebem de forma fragmentada). A influência da psicologia da *gestalt* nessa contribuição situa o significado da globalização a partir do sujeito infantil: as crianças percebem o todo antes das partes. Considerar isso leva a propor atividades com uma espinha dorsal — uma proposta global que depois é explorada — para dar sentido à experiência de aprendizagem. Com base nessa ideia, em pesquisas e experiências na Escola de L'Ermitage, Decroly desenvolveu um método global de educação escolar que chamou de "centros de interesse".[19]

Essa designação está ligada à ideia de que as escolas devem partir dos "interesses da criança" e vinculá-los a essa abordagem da globalização. É uma proposta que tem sido fundamental e vem sendo mantida ao longo do tempo — muitas vezes sem citar Decroly — como referência para algumas formas de abordar a aprendizagem por meio de projetos. O sentido de "interesse" estabelecido por Decroly é atrelado às seguintes necessidades da criança: (1) nutrir-se; (2) ter abrigo; (3) defender-se e proteger-se; e (4) atuar, que envolve trabalho individual ou em grupo, recrear-se e melhorar. Se essas são as necessidades, os interesses estarão relacionados ao conhecimento do corpo humano e do ambiente natural e social. Essa interação entre necessidades e interesses se concretiza em atividades lúdicas, de experimentação e de imitação, fundamentais para o desenvolvimento. A educação, dentro e fora da escola, pode tornar essas atividades favoráveis ou um impedimento para o desenvolvimento.

Essa abordagem serve para articular os centros de interesse, um enfoque que foi se diluindo ao longo do tempo para se transformar em uma maneira de fazer em sala de aula que, além de se tornar uma fórmula estereotipada, se concretiza em uma série de atividades em torno de um tema. Algumas editoras se apropriaram dessa proposta e não apenas prefixam os temas, mas generalizam e homogeneízam os "interesses da criança".

---

[19] Para mais informações sobre as ideias pedagógicas e o significado dos centros de interesse, da globalização e do método global, consulte: https://medull.webs.ull.es/pedagogos/DECROLY/decroly.pdf.

Decroly preferiu o termo "globalização" a "esquematização", "sincretismo" ou *gestalt*, pois percebeu a enorme densidade do fenômeno de síntese a que se refere, a partir do qual a análise é introduzida muito parcialmente no início e cada vez mais precisamente após os 7 ou 8 anos de idade. Levar em conta esse processo e promover experiências em que a criança exponha seu sentido de globalização questiona a ideia de que a escola começa apresentando informações ou situações isoladas e desconexas, uma vez que retarda ou não possibilita processos de pensamento que não ocorrem de maneira analítica.

Para ilustrar o sentido de globalização de Decroly, tomo uma experiência da vida em sala de aula de Marisol Anguita. Em uma de suas turmas de educação infantil, os alunos realizaram uma cartografia na qual desenharam as relações entre experiências de aprendizagem e processo de subjetivação (Figura 1.1). Uma das ideias da proposta era que cada membro do grupo indicasse não apenas o que havia aprendido, mas como isso se relacionava com o que havia experimentado em sala de aula, colocando em prática o sentido de síntese ao qual Decroly vincula a globalização. Na conversa que eles foram tendo enquanto faziam a cartografia, Lucía realizou um exercício de síntese e globalização que mostra o que acontece quando se está aberto ao inesperado em uma sala de aula com crianças de 5 anos:

Figura 1.1 "O labirinto do aprendizado", ou o mapa das relações entre roteiros descobertos.
Fonte: Marisol Anguita

Lucía: A arte acompanha a ciência porque fazer arte é muito interessante e é bom para aprender a vida toda. Podemos aprender a vida por meio da arte. Também aprendemos uns com os outros, com os amigos, fazendo *ubuntu*[20] e arte.

Não podemos perder de vista que Decroly tenta fundamentar suas propostas nas contribuições que começavam a ser articuladas na incipiente psicologia infantil. Nesse contexto, há duas ideias que eu gostaria de destacar, porque tenho a impressão de que caíram no esquecimento. Uma delas parte da experiência, sim, mas para adquirir conceitos: "É preciso direcionar todas as atividades da mente para a aquisição de uma noção, de uma ideia ou de um conjunto de ideias", lembra Decroly. A outra proposição está ligada, como apontei, à psicologia infantil da época, em torno da qual gira sua noção de globalização: os mecanismos do espírito não funcionam isoladamente, mas ao mesmo tempo, ou, pelo menos, em rápida sucessão.

Junto a essas duas ideias-eixo, acrescento, para concluir essa primeira abordagem da globalização a partir da perspectiva de Decroly, quatro princípios presentes nas concepções e propostas pedagógicas para a educação infantil e os primeiros anos do ensino fundamental:

- As crianças se relacionam com o mundo de forma globalizada, o que condiciona seu desenvolvimento.
- O sujeito infantil é considerado a partir de uma dimensão global.
- O objetivo é favorecer uma aprendizagem de forma globalizada (relacional e não fragmentada).
- O que e como é realizado em sala de aula, o papel da professora, a riqueza das experiências e a relação com conceitos são alguns fios de sentido a serem explorados em pesquisas sobre processos de vida em sala de aula.

John Dewey: a globalização na relação entre a escola e a vida

John Dewey (1859-1952) foi filósofo, pesquisador e educador. Em 1897, fundou o Laboratory College, em Chicago, um centro experimental com carac-

---

[20] Ubuntu, na Wikipédia, é definido como: uma regra ética mundial, inicialmente originada na África do Sul, focada na lealdade das pessoas e nas relações entre elas. A palavra vem das línguas zulu e xhosa.

terísticas semelhantes às de uma oficina e de um laboratório. Essa escola era dotada de materiais e ferramentas com os quais a criança podia construir, criar e indagar ativamente (Dewey, 1900, p. 173-174, *apud* Bowen, 1981, p. 419). Para Dewey, a sala de aula é uma "comunidade em miniatura", na qual brincar faz parte da aprendizagem de papéis sociais e da participação no ambiente físico. Dewey (1900, p. 27) considerava que a escola proporcionava aos alunos "os instrumentos de autodireção eficaz", ferramentas que os ajudariam a obter maior controle sobre sua cognição e seu comportamento social e sobre seu ambiente social e físico.

Dewey entendia a escola como um lugar onde os alunos desenvolvem os hábitos mentais que lhes permitirão "[...] controlar seu ambiente em vez de simplesmente se adaptar a ele" (Cremin, 1961, p. 123). Para Dewey, a reconstrução social só poderia ocorrer depois que os indivíduos utilizassem a investigação científica para refletir sobre sua experiência e compreender as consequências sociais de seu comportamento. Portanto, somente em uma "comunidade de investigadores" — ideia que Dewey recebeu do filósofo Charles Sanders Peirce em 1935 — é que processos cognitivos para regular o comportamento humano poderiam ser desenvolvidos e testados.

A escola progressista de Dewey era um ambiente onde regras, baseadas em conhecimentos derivados da experiência, eram socializadas e usadas para guiar a investigação e aprimorar a comunidade. As ideias educativas de Dewey, especialmente a noção da escola como um "laboratório social", inspiraram muitos professores e influenciaram a política educacional em alguns países — principalmente nos Estados Unidos —, de forma que a escola de Dewey se tornou um lugar de aprendizagem para futuros professores. Na década de 1920, as escolas públicas eram encarregadas de preparar os jovens "[...] para sua dupla responsabilidade na ordem social: a cidadania e, o mais importante, aprender a trabalhar" (Aronowitz, 2004, p. 13).

Onde aparece o sentido da globalização nessa concepção da função da escola? Na aprendizagem experimental e na união entre escola e vida. Na necessidade de a escola possibilitar pontes entre o que se aprende na rua, no cotidiano e no campo e o que se oferece na escola. Na ideia de desenvolver o conhecimento na ação para que ocorra a relação entre a experiência do aluno, a reflexão crítica e a aprendizagem (Popkewitz, 1990, parafraseado).

A proposta de Dewey segue válida até hoje, como aponta Maida (2011, parafraseada) na proposta de aprendizagem baseada em projetos (ABP).

Essa iniciativa baseia-se nas ideias de Dewey sobre aprendizagem experimental prática e dirigida pelo aluno.

Daí a importância de lembrar, a partir das contribuições de Dewey, que, embora as diferentes propostas de aprendizagem baseadas em projetos possam ser semelhantes em termos de denominações e arranjos organizacionais, elas se dão em uma relação entre aluno e professor que faz parte de uma conjuntura (social, econômica e imaginária) que molda seu sentido. No caso de Dewey, essa conjuntura é influenciada pela sociedade industrial que se desenvolveu no final do século XIX e nas primeiras décadas do século XX, um período em que as inovações em tecnologia e processamento de informações estavam transformando os Estados Unidos e alguns países europeus. Essa realidade, como veremos a seguir, é respondida pela "pedagogia dos projetos", que Kilpatrick apresenta como uma proposta didática que nos permite realizar a abordagem globalizadora e a relação da escola com a vida de Dewey.

Célestin Freinet: o método global para conectar o sujeito com a vida

Célestin Freinet (1896-1966) foi, acima de tudo, um professor comprometido com a mudança social a partir da escola. Construiu sua teoria pedagógica com base no conhecimento da prática, sem separar o conhecimento escolar dos fatos vitais, sociais e políticos. Como Pestalozzi, Decroly e Ferrière, bem como outros homens e mulheres que são referências na história da educação, Freinet se insurgiu contra o ensino tradicional e fragmentado. Ele era um defensor da unidade do conhecimento por meio de uma educação global. Isso o levou a abordar o conhecimento de forma integrada e interdisciplinar. Para ele, o natural da criança não seria a brincadeira, mas o trabalho, que daria sentido ao seu interesse inicial pela aprendizagem.[21] Abordar a vida em sala de aula como experiência de trabalho pressupõe que as atividades, o conhecimento e a cooperação dentro e fora da Escola estão relacionados.

---

[21] A ênfase de Freinet no trabalho ("o trabalho deve ser colocado na base de toda a nossa educação, o trabalho é um todo") em oposição ao sentido de brincadeira e entretenimento foi fundamental para o nome que demos à aprendizagem globalizada mediante "projetos de trabalho" (Hernández-Hernández; Ventura, 2008).

Como as ideias de Freinet, especialmente sua proposta de aprender a partir da experimentação e a importância do método global, são conhecidas pelo público-alvo deste texto, vou me deter em um artigo escrito por ele: "La méthode globale, cette galesuse" (Freinet, 1959). Tomo esse texto como referência pois nele Freinet levanta cinco questões que parecem relevantes não só para dialogar com o sentido de globalização que ele oferece, mas também para nos alertar sobre algumas generalizações que são dadas, tanto das contribuições de Freinet quanto de qualquer proposta que se apresente com a ideia de contribuir para rever — e melhorar, se possível — algum aspecto da educação escolar.

Freinet começa afirmando, com ironia, que o método global não é utilizado em nenhuma escola francesa como método básico, mas que, apesar disso, é considerado responsável pelos problemas de aprendizagem das crianças.[22] Quando li essa frase, pensei que algo semelhante acontece com a aprendizagem globalizada baseada em projetos. Conheço pouquíssimas escolas e institutos que realizam uma proposta de vida escolar nessa perspectiva. A maioria, no máximo, dedica algumas horas por semana à realização de algum tipo de projeto. Contudo, apesar disso, há muitos que a acusam de ser responsável por quase todos os males do ensino atual. Daí o interesse em relembrar as cinco premissas de Freinet sobre a globalização, que parafraseei:

1. O princípio da globalização é inegável e, além disso, não é uma descoberta recente.[23]
2. A análise não é suficiente sem a globalização, e vice-versa. Um bom método deve basear-se consistentemente em ambos os processos, como acontece com qualquer aquisição natural.
3. O funcionamento desses processos não é exatamente o mesmo em todos os indivíduos, não podendo ser estabelecido de antemão como regra uniforme e obrigatória.
4. Por isso, um bom método — e só pode ser natural — não deve ser nem exclusivamente global nem exclusivamente analítico; deve estar vivo, com um recurso equilibrado e harmonioso com todas

---

[22] No original: "La méthode globale n'est employée dans aucune école française comme méthode de base, mais elle n'est pas moins déclarée responsable d'un désordre et d'une carence dont parents et éducateurs commencent à prendre heureusement conscience".

[23] Como vimos, esse princípio já havia sido formulado por Decroly e pelos psicólogos da *gestalt*.

as possibilidades que a criança carrega dentro de si, obstinada em superar-se, enriquecer-se e crescer.
5. A solução para os problemas educativos do momento não pode ser encontrada em um retorno cego às práticas autoritárias com que tanto temos sofrido. A vida continua e temos de caminhar com ela, atentos ao que ela nos traz de construtivo e eminente, no mundo que nossos filhos precisarão dominar para não serem escravizados.

O que Freinet nos indica nessa síntese é que, embora o valor de globalizar seja óbvio, nem todas as crianças acompanham esse processo desde o início. Para isso, é preciso levar em conta o caminho percorrido por cada um e não cair em regulamentações e propostas generalizantes. Freinet questiona as dicotomias em propostas e caminhos que são complementares e lembra que o que importa é que o que acontece na sala de aula e na Escola seja dotado de vida. Pois a escola "[...] deve ir ao encontro da vida, mobilizá-la e servi-la; dar-lhe uma motivação. E para isso deve abandonar as velhas práticas [...] e adaptar-se ao mundo presente e ao mundo futuro" (Freinet; Salengros, 1976, p. 13).

Paulo Freire e o tema gerador

Enquanto eu preparava esse percurso sobre o que poderia ser uma genealogia da globalização na educação escolar e do aprender de maneira relacional, uma colega brasileira me disse para não deixar de incluir a proposta de tema gerador de Paulo Freire (1921-1997). O tema gerador está vinculado à sua visão libertadora e crítica da educação, consubstanciada na formação dialógica dos adultos e enraizada na necessidade de uma mudança de paradigma diante da visão realista de mundo. Nessa mudança de paradigma, Freire busca superar tanto o dualismo sujeito-objeto quanto a fragmentação do conhecimento resultante do paradigma científico moderno que, devido à verticalização do conhecimento, produziu uma ciência necrófila, sem vida e distante das demandas existenciais da humanidade (Zitkoski; Lemes, 2015). A finalidade desse novo paradigma é a construção de uma racionalidade dialógica baseada em uma ação sociocultural e orientada pela metodologia do tema gerador (TG).

Freire concebe o tema gerador como "[...] algo a que chegamos através não só da própria experiência existencial, mas também de uma reflexão crítica sobre as relações homens-mundo e homens-homens" (Freire, 1989, p. 103). A partir dessa afirmação, o tema gerador promove uma investigação que destaca um "universo temático mínimo", por meio de uma metodologia de conscientização que permite o conhecimento e a reflexão crítica daqueles que participam do processo educativo com a finalidade de pensar no e sobre seu mundo.

Como apontam Hammes, Zitkoski e Hammes (2020), essa proposta educacional permite conceber o conhecimento e a formação humana como uma articulação dialética entre a experiência da vida prática e uma sistematização rigorosa e crítica. O tema gerador está comprometido com o intercâmbio de conhecimento em um círculo em que todos possam opinar e em que o conhecimento com que contribuem e que compartilham seja valorizado. Essa experiência intersubjetiva de construção e reelaboração do conhecimento permite o desenvolvimento de investigação e promove debates pedagógicos. A finalidade de tudo isso é que os participantes estejam abertos à reflexão sobre o que acontece na formação e vinculem o processo de reflexão à sua inserção crítica na realidade (Hammes; Zitkoski; Hammes, 2020, parafraseado).

O que o tema gerador busca é tensionar o conhecimento já construído por cada sujeito com o conhecimento em processo de construção intersubjetivo a partir de compartilhamento, relacionar experiências e conhecimentos e atravessar por esse processo compartilhado com a discussão em grupo. Esse movimento de tensionamento do processo de construção e reconstrução do conhecimento requer não apenas uma cultura de compartilhamento, mas também a manutenção da tensão de uma dialética constante entre o conhecimento empírico (popular) e o conhecimento sistemático (científico) para alcançar a consciência crítica.

A chave desse processo de investigação, baseado na experiência, é a pedagogia da pergunta (Freire; Faudes, 1985), que estimula a curiosidade, provoca o debate e prioriza a problematização de conhecimentos já histórica e socialmente constituídos por seres humanos situados em um mundo concreto, conflituoso e contraditório.

Com essa abordagem — e ele a vincula à genealogia de abordagens que promovem uma epistemologia de construção de experiências de conhecimento globalizadas —, o tema gerador veicula uma proposta de interdisciplinaridade. Hammes, Zitkoski e Hammes (2020) apontam que esse sentido interdisciplinar ajuda a superar a ideia de que o conhecimento é um ato solipsista, que apenas olha e se reconhece, e assimilar a noção de que ele está vinculado a um conjunto de saberes e relações socioculturais e intersubjetivamente compartilhados. Uma citação de Andreola (1993, p. 33) nos coloca na trilha da visão de conhecimento que sustenta e orienta a proposta freireana:

> Freire não adota uma concepção intelectualista ou racionalista do conhecimento. O conhecimento abrange a totalidade da experiência humana. O ponto de partida é a experiência concreta do indivíduo em seu grupo ou comunidade. Essa experiência se expressa por meio do universo verbal e do universo temático do grupo. As palavras e os temas mais significativos desse universo são escolhidos como material para [...] a elaboração de novos conhecimentos, a partir da problematização da realidade vivida.

A proposta pedagógica do tema gerador, que Freire articula em *A pedagogia do oprimido* (escrito em 1966), realiza-se no círculo que constitui uma experiência fundamental para a formação dialógica. Esse círculo é um lugar — não necessariamente uma Escola, mas pode ser — onde um grupo de pessoas se reúne para aprender mais e dialogar sobre seu trabalho, a realidade local e nacional, sua vida familiar, etc., numa dinâmica em que todos aprendem a ler e escrever (o texto) ao mesmo tempo que aprendem a ler (analisar e atuar) sua prática (Hammes; Zitkoski; Hammes, 2020, parafraseado).

Nesses círculos, não pode haver nem o professor "que sabe tudo", nem o aluno "que nada sabe". Também não pode haver aulas tradicionais, que apenas exercitem a memória dos alunos. A educação se desenvolve numa relação dialógica com procedimentos que favoreçam a aquisição de conhecimentos com ações colaborativas, tendo como referencial básico o diálogo, entendido como elemento essencial do processo educativo e resposta à demanda radical de pessoas que não podem se construir à margem da comunicação.

O papel do educador nos círculos em que o conhecimento é problematizado por meio da investigação possibilitada pelo tema gerador é convidar os participantes a se desafiarem a cultivar uma postura dialogante e crítica em relação ao mundo. Essa postura exige o compromisso do ser humano de assumir-se como um ser epistemologicamente curioso sobre os fatos, realidades e fenômenos que constituem o mundo, a partir do qual deve cultivar sua curiosidade como atitude metódica que supera o espontaneísmo.

A proposta dialógica e crítica que se realiza em um tema gerador compartilha, na perspectiva dos projetos de indagação apresentados no tópico a seguir, a ideia de considerar a experiência dos sujeitos como disparador de modos de conhecer. Essas experiências são problematizadas ao serem comparadas com outras experiências e conhecimentos, tudo isso com o objetivo de promover a curiosidade, o rigor (o pensar com fundamento), o pensamento crítico e o compromisso com um projeto de vida em comum.

Sobre o currículo integrado, mais uma vez[24]

A redação destas páginas coincide com a aprovação de um novo currículo espanhol organizado por competências e vinculado a uma lei educacional que modifica a lei de 2006[25] (daí o nome Lei Orgânica de Modificação da Lei Orgânica da Educação — LOMLOE). Em um artigo que escrevi com outros colegas (Marrero-Acosta; Sancho-Gil; Hernández-Hernández, 2021), assinalamos que essa lei enfatiza a organização curricular por competências e visa a reduzir o sentido "enciclopédico" do currículo por meio de campos transdisciplinares nos quais convergem áreas (no ensino fundamental anos iniciais) e disciplinas (no ensino fundamental anos finais e médio).

Essa proposta de agrupamento — que tem gerado reações diversas, especialmente no ensino médio — serve de ponto de partida para que, como nas seções anteriores, eu reveja e traga para o presente uma proposta globalizadora e relacional: a do currículo integrado, uma perspectiva que envolve mais do que apenas juntar duas ou três disciplinas escolares. O que estou tentando fazer aqui é compartilhar algumas ideias e sugerir algumas propostas para que essa articulação entre os sujeitos não seja intimidadora, mas possibilite outra forma de abordar uma parte do conhecimento escolar. Contudo, antes, uma ressalva. Rob Walker nos ensinou que o currículo escolar é o que acontece entre o docente e cada um dos alunos, o que significa que é "[...] uma avaliação retrospectiva do que aconteceu entre você e seu aluno [...]. Isso é o que importa: o seu currículo. Naquela turma, na frente daqueles meninos e meninas. É aí que ocorre o currículo, no inter-

---

[24] Essa seção dá continuidade à pesquisa sobre o currículo integrado iniciada em Hernández (2000-2001).
[25] ESPAÑA. Ley Orgánica 3/2020, de 29 de diciembre. Se modifica la Ley Orgánica 2/2006, de 3 de mayo, de Educación. *BOE*, n 340, p. 122868–122953, 30 dec. 2020. Disponível em: https://www.boe.es/eli/es/lo/2020/12/29/3. Acesso em: 22 ago. 2024.

câmbio entre vocês" (Goodson; Walker, 1991, p. 54). Dado que o currículo se dá na relação, coloco a ênfase na relação pedagógica (Hernández, 2011), e não nos conteúdos ou no seu planejamento, pois, ao final, como assinala Silva (2001), o currículo é uma invenção social, embora lhe seja dado um valor realista.

Uma das ideias que aparecem repetidamente em uma série de autores que, sob diferentes perspectivas, têm demonstrado preocupação com as mudanças na sociedade que afetam os sujeitos sociais, mas que ainda não ingressaram na Escola (Torres, 1994; Hargreaves, Earl e Ryan, 1998; Stoll e Fink, 1999; especialmente, Hargreaves *et al.*, 2001; e Beane, 2005), é considerar o papel do currículo integrado como estratégia — e não como fim ou como uma metodologia — para enfrentar os desafios da educação de sujeitos em um mundo de constantes e imprevisíveis mudanças. Esses autores destacam o esforço que vem sendo feito em algumas escolas que tentam deixar de ser arquipélagos marcados pela insularidade produzida pelas disciplinas escolares,[26] pela organização departamental compartimentada e pelo horário fragmentado, que divide o tempo escolar como uma grade de horários de televisão, muitas vezes articulada em função dos interesses do corpo docente.

Isso leva muitos alunos — especialmente nos anos finais do ensino fundamental e no ensino médio — a considerar a Escola um lugar "[...] completamente banal, sem sentido e sem propósito, exceto como um lugar razoavelmente agradável para se encontrar e socializar com os amigos" (Smyth, 2006, p. 286).

O desafio que essa banalidade sugere é buscar pontes ou túneis que permitam a construção de propostas curriculares e de organização de espaços e tempos alternativos, em que esse isolamento seja superado de tal forma que a educação escolar seja a favor dos alunos,[27] e não contra eles, o que tem a

---

[26] As disciplinas acadêmicas trazidas para a Escola articulam os valores da disciplina (num sentido de coerência estrutural) e da ordem (num sentido de sequência interna). Ambas as noções estiveram presentes nos debates educacionais do século XVI e, em diferentes roupagens, ainda se mantêm. É por isso que elas estão tão profundamente enraizadas e são difíceis de mudar, além de oferecer um lugar de identidade e sentido de ser, especialmente a professores do ensino fundamental anos finais e ensino médio.

[27] Ser a favor dos alunos não é tratá-los como clientes nem se adaptar às suas capacidades e interesses. Vai-se para a escola para ser afetado, e isso só é possível se o estudante se sente implicado na experiência de aprender, socializar-se e saber da qual faz parte.

ver com a implicação de alunos e professores. Tal implicação, no caso dos estudantes, não precisa ser pré-estruturada, mas deve, como apontam Padilla-Petry e Miño Puigcercós (2022, parafraseado), responder à necessidade de sentir/saber que são participantes proativos e críticos na cocriação dos entornos institucionais dos quais fazem parte.

Isso significa realizar propostas cujo foco não esteja na exibição de conteúdos e estratégias disciplinares sem contexto, mas de uma forma situada[28] e possibilitadora de questionamentos e relações. Para avançar nessa direção, é necessário estabelecer uma distinção entre termos como *saberes, disciplinas, matérias, interdisciplinaridade, transdisciplinaridade...*, em torno dos quais se articulam as propostas de um currículo integrado.

Termos que enquadram modos de pensar e fazer

No início, os saberes circulavam, como um conjunto de conhecimentos acumulados ao longo do tempo e em diferentes culturas, a fim de explicar e dar sentido à natureza e à experiência humana. Saberes que foram configurados ao longo de mais de 4 mil anos. Esse período de vigência pode ser tomado como uma vacina contra o eurocentrismo e o androcentrismo, que continuam a ser hegemônicos nos currículos escolares. Especificamente, até o século XVIII, no marco do Iluminismo, ocorreu um processo de legitimação — que já vinha ocorrendo desde o século XV — de alguns saberes: os necessários para constituir uma nova ordem social. Isso implica a exclusão de outros saberes, considerados de senso comum, populares, heréticos ou não científicos.

As disciplinas vão se articulando como resultado da seleção de saberes que se organizam em torno de grupos de especialistas e sob determinada visão de poder, sociedade, ciência, trabalho e ser humano. Com seu aparecimento, origina-se uma organização social do conhecimento que valoriza aqueles que possuem conhecimentos disciplinares e exclui aqueles que não os possuem. Nesse processo de inclusão/exclusão, o papel das instituições,

---

[28] As obras de Donna Haraway e de outros autores nos convidam, a partir da noção de conhecimento situado, "[...] a dialogar com os estudos sócio-históricos da ciência e a manter uma abertura para novos referenciais comprometidos com uma prática científica não idealizada, que assume a propriedade relacional de seus elementos e seu caráter histórico construído — sujeitos e objetos não são predefinidos antes da relação em que operam. Portanto, somente na perspectiva parcial há a possibilidade de conhecimento objetivo" (Cruz; Reyes; Cornejo, 2012, p. 258–259).

das universidades às academias reais, é de suma importância, pois legitima o deslocamento e a eliminação de alguns saberes que se basearam na experiência acumulada ao longo dos séculos.

Na atualidade, uma disciplina pode ser definida como um campo de estudo vinculado a um departamento universitário, um centro de investigação ou uma revista acadêmica. Isso significa que possui uma área específica de estudo e uma comunidade de estudiosos e profissionais que são remunerados e trabalham nela. Indico consultar o *link* de *Outline of academic disciplines*[29] para se ter uma ideia da extensa lista de disciplinas que foram enunciadas em 2020. Assim, a seleção de, no máximo, 10 ou 12 disciplinas realizada pelo currículo escolar de base disciplinar deixa de lado áreas que hoje são necessárias para dar sentido às diferentes realidades. Essa pluralidade de disciplinas também suscita a necessidade de estabelecer conexões entre os campos disciplinares, para que os alunos compreendam de forma relacionada os problemas que abordam na Escola.

Essa questão é importante, pois as disciplinas tornam-se as matérias escolares, que são o resultado da transformação alquímica de algumas disciplinas e devem ser ensinadas a todos na Escola. Ao se transformarem em informações básicas (conteúdos, procedimentos ou competências) a serem aprendidas, muitas vezes se afastam dos problemas das disciplinas de referência, tendem à simplificação e adotam a função primordial de moldar os indivíduos sob determinadas concepções do que deve ser aprendido. Com isso, deixam de lado outras perspectivas e concepções, geralmente aquelas que, como nos diz Goodson (2000), poderiam ajudar os indivíduos colocados à margem a encontrar seu lugar para aprender.

Historiadores críticos do currículo, como Goodson, têm mostrado que um dos propósitos dessa seleção é gerar formas de divisão e classificação social, consagrando alguns conhecimentos como válidos (para que e para quem?) e ignorando outros. As matérias escolares são mais um reflexo das ações dos grupos que exercem pressão no currículo do que uma resposta à necessidade de todos os sujeitos de darem sentido ao mundo em que vivem e às relações entre os fenômenos.

Mas as matérias não são transformadas em prática de ensino conforme estabelecido pelos currículos escolares ou concretizado pelos livros didáti-

---

[29] OUTLINE of academic disciplines. *In*: WIKIPEDIA [2024]. Disponível em: https://en.wikipedia.org/wiki/Outline_of_academic_disciplines. Acesso em: 22 ago. 2024.

cos. As matérias são transformadas e reduzidas, no cotidiano da sala de aula, em informações e atividades, o que seria a tradução em termos de ensino das disciplinas curriculares, geralmente com base nas propostas universalistas que são apresentadas nos livros didáticos. Propostas que geralmente são apresentadas como aquilo que é necessário (e obrigatório) que todos aprendam. Por essa razão, tendem a padronizar a realidade e, consequentemente, os indivíduos, e deixam de lado aqueles que não se adaptam a um sistema proposto como o único possível.

Depois de estabelecer brevemente essa primeira distinção, podemos nos perguntar: as matérias escolares atuais ajudam a compreender e promover a necessidade de dar sentido às informações com as quais os alunos se relacionam dentro e fora da escola? Com base em quais critérios algumas matérias são consideradas relevantes no currículo e outras são excluídas? Como explicar o fato de não haver uma visão unificada entre os diferentes países na escolha e no estabelecimento de matérias escolares? Onde isso deixa o profissionalismo do professor quando ele encontra aquilo que tem para ensinar e o modo como tem de fazê-lo e avaliar definidos por pessoas que têm um contato distante com a escola? Ocorre o mesmo com outras profissões?

Diante dessa visão dominante do currículo disciplinar, deve-se considerar que existem outras perspectivas interdisciplinares ou transdisciplinares para organizar o que pode ser ensinado e aprendido na Escola. De início, deve-se notar que a abordagem transdisciplinar não é equivalente à interdisciplinar. Há coincidências, mas são perspectivas diferentes, como nos lembra Thompson (1996). Os enfoques transdisciplinar e interdisciplinar coincidem na medida em que propõem o estudo das relações entre disciplinas e campos de conhecimento e as relações de uma disciplina com o conhecimento do mundo e de nós mesmos como um todo. No entanto, o estudo interdisciplinar baseia-se na "combinação" de conhecimentos de duas ou mais disciplinas para criar uma síntese mais adequada aos problemas de determinadas áreas. Já a perspectiva transdisciplinar examina as "relações" entre disciplinas e sua vinculação a um "campo intelectual" (não disciplinar). É por isso que um currículo integrado é necessariamente transdisciplinar ou interdisciplinar, mas no sentido dado ao termo por Roland Barthes (2001) quando escreveu: "Para realizar um trabalho interdisciplinar, não basta escolher um 'tema' e colocar duas ou três disciplinas em torno dele. Um estudo interdisciplinar consiste em criar um novo objeto que não pertence a ninguém".

A partir daí, nos situamos no currículo integrado, levando em conta que, quando o fazemos, podemos partir de diferentes concepções. No meu caso, trata-se de um formato ou uma estratégia que visa a "ensinar os alunos a investigarem ou indagarem com base em problemas relacionados a situações da vida real". Por vida real, quero dizer não apenas o que vem a seguir, mas também a maneira como hoje os saberes (disciplinares ou não) abordam a investigação e a indagação em seus respectivos domínios. Tudo isso como forma de enfrentar o dilema da seleção de conteúdos diante da multiplicidade de possíveis temas de estudo oferecidos hoje pelos saberes (considerados ou não científicos) e pelas diferentes realidades sociais e culturais.

O currículo integrado aparece, então, como uma estratégia para que os alunos aprendam formas de pensar e fazer que lhes permitam seguir aprendendo ao longo da sua vida. E, sobretudo, para que o conhecimento escolar seja atualizado e responda à necessidade de a escola oferecer um "andaime" básico para explorar as diferentes partes da realidade e a experiência dos próprios alunos — como indivíduos que fazem parte de uma coletividade que se divide entre o singular e o global.

O currículo da humanidade de Lawrence Stenhouse

O currículo da humanidade de Lawrence Stenhouse (1970) foi uma proposta para que os jovens abordassem o estudo de problemas humanos de interesse geral, como família, trabalho, guerra e outras áreas de experiência nas quais pudessem mostrar suas discordâncias. A finalidade era desenvolver uma compreensão das situações sociais, dos atos humanos e das questões controversas que suscitam; uma compreensão que se realiza por meio do diálogo, da investigação a partir de diversas fontes de informação e da expressão reconstrutiva, em diferentes formatos (escrito, dramatizado, visual...), do percurso realizado.

A proposta de Stenhouse baseou-se nos seguintes princípios, que podem nortear propostas globalizadas, articulações entre disciplinas ou, mais ambiciosamente, um currículo integrado: o direito do aluno de saber, a conexão do saber escolar com o conhecimento do mundo extracurricular do estudante e a importância do diálogo como forma de estudar ideias de maneira colaborativa.

O foco do currículo de humanidades é estudar a experiência humana a partir das ciências sociais: história, geografia humana, psicologia e sociologia. A isso podemos acrescentar os cruzamentos que se estabelecem com as ciências naturais e experimentais. Tudo isso com a finalidade de ter critérios para valorizar as artes, humanidades e ciências e sua contribuição para essas experiências humanas.

O meio de favorecer esse tipo de conhecimento é ensinar a se relacionar, a estabelecer vínculos; enfim, a compreender. Nossa perspectiva de compreensão, vinculada a projetos de indagação — a ela me referirei no próximo tópico —, procura identificar as versões dos fatos ou fenômenos — não necessariamente de base disciplinar — que são examinados com a intenção de encontrar versões alternativas e silenciadas, relacionando-as com referências à vida dos sujeitos e conectando-as com uma atitude crítica à ordem estabelecida.

Nós que defendemos essa forma de abordar a experiência escolar o fazemos porque pensamos que é assim que a Escola responde de forma questionadora às mudanças e permanências na sociedade, nos conhecimentos, nas disciplinas acadêmicas, nas práticas culturais e na vida de alunos, professores e comunidades. Trata-se de um desafio que exige questionar muitas inércias e deixar de aceitar matérias de base disciplinar sob a responsabilidade de um único professor, distribuídas em espaços limitados e em um tempo predeterminado e imóvel como referência hegemônica do currículo escolar.

Um primeiro esboço do que virá no próximo tópico

Em relação ao exposto, especialmente ao currículo integrado, nossa proposta é um convite à abordagem de temas-problemas, que não seriam fixos e que se organizariam com os alunos para incentivar sua implicação. Temas como a vida, a morte, a família, o trabalho, a espiritualidade, o corpo, as contribuições da ciência e da tecnologia que nos afetam, o consumo, o cosmos, as mudanças climáticas, as fontes de energia, as narrativas de diferentes culturas e atores sociais. Esses temas-problemas seriam abordados a partir de uma conversa cultural que buscaria promover a indagação e a pesquisa, o contraste de pontos de vista e fontes, a abertura a novos conhecimentos e sua reconstrução por meio de diferentes formas de narração.

Seguindo esse fio condutor, e com base no que apontei anteriormente (Hernández, 2001) ao propor o sentido que pode ter o aprender por meio de projetos de indagação[30] como proposta de transgressão,[31] aprender a partir de uma perspectiva integrada do currículo pode significar:

- Assumir que o conhecimento necessário para dar sentido ao mundo em que vivemos não está organizado de forma fragmentada e em compartimentos, seguindo padrões fixos e preestabelecidos, mas faz parte de um processo mutável, relacional e em construção.
- Que esse conhecimento não se configura como uma linha reta, mas se entrelaça com histórias e visões sobre fenômenos; que reflete interesses que reafirmam e excluem. Isso significa que um dos desafios atuais da Escola é convidar os alunos a abordar o modo como o conhecimento é social e academicamente construído (a partir de quando, por quem, com quais propósitos), e não considerar que ele é algo pre-existente e essencialista.
- Abordar um tema ou problema para tentar desvendar seus enigmas, questões, tensões e contradições. Assim, no caso de muitos projetos que se apresentam como tal, seria necessário considerar se permitem aos aprendizes desvendar algum enigma que dê sentido às suas relações com o mundo, com os outros e com eles mesmos.
- Começar a experimentar o exercício do pensamento, questionando textos, fontes, evidências como uma emocionante aventura que acontece dentro e fora da Escola, mas que nunca termina. Nesse sentido, convido a refletir se muitos dos projetos apresentados como tal representam um exercício apaixonante de pensamento para professores e alunos.
- Que professores e alunos investiguem de maneira conjunta (e com outros) sobre "algo" que os faça se sentir implicados. Isso nos levaria a nos perguntar se nossos alunos nos percebem implicados no que fazemos e compartilhamos com eles. Implicado significa estar consciente do desafio, das adversidades impostas pelo aprender com sentido. Não buscando o acúmulo de informações, mas abrindo-se para uma exploração permanente que interroga fenômenos para além das aparências e que considera a busca de sentido para interpretar o mundo e o próprio olhar — e o dos outros — sobre ele.

---

[30] Que considero uma forma de abordar o currículo integrado.
[31] Diria que é uma proposta desobediente, como veremos no quarto tópico deste capítulo.

- Não esquecer que hoje a educação não é responsabilidade apenas da Escola. Por meio da cultura popular, de multinacionais do entretenimento, dispositivos digitais, telas de celular e redes sociais, crianças e jovens também estão sendo educados, e com mais força e persuasão do que na Escola.
- Que se trata ao final — como uma linha no horizonte que nos guia, mesmo que não a alcancemos plenamente — de abordar experiências de aprendizagem "profundas". Isso significa que o sujeito se sente afetado na medida em que "[...] envolve nosso desejo (nosso investimento afetivo no que nos rodeia), captura nossa imaginação e constrói nossa consciência" (Steinberg; Kincheloe, 2000, p. 15).

Por todos esses motivos, encarar a possibilidade de um currículo integrado, além de fazê-lo como uma tecnologia organizativa, implica:

a) Questionar todas as formas de pensamento único. Isso introduz suspeitas e questiona versões da realidade baseadas em verdades únicas e estáveis.
b) Reconhecer, diante de qualquer fenômeno estudado, as concepções que o regem, a versão da realidade que projeta e as relações de poder que tentam influenciá-lo.
c) Incorporar uma visão crítica que leve a questionar quem se beneficia dessa visão dos fatos e quem ela marginaliza e exclui.
d) Introduzir, diante do estudo de qualquer fenômeno, opiniões diferentes, para que o aluno verifique que a realidade é construída a partir de diferentes pontos de vista e que nem sempre alguns se impõem aos outros pela força dos argumentos, mas pelo poder daqueles que os estabelecem.
e) Ter em mente que o conhecimento não é fragmentado, mas integrado a partir de conceitos-chave relacionados. Morin aponta como conceitos-chave: a vida, o cosmos e a humanidade. Se isso for levado em conta, o que se aprende em uma matéria escolar pode estar ligado a outros campos, a outras matérias e campos de saber.
f) Não esquecer que as pessoas se implicam se o que aprendem se conecta com elas e se desempenham um papel ativo na busca por essas relações.

Tudo isso para propor o desafio de construir propostas de emancipação em um mundo cheio de contradições. Um mundo em que a desordem pode ser vista como sintoma de mudança, e a dúvida, como estratégia de reflexão para seguir aprendendo.

O que significa abordar o currículo a partir de uma perspectiva globalizada

Conceber e realizar o currículo como espaço de relações implica que a vida em sala de aula se constitua a partir de experiências de aprendizagem que possibilitem encontros críticos com diferentes manifestações culturais,[32] atores e eventos sociais. Dessas experiências, não se esperam trajetórias e respostas homogêneas, mas uma diversidade de caminhos que, ao se cruzarem nos modos de compartilhar (oral, visual, performativo, aural...), ampliem os sentidos de ser e a compreensão das diferentes camadas da realidade daqueles que se colocam em condições de aprender a partir da curiosidade, da busca e da indagação. Assumir essa visão requer um diálogo aberto com uma série de pressupostos.

Pode-se aprender, como apontei, não apenas de forma representacional (textos, números, imagens), mas a partir de uma narrativa indireta. Isso significa não entender o mundo como dado, mas considerá-lo permanentemente novo e em construção, o que nos coloca diante do que sabemos, mas também diante do que descobrimos.

Ainda, implica assumir que aprender não é apenas um processo cognitivo e textual, mas também performativo, experiencial, afetivo e relacional. Por isso, quando pensamos o currículo como um tecido de projetos de indagação, o fazemos gerando permanências de subjetividade que permitem que crianças e jovens — incluindo professores — pensem e se narrem de maneiras diferentes. Maneiras que vão além das posições privilegiadas de uns ou das posições subordinadas de outros.

Esse processo de pensar — que está ligado ao fazer com os outros — nos leva tanto a deliberar de forma diferente sobre o que já sabemos quanto a

---

[32] Entendo por manifestações culturais não apenas as vinculadas às artes e humanidades, mas também as relacionadas ao conhecimento científico. É uma carência social o descaso e o abandono da compreensão tanto da cultura humanista quanto da científica. Tal divisão, por outro lado, parece mostrar que as ciências não são um legado humanista.

enfrentar o desafio de nos aproximarmos do que não sabemos, mas que nos desafia e questiona.

Embarcar nesse processo é um convite a ir além da ideia de que o conhecimento está aí para ser capturado (no currículo normativo, no livro didático, em uma prova de papel e lápis) e de que o conhecimento e as atividades devem ser embalados para serem reproduzidos.

Tudo isso é possível a partir da ideia do currículo como espaço de relações, como Walker se referiu acima, ou da ideia do currículo como experimento, que nos foi dada por John Elliot (1998), o que implica concebê-lo a partir de uma ideia de conhecimento escolar que se apresenta como permanentemente novo e que deve ser pensado, e não reproduzido. Isso nos leva a questionar a ideia de que o conhecimento deve ser adquirido da mesma maneira por todos os sujeitos, e a propor que se pode conhecer de maneiras muito diferentes. Isso nos convida a experimentar, a improvisar e a considerar, como aponta Atkinson (2017), o aprender como parte de um processo de imanência — que surge, que acontece —, e não de transcendência — que é predeterminado e imposto.

Não ignorar as dificuldades

Às vezes falamos no grupo da PEPT sobre por que, se há uma tradição que fundamento e reivindica o papel da globalização no aprender com sentido significativo e que propõe uma organização do currículo integrado baseada em temas-problemas como uma perspectiva que pode contribuir para que todos os alunos possam encontrar seu lugar na Escola, essa visão não se enraíza entre professores, famílias e formadores. Robin Alexander (2010), em um relato sobre o que poderia ser aprendido no ensino fundamental, aponta duas questões que acho importante mencionar ao final deste tópico e que podem fornecer uma resposta a essa pergunta. Um dos problemas para reformar o currículo é a força da tradição oitocentista de competição entre disciplinas. Isso implica a dificuldade de se considerar uma concepção holística da aprendizagem, do currículo e do papel da Escola. O segundo problema é a falta de consenso — e interesse em promovê-lo — para buscar um acordo sobre o propósito e os benefícios da educação como um todo, em vez de se guiar por imperativos econômicos.

Ao exposto, acrescenta-se, como argumenta Sabol (2013), que as mudanças educativas no que deveria ser o sentido da Escola se colocam em relação às forças que demandam maior controle da educação escolar. Tais forças medeiam e influenciam as agendas políticas, econômicas, culturais, tecnológicas e sociais de políticos, líderes empresariais, "opinadores", dos próprios educadores e de outros que orientam essas mudanças. Os interesses de igrejas, grupos editoriais e empresas engajadas no negócio da educação seriam algumas dessas forças com poder e influência nas políticas educacionais e no que pode vir a ser o significado da educação escolar. Além de uma tradição que criou uma mentalidade — e mentalidades, quando se enraízam, são difíceis de mudar — que se configura a partir de:

- uma noção de conhecimento como factual e declarativo;
- uma noção de conhecimento baseado em fatos e algoritmos que pode ser avaliado em provas de papel e lápis, valorizando a reprodução;
- uma indústria da educação que teme perder seu poder de penetração se os professores assumirem o controle da educação escolar — uma indústria da educação que está sendo cada vez mais controlada por empresas dedicadas à venda de plataformas de ensino de dispositivos de tecnologia digital;
- uma formação docente centrada no conhecimento disciplinar e numa ideia de professor, sobretudo na educação secundária, que vincula a sua identidade profissional a uma disciplina;
- uma organização de tempos (horários) e espaços de maneira compartimentada e que favorece mais os interesses do corpo docente do que a criação de espaços de aprendizagem relacional que levem em conta as necessidades e formas de aprendizagem dos alunos.

É preciso considerar essas forças que atuam e definem não apenas o sentido do que deve ser a Escola, mas também a manutenção de privilégios. Por isso, é importante influenciar uma mudança na formação docente a partir de uma concepção que pressupõe o aprender com base no estabelecimento de relações e favorece o pensamento crítico. Isso deve levar, paralelamente, a uma mudança em estruturas e arranjos administrativos, menos voltados para o controle, a regulação e a homogeneização e mais propícios ao desenvolvimento de projetos coletivos para a vida das escolas que dialoguem com as comunidades e que, a partir do nível local, tentem compreender e intervir no global.

Como essa ainda é uma utopia que ajuda alguns de nós a seguir e a contribuir para esse projeto de vida comum, o aprender de forma globalizada e relacional tem de ser concretizado em formas de pensar, fazer e intervir.

Por isso, o tópico a seguir é dedicado a projetos de indagação, como forma de trazer as noções e perspectivas que apresentei nestas páginas para a vida da sala de aula e da Escola.

APRENDER POR PROJETOS: NOTAS PARA UMA GENEALOGIA DE UMA PRÁXIS MUTANTE

> Todo mundo faz projetos, mesmo que não tenha consciência de que está fazendo um projeto.
>
> LLUÍS (Estudante de belas artes e geologia)[33]

> Un projecte és llençar quelcom endavant, per tant, per nosaltres treballar per projectes és un camí que recorre tot el grup classe conjuntament i es van prenent decisions a mesura que van apareixent els reptes, interessos i inquietuds...
>
> ESCOLA FONT DEL ROURE (@fontdelroure)[34]

> A agitação pura não gera nada de novo. Reproduz e acelera o que já existe.
>
> BYUNG-CHUL (2017)

A armadilha dos nomes e a importância de uma genealogia

Leio e escuto com frequência, como forma de desvalorizar a proposta educativa da aprendizagem baseada por projetos (ABP) que ela é algo que se

---

[33] Lluís é um estudante que participa do projeto de investigação TRAY-AP: https://esbrina.eu/es/portfolio/trayectorias-de-aprendizaje-de-jovenes-universitarios-concepciones-estrategias-tecnologias-y-contextos-2/. Obrigado pela generosidade de compartilhar e pelo presente de suas reflexões.

[34] Em algum lugar encontrei essa noção de aprender por meio de projetos da Escola Font del Roure. Achei inspirador, pois reflete não apenas uma prática, mas também uma atitude epistemológica, pedagógica e ética. Obrigado por compartilhá-lo. Sua tradução pode ser: "Um projeto é levar algo adiante, portanto, para nós, trabalhar por projetos é um caminho que percorre todo o grupo de classe conjuntamente, e as decisões são tomadas à medida que os desafios, interesses e inquietudes surgem...".

apresenta como uma novidade, mas tem mais de 100 anos. Aqueles que afirmam isso podem cair em uma certa posição nominalista, pois consideram que o uso do mesmo termo se refere à mesma coisa em realidades e contextos diferentes. Esquecem que, "como disse Barthes, cada época cobre ou 'forra' as grandes obras do passado[35] com sua própria linguagem, com seu próprio sistema de interesses e referências".[36] Por isso, apesar de se falar de projetos antes e agora, "leituras e interpretações mudam e até se contradizem ao longo do tempo".

É por isso que quero começar este tópico com a nossa história[37] com o aprender por meio de projetos e apresentar o significado que demos a essa denominação do que — como vimos no tópico anterior — é uma proposta de promoção da aprendizagem de forma globalizada, relacional e que explora conexões. Já escrevi em vários lugares (Hernández, 1998a) que chegamos aos projetos sem ter lido a proposta de Kilpatrick[38] e que lhe demos esse nome — com o complemento "de trabalho" — porque correspondia ao que fizemos durante cinco anos na Escola Pompeu Fabra (Hernández-Hernández; Ventura, 2008). Uma proposta que entendia a aprendizagem como devir, e não a partir de posições que estabelecem de antemão para onde se deve ir. Por isso, a ideia do projeto foi inspirada em como ele é usado na arquitetura, como um esboço que dá conta de referências, rotas e mudanças, além de dialogar com o que foi sugerido na proposta político-pedagógica da primeira etapa de Reggio Emilia e com a tradição de educação popular de Freinet, em que o "trabalho" tinha uma centralidade manifesta.

Contudo, se essa é a origem de nossa relação com projetos, comecei a delinear o elo histórico — que pode ser uma genealogia da ABP — em uma

---

[35] E quem diz "as obras do passado" pode dizer o mesmo sobre as contribuições para a Escola em diferentes épocas e lugares.

[36] Tomo essa citação de uma entrevista de Gonzalo Torné com Ignacio Echevarría publicada em *ConTexto*: TORNÉ, G. "*Me gusta la crítica instrumental, la que se sirve de la literatura para discutir el presente*". 2022. Disponível em: https://ctxt.es/es/20220201/Culturas/38746/Gonzalo-Torne-Ignacio-Echevarria-critica-literaria-entrevista-El-nivel-alcanzado.htm. Acesso em: 22 ago. 2024.

[37] Falo da "nossa história" referindo-me aos companheiros que há mais de 30 anos participam do grupo de estudos e autoformação da PEPT.

[38] Aqueles que falam desdenhosamente de projetos se referem ao fato de que Kilpatrick formulou a proposta para "o método do projeto" há um século.

palestra que realizei para a Xarxa de Competències[39] sobre aprendizagem globalizada por meio de projetos.[40] Nessa apresentação, apontei que essa modalidade educacional tem uma longa trajetória histórica. É por isso que é tão importante lembrar disso, porque muitas vezes, em ambientes relacionados à educação escolar, ficamos sem memória. Isso se conecta com o tópico anterior, em que apontei que, desde o início do século XX, vários educadores propuseram e praticaram propostas educacionais alternativas ao ensino por repetição e imitação, vinculado a livros didáticos homogeneizadores: Decroly (centros de interesse), Dewey (abertura para a experiência fora da Escola), Kilpatrick (pedagogia dos projetos), Freinet (uma visão globalizada), Stenhouse ("projeto curricular da humanidade") e Freire (tema gerador).

Foi entre as décadas de 1970 e 1980 que a educação baseada em projetos se tornou parte da vida de muitas escolas e faculdades, especialmente nos países da Europa Central e do Norte. Diferentes movimentos de reforma educativa — o movimento da escola integral, o movimento da educação comunitária, o movimento do currículo aberto e o movimento da aprendizagem prática — referem-se ao método do projeto como parte de suas propostas. Além disso, quando amplia a abordagem construtivista ao ensino e à aprendizagem, à aprendizagem baseada na investigação, à resolução de problemas na formação profissional e industrial, bem como em outros campos da educação, o "projeto" é considerado um dos melhores e mais adequados métodos de ensino.

Vou me deter no caso do Reino Unido, porque pude vivenciá-lo de perto quando trabalhei como professor de espanhol em duas escolas de educação secundária. Programas como o "Teaching through projects" e o "Curriculum integration" tiveram uma ampla recepção. Essas propostas foram uma resposta à mudança trazida por uma reforma que propunha a passagem de uma escola seletiva (*grammar school* diante das *modern secondary schools*) a uma escola para todos (*comprehensive school*). Essa mudança implicou a passagem de uma escola organizada com base em conteúdos acadêmicos

---

[39] A Xarxa de Competències é uma proposta de formação entre pares promovida pelo Departament d'Educació de la Generalitat de Catalunya: https://projectes.xtec.cat/xarxacb/.

[40] HERNÁNDEZ, F. *Fem projectes o entenem la vida de l'escola com un gran projecte*. 2017. Disponível em: https://xtec.gencat.cat/web/.content/curriculum/xarxacb/treball-projectes/Resum-conferencia-Fernando-Hernandez.pdf. Acesso em: 22 ago. 2024.

e destinada a poucos que estavam a caminho da universidade para uma que ensinasse menos conteúdos acadêmicos e orientasse os alunos para a prática laboral. A nova escola "para todos" baseia-se em propostas de um "currículo integrado" (não fragmentado em disciplinas escolares) e assentado na livre organização curricular por meio de projetos. Foi esse ensino médio que conheci quando trabalhei, como indiquei, em um instituto preparatório para a faculdade e outro que orientava os alunos para profissões que exigiam uma qualificação mais básica, e também durante uma estadia no Centre for Applied Research in Education (CARE).[41]

Mas essas propostas não surgem da inspiração de um indivíduo, e sim porque há uma realidade social, uma modificação na demografia, em formas de trabalho relacionadas às tecnologias que demandam ajustes nos sistemas de produção e "mudanças" na educação escolar. Elas surgem em um contexto e são realizadas para responder a ele. Levar em conta o contexto e as condições que tornam isso possível é algo que as posições nominalistas esquecem. É por isso que o método de projeto de Kilpatrick pouco tinha a ver com os projetos de trabalho que relatamos em 1992 no livro supracitado (Hernández- Hernández; Ventura, 2008) e que tiveram um eco amplo e esporádico como resultado da reforma da Lei Geral de Educação (1990). Na época, considerou-se que essa era a maneira como a abordagem construtivista daquela reforma poderia ser levada para a sala de aula. Como os contextos em que as propostas surgem são importantes, vou fazer uma breve revisão de alguns momentos em que foram propostas modalidades de aprendizagem baseadas em projetos.

Os projetos: uma breve genealogia

A tese de doutorado de Paula Villanueva (2017) trata do lugar do projeto nas artes visuais. Em sua pesquisa, Paula faz uma revisão de diferentes sentidos dos projetos a partir de um artigo de Michael Knoll (1997) que me parece fundamental para situar a genealogia que agora apresento. Esse autor iden-

---

[41] O Centre for Applied Research in Education foi um centro de pesquisa localizado na Universidade de East Angilia, fundado por Lawrence Stenhouse. Para lá convergiram, entre outros, Barry MacDonald, Bridget Somekh, Hellen Simons, John Elliot, Nigel Norris, Rob Walker e Saville Kushner. Temas como a avaliação democrática, o professor como pesquisador, a educação para a compreensão, a pesquisa-ação e o currículo baseado na práxis foram desenvolvidos por esse grupo.

tifica cinco etapas em que a noção de projeto tem uma relevância especial, vinculada a algum campo de saber ou a uma situação social — sobretudo no sistema de produção e de trabalho — que demanda mudanças na educação básica e profissional. Além disso, aponta algo que me parece relevante não perder de vista: a superficialidade e as contradições com que o projeto tem sido estudado como método de ensino e aprendizagem. Por exemplo, segundo estudos que Knoll menciona, o "projeto" como método de instrução não é herdeiro do movimento de educação industrial e progressista que surgiu nos Estados Unidos no final do século XIX. Na verdade, ele surgiu das mudanças introduzidas na formação em arquitetura e engenharia que começou na Itália no final do século XVI. Tomei como ponto de partida as etapas de Knoll para complementá-las com outros trechos e referências, especialmente na última etapa, que chega até os dias atuais.

1590-1765: os projetos nas escolas de arquitetura da Europa. Nesse período, os arquitetos italianos tentaram profissionalizar sua atividade, deixar de pertencer à classe dos artesãos e elevar-se ao nível de artistas. Para isso, a arquitetura teve de desenvolver uma base teórica a fim de estabelecer a arte da construção como matéria escolástica. Dado que pintores e escultores compartilhavam essa necessidade, os arquitetos se aliaram a eles e fundaram, em 1577, uma academia de arte — a Accademia di San Luca — em Roma, sob o patrocínio do papa Gregório XIII. A formação na academia se organizava em aulas e concursos. Assim como nos concursos de arquitetura, nos da academia havia tarefas a realizar, prazos a cumprir e jurados a convencer. No entanto, diferentemente dos concursos reais para encargos arquitetônicos, os *designs* dos concursos acadêmicos eram propostos de forma puramente hipotética. Por isso, eram chamados de *progetto*,[42] pois eram exercícios de imaginação que não estavam destinados a ser construídos. Dessa maneira, foi na Accademia di San Luca de Roma que o termo "projeto" apareceu pela primeira vez em um contexto formativo.

1765-1880: os projetos vinculados à profissionalização dos engenheiros. Essa etapa se caracteriza pela normalização do projeto como método de ensino e é importada da Europa para os Estados Unidos. No final do século

---

[42] Como indiquei, ao iniciar em 1988 a experimentação do aprendizado por meio de projetos na Escola Pompeu Fabra, adotamos essa noção de *progetto* utilizada nas escolas infantis de Reggio Emilia. Essa concepção remete à ideia de ensaio, de experimentação, de algo em processo e não acabado, de estimular a imaginação. Naquele momento, inadvertidamente, estávamos retornando à ideia original do projeto.

XVIII, a profissão de engenheiro havia sido estabelecida e estava sendo incorporada às novas escolas técnicas e industriais e às universidades. Esse transplante do projeto de formação da Europa para a América e da arquitetura para a engenharia teve uma importante influência na forma como se utilizou e se apoiou teoricamente o método de projetos. Não se tratava apenas de elaborar projetos na prancheta de desenho, mas também de construí-los na oficina.

1880-1915: os projetos vinculados à formação técnico-industrial. Essa etapa tem como ponto central a atividade de Calvin M. Woodward, um professor dos Estados Unidos que, inspirado pelo *russian system*,[43] desenvolveu um "manual de formação" que unificava a preparação teórica com o desenvolvimento de habilidades práticas por meio da sequenciação e da sistematização de uma série de exercícios manuais para a sala de aula ou para as oficinas. O método propunha que, em primeiro lugar, mediante uma série de exercícios básicos, os estudantes aprendessem o "alfabeto" das ferramentas e das técnicas. Em segundo lugar, ao final de cada unidade didática e do ano escolar, lhes era dado tempo para desenvolver e realizar "projetos" de forma independente — projetos que Woodward considerava exercícios sintéticos. Antes de receber o diploma da escola, cada estudante deveria realizar um projeto que consistia na construção real de uma máquina. Esse manual não se limitou aos ensinamentos técnicos especializados, mas obteve grande repercussão e acolhida em escolas de ensino fundamental e médio.

1915-1965: a psicologia sustenta o método de projetos. O projeto da etapa anterior recebeu atenção, mas despertou pouco interesse além da formação manual e das artes industriais, até que Rufus W. Stimson, do Conselho de Educação de Massachusetts, iniciou, por volta de 1910, uma campanha para popularizar o "plano de projeto doméstico" (*home project plan*) na agricultura. Segundo esse plano, aos alunos eram apresentados, primeiro, os conhecimentos teóricos (sobre hortaliças, por exemplo) na escola, que depois

---

[43] O sistema russo foi uma proposta formativa apresentada por Victor Karlovich Della-Vos (1829-1890), um educador russo com formação em *design* de maquinário industrial e agrícola que combinava um enfoque teórico com a prática na formação técnico-profissional. A apresentação desse método na Feira do Centenário da Filadélfia fez com que tivesse influência nos Estados Unidos, resultando em um enfoque formativo que vinculava o método com a análise do posto de trabalho. Esse método esteve nas bases do taylorismo como forma de organização do trabalho industrial.

eram aplicados no cultivo de feijões, ervilhas ou cenouras nas fazendas de seus pais. A Agência de Educação dos Estados Unidos distribuiu milhares de cópias dos folhetos de Stimson com essa proposta. Graças a essas ações, os professores de disciplinas acadêmicas se familiarizaram pela primeira vez com a ideia do projeto. O método de projetos foi encarado como o procedimento da educação progressista. Foi considerado uma proposta exemplar para atender às exigências de uma nova psicologia da educação — à qual me referi em trecho anterior —, segundo a qual as crianças não deveriam ser apenas preenchidas passivamente com conhecimentos, mas participar de uma aprendizagem baseada na prática e destinada a desenvolver iniciativa, criatividade e raciocínio. No entanto, para poder aplicá-lo de maneira mais ampla, primeiro foi necessário redefinir o termo "projeto". Essa tarefa foi assumida por William H. Kilpatrick, filósofo da educação e colega de John Dewey no Teachers College da Universidade de Columbia. Kilpatrick fundamentou a noção de projeto para a educação escolar em seu ensaio "O método de projeto" (1918). Vou me estender neste ponto sobre a influência, pouco reconhecida, da proposta de Kilpatrick em algumas das atuais modalidades de projetos da Escola. Além disso, é interessante destacar algumas das controvérsias que gerou na época — algumas das quais ainda alimentam os debates a favor ou contra os projetos.

O método de projetos de Kilpatrick como contribuição para outra prática escolar e como fonte de controvérsia

A fundamentação do método de projetos de William Heard Kilpatrick (1871-1965), exposta no livro *Foundations of method*, em 1925, baseou-se no conceito de "atividade intencional" de Peirce e na teoria da experiência de Dewey (2004). Como vimos na parte sobre a globalização das aprendizagens, para Dewey, as crianças deveriam adquirir experiência e conhecimento resolvendo problemas práticos em situações sociais. Kilpatrick também foi influenciado pela psicologia da aprendizagem de Edward L. Thorndike, até mais do que pela teoria da experiência de Dewey. Segundo as "leis da aprendizagem" de Thorndike, uma ação para a qual existisse uma "inclinação" buscava "satisfação" e era mais provável de se repetir do que uma ação que "incomodava" e ocorria sob "obrigação". A partir disso, Kilpatrick chegou à conclusão de que a "psicologia da criança" era o elemento crucial no processo de aprendizagem. As crianças precisavam poder decidir livremente o que queriam fazer. A crença era de que sua motivação e seu sucesso na aprendizagem aumentariam à medida que perseguissem seus próprios propósitos ou interesses.

Utilizando essas ideias, Kilpatrick definiu o projeto como um "ato com propósito" (*hearty purposeful act*) (Kilpatrick, 1918, 1925). O "propósito" pressupõe liberdade de ação e não pode ser algo imposto. No entanto, se "O propósito morre e o professor continua exigindo que o que foi iniciado seja concluído, então [o projeto] se torna uma tarefa" (Kilpatrick, 1925, p. 348),[44] mero trabalho e monotonia. Com esses princípios, Kilpatrick estabeleceu a motivação do aluno como característica básica do método de projetos. Qualquer coisa que a criança empreendesse, contanto que o fizesse com um propósito, era um projeto. Nenhum aspecto valioso da vida era excluído, desde que fosse um tema amplo e integrador da vida real. Com essa formulação, Kilpatrick se afasta da concepção original de Dewey de que o projeto é uma empreitada conjunta entre aluno e professor, tema que abordarei mais adiante.

Kilpatrick (1918) elaborou uma tipologia de projetos que variava desde a construção de uma máquina, passando pela resolução de um problema matemático ou pela aprendizagem do vocabulário da língua francesa, até a contemplação de um pôr do sol e a audição de uma sonata de Beethoven. Ao contrário de seus antecessores, Kilpatrick não vinculou o projeto a disciplinas ou áreas de aprendizagem específicas. Crianças que apresentavam uma peça teatral estavam executando um projeto, assim como as crianças que apreciavam o espetáculo na plateia. Na visão de Kilpatrick, os projetos passavam por quatro fases: propósito, planejamento, execução e avaliação. A progressão ideal era que os alunos, e não o professor, completassem essas quatro fases. Somente quando os alunos exercem "liberdade de ação" podiam adquirir independência, capacidade de julgamento e habilidade para agir, virtudes que Kilpatrick considerava indispensáveis para a manutenção e o desenvolvimento da democracia.

No início da década de 1920, a concepção de projeto de Kilpatrick atraiu a atenção de muitos professores, que passaram a definir o projeto de forma mais ampla e o consideraram um método geral e viável de ensino. No entanto, essa ampla definição também enfrentou forte resistência em várias

---

[44] No original: "The purpose dies and the teacher still requires the completion of what was begun, then it [the project] becomes a task".

frentes, tanto por parte de educadores "conservadores" quanto de "progressistas". Vou me concentrar na crítica que Dewey fez à noção de projeto de Kilpatrick, pois aborda um aspecto fundamental que se reflete em algumas concepções atuais de projeto: o papel do interesse e da capacidade das crianças para abordar qualquer tipo de tema.

John Dewey, mestre e amigo de Kilpatrick, participou da discussão criticando a concepção de seu discípulo. A principal objeção de Dewey era a orientação unilateral que Kilpatrick oferecia em relação à criança. Na sua opinião, os alunos por si só são incapazes de planejar projetos e atividades; eles precisam da ajuda de um professor para garantir o processo contínuo de aprendizagem e de desenvolvimento. Para Dewey, o "projeto" não é (como para Kilpatrick) um "empreendimento da criança", mas um "empreendimento comum" do professor e dos alunos (Dewey, 2004; Kilpatrick, 1927). Dewey também critica a definição de Kilpatrick do projeto como uma atividade "com propósito", observando que "Um propósito genuíno começa com um impulso, mas difere de um impulso e um desejo originais pela sua transformação em um plano e método de ação" (Dewey, 2004, p. 43). Somente na medida em que o professor puder convencer os alunos a abandonar o comportamento espontâneo e passar pelo "ato completo de pensar" — desde o encontro com uma dificuldade, passando pela elaboração de um plano, até a resolução do problema — eles poderão ampliar sua experiência e sua educação.

Segundo Dewey, todos os métodos de ensino baseiam-se no pensamento científico e no método da experiência educativa. No entanto, o método de projetos diferenciava-se dos demais procedimentos por exigir um tipo de resolução de problemas — como a construção de um barco ou a fabricação de uma pipa — desenvolvido para desafiar e desenvolver as habilidades construtivas dos alunos (Dewey, 1916, 1933). Nessa abordagem, ao contrário de Kilpatrick, Dewey enfatizava o papel do professor na orientação e no direcionamento dos alunos.

É evidente que a ideia de projeto de Dewey (1985) não era idêntica à de Kilpatrick. De fato, sempre que Dewey falava sobre o enfoque por projetos, retornava (como quase todos os educadores de destaque dos Estados Unidos da época) ao conceito tradicional e rejeitava categoricamente a definição propagada por Kilpatrick em seu nome. Ao contrário de Kilpatrick, Dewey não considerava o trabalho por projetos a "[...] única saída para a confusão educativa" (Dewey, 1985, p. 87) relacionada a quais métodos eram mais adequados para o desenvolvimento e para a formação. Em vez disso, ele o valorizava como um entre os muitos métodos de ensino existentes.

Esse ponto é crucial, e continua sendo um dos temas que fazem parte da controvérsia entre aqueles que são a favor ou contra os projetos como método de ensino e aprendizagem. Como assinala Michael Knoll (1997) no artigo que guia esta seção, com frequência as crianças tendem a superestimar sua capacidade de indagação e, às vezes, escolhem projetos que estão além de suas habilidades. No entanto, a limitação da própria capacidade é algo que precisa ser aprendido por meio da experiência das consequências do que não podemos realizar. Há o perigo de que crianças que se envolvem em projetos muito complexos se confundam e desorganizem, não apenas produzindo resultados rudimentares — o que é um problema menor —, mas também adquirindo conhecimentos superficiais — o que é um assunto importante. Aí está a responsabilidade do professor de ajudar o aluno a perceber a insuficiência de suas ações a tempo, proporcionando estímulo para realizar atividades que melhorem suas capacidades (Dewey, 1916).

As críticas de Dewey e outros educadores diminuíram a popularidade do método de projetos de Kilpatrick. No início da década de 1930, o termo "projeto" era usado cada vez menos em seu sentido amplo. Até mesmo Kilpatrick se distanciou de sua própria definição. Em uma carta a Abraham Flexner,[45] ele admitiu que, em 1918, não deveria ter relacionado sua noção de "ato intencional sincero" com a abordagem tradicional dos projetos, e nessa mesma carta escreveu: "No final [depois de 1927], decidi que havia cometido um erro ao vincular meu programa com o termo, e parei de usar o termo por ser provocativo e ambíguo".

De fato, a autocrítica de Kilpatrick se explica por si mesma. Sua concepção de projeto era ambígua, já que prescindia das convenções da linguagem e designava a atitude subjetiva do aluno como método objetivo de ensino. A concepção de projeto era provocadora, pois desconsiderava as tradições do campo e mudava arbitrariamente a definição de projeto, passando de um trabalho responsável e construtivo para uma atividade entusiástica e decidida.

No seu sentido original e restrito, o projeto sobreviveu ao longo dos anos sem sofrer muitas mudanças e segue existindo ainda hoje, especialmente no

---

[45] Carta datada de 25 de janeiro de 1950 e conservada hoje nas Coleções Especiais da Universidade de Mercer.

ensino das ciências, da agricultura e da tecnologia/artes industriais. Os estudantes da educação secundária dos Estados Unidos realizam regularmente projetos que são julgados por um júri, premiados e certificados, numa dinâmica semelhante à dos concursos de arquitetura dos séculos XVII e XVIII.

No início do século XX, os Estados Unidos haviam se estabelecido firmemente como uma potência mundial. Sua influência não era notável apenas na política e no comércio, mas também na educação. Assim como a Europa em épocas anteriores, os Estados Unidos se tornaram um importante exportador de ideias educativas inovadoras e progressistas. O método de projetos, principalmente na versão ampla de Dewey e Kilpatrick, foi discutido no Canadá, na Argentina, na Grã-Bretanha, na Alemanha, na Índia, na Espanha[46] e na Austrália, entre outros países (Schäfer, 1988).

Uma referência pouco divulgada sobre a aceitação que os projetos tiveram nesse período foi o papel deles na Rússia pós-revolucionária. No início da década de 1920, a aprendizagem por projetos foi introduzida e promovida entre os educadores russos, principalmente por Nadezhda K. Krupskaya, esposa e colega de Lenin. Mais tarde, por volta de 1930, isso adquiriu uma importância significativa quando Victor N. Shulgin, diretor do Instituto de Investigação Educacional de Moscou, proclamou seu conceito de "extinção da escola" e declarou que o método de projetos era o único método de ensino verdadeiramente "marxista" e "democrático" (Holmes, 1991, p. 123). Segundo Shulgin, o projeto era o enfoque ideal para combinar conhecimentos teóricos com prática revolucionária e acelerar a transição do capitalismo

---

[46] No caso da Espanha, faço um apanhado de algumas das publicações que ocorreram na primeira parte do século XX, antes da Guerra Civil Espanhola:

- MATA, A. R. Un nuevo método de enseñanza: el project method. *Revista de Pedagogía*, v. 18, p. 206-211, 1923.
- SANZ RUIZ, F. El método de proyectos. *Revista de Pedagogía*, 1928.
- LA ESCUELA MODERNA. El método de proyectos en la enseñanza (continuación). *La Escuela Moderna*, v. 507, p. 562-569, 1933.
- LA ESCUELA MODERNA. El método de proyectos en la enseñanza (continuación). *La Escuela Moderna*, v. 510, 124-134; v. 512, p. 230-240, 1934.
- BAYÓN, D. Fundamentos del método de proyectos. *Escuelas de España*, v. 1, n. 1, p. 19-28, 1934.
- MARTÍ ALPERA, F. Ensayos del método de proyectos. *Revista de Pedagogía*, 1934.
- SAINZ, F. El método de proyectos en las escuelas rurales. *Revista de Pedagogía*, 1934.
- BAYÓN, D.; LEDESMA, A. *El método de proyectos*: realizaciones. Madrid: Escuelas de España, 1934.

para o comunismo. Ao contrário da escola burguesa, o ensino no Estado proletário ia além de encadear matérias abstratas. As propostas de Shulgin foram inicialmente debatidas em "conferências de projetos" pan-russas; depois, foram formalizadas em um abrangente "plano nacional de estudos de projetos" (Holmes, 1991, p. 137 e seguintes).

No entanto, logo após a aprovação dos novos currículos, interveio o Comitê Central do Partido Comunista da União Soviética. Em uma resolução de 5 de setembro de 1931, o órgão decisório máximo do país condenou a "irrefletida loucura pelo método de projetos" (citado em Knoll, 1997), declarando que o projeto não era adequado para ensinar os conhecimentos e as habilidades necessárias para aumentar a produção industrial e fortalecer a consciência comunista. Nessa resolução, foi indicado que havia um risco considerável de que, ao unir instrução e trabalho, se pusessem em perigo os avanços alcançados na educação geral e científica nos últimos anos. Com isso, terminou a aventura dos projetos na Rússia. Assim como a educação progressista como um todo, o método de projetos já não estava mais na ordem do dia do debate teórico sobre educação — nem na União Soviética, nem nos países que viriam a ficar sob domínio soviético na Europa Oriental após a Segunda Guerra Mundial.

1965 até hoje: redescobrimento da ideia de projeto e a conexão dos projetos com o novo espírito do capitalismo. Michael Knoll revisa a história dos projetos a partir da Alemanha e aponta que, ao contrário de seus vizinhos do Leste após o fim da ditadura de Hitler, a Europa Ocidental passou por um período de restauração. As ideias que haviam florescido durante o período entreguerras ressurgiram. Os métodos progressistas de ensino se tornaram opções viáveis nos debates sobre a reforma escolar, por motivos tanto históricos quanto conceituais.[47] No final da década de 1960, a situação mudou radicalmente mais uma vez. Os estudantes nas universidades não apenas protestavam contra o imperialismo, o capitalismo e o autoritarismo, mas também se rebelavam contra as estruturas de repressão e dominação percebidas nas instituições acadêmicas.

---

[47] No caso espanhol, também se evidencia esse processo de restauração. Especialmente a partir da segunda metade dos anos 1960, começaram a ser recuperadas as ideias e propostas educativas vigentes antes da Guerra Civil, as quais haviam sido eliminadas durante a ditadura franquista.

Nesse período — diz Knoll —, os "projetos" surgiram como uma alternativa aos formatos tradicionais de conferências e seminários. Eles eram vistos como uma forma de aprendizado por meio de pesquisa e eram promovidos por sua relevância prática, sua interdisciplinaridade e sua repercussão social. A ideia do projeto se espalhou rapidamente das universidades para as escolas e da Europa Ocidental para outros países, mas o centro e o foco dessa terceira grande onda de debates sobre projetos estiveram e ainda estão na Alemanha (Schäfer, 1988).[48]

Os projetos e o novo espírito do capitalismo

Nesse contexto, situa-se uma série de mudanças ideológicas que ocorreram juntamente com as transformações do capitalismo após os eventos de Maio de 68 na França. Essas mudanças foram analisadas por Luc Boltanski e Ève Chiapello (2002) em um livro que nos remete aos projetos como referência de um espírito do capitalismo flexível e pós-fordista. Um espírito que se reflete na forma de um mundo em rede e que permite controlar possíveis rebeliões antissistêmicas sem que as empresas percam lucros, reputação ou confiança. Para isso, camuflado sob a liberdade do "ser flexível", promove-se o trabalho autônomo, a horizontalidade e o empreendedorismo.

Esse novo modelo político se organiza em torno do que Boltanski e Chiapello denominaram "cidade por projetos", a "sétima cidade harmoniosa". Ela segue as seis cidades que Boltanski apresentou anteriormente em *De la justificación*, com Laurent Thévenot (1991): a cidade inspirada, a cidade doméstica, a cidade renomada, a cidade cívica, a cidade comercial e a cidade industrial.

O projeto serve como um referencial que reflete as formas que a "atividade" assume nesse espaço reticular. Além disso, é uma fórmula comum para enquadrar temporal e espacialmente a ação humana em um mundo moldado por sistemas de produção flexíveis, descrito por Bruno Latour (2007) como um "mundo sem costuras".

A expressão "cidade por projetos" é uma aproximação da denominação empresarial "organização por projetos". Essa organização refere-se a empresas cuja estrutura é sustentada pela forma finita e acumulativa do projeto. A cidade por projetos é uma tipologia específica da década de 1990 e se

---

[48] Essa obra é fundamental para quem deseja se aprofundar na genealogia da aprendizagem e do ensino por projetos.

apresenta como o dispositivo justificativo do atual modelo de produção--relação, denominado por Boltanski e Chiapello de "mundo conexionista" ou "mundo em rede", em alusão à metáfora do rizoma proposta por Deleuze e Guattari (1997).

O projeto se apresenta como a ocasião e o pretexto para a conexão, temporariamente reunindo pessoas muito diversas. Configura-se como um

> [...] extremo da rede intensamente ativado durante um período relativamente curto de tempo, mas que permite forjar vínculos mais duradouros que, mesmo temporariamente desativados, permanecem sempre disponíveis. [...] O projeto é, precisamente, uma proliferação de conexões ativas que favorece o surgimento de formas, ou seja, a existência de objetos e sujeitos, estabilizando e inevitavelmente estabelecendo vínculos (Boltanski; Chiapello, 2002, p. 155-156).

Diante dessa realidade, é necessário estar atento à possibilidade de que a introdução de projetos como forma de organizar a aprendizagem na Escola seja um reflexo do que Boltanski e Chiapello denunciam e uma preparação para se adaptar a essa "cidade de projetos" que preconiza o novo espírito do capitalismo.

Diferentes modalidades de ensino e aprendizagem por meio de projetos

No ressurgimento dos projetos nos últimos 20 anos, além do contexto relacionado ao novo espírito do capitalismo, apareceram diferentes modalidades de ensino, como a aprendizagem baseada em problemas, o trabalho baseado em indagação (*inquiry-based working*),[49] a aprendizagem baseada em indagação (*inquiry-based learning*), a aprendizagem por desafios (*challenge-based learning*) e a ABP (*project-based learning*). Elas mostram como o ensino por projetos tem evoluído como resposta da Escola ao que instituições como a OCDE, a Unesco ou o Fórum Econômico Mundial preconizam como desafios do século XXI.

O motivo de resgatar o projeto e suas variantes é que ele está associado à "aprendizagem em profundidade" (*deeper learning*), processo pelo qual os estudantes desenvolvem competências do século XXI das quais há muito tempo ouvimos falar como requisito e etiqueta de inovação educativa. Essas

---

[49] No trabalho baseado em indagação, os professores e os responsáveis pela supervisão das escolas coletam e analisam sistematicamente diversos tipos de dados para melhorar os resultados tanto dos alunos quanto das escolas.

competências referem-se a conhecimentos transferíveis e à habilidade para saber "[...] como, por que e quando aplicar esse conhecimento" (Pellegrino; Hilton, 2012, p. 6). Entre nós,[50] essas competências têm circulado por quase duas décadas[51] e retornaram ao debate educacional com a reforma da LOMLOE. Essas modalidades de ensino têm aspectos em comum:

- apresentam um problema ou uma pergunta conectada à realidade;
- envolvem os estudantes em investigação ou atividades de *design*;
- resultam em um produto final;
- incluem a colaboração entre os estudantes;
- com frequência usam tecnologias virtuais de aprendizagem.

Esses enfoques são apresentados como atrativos, autênticos e baseados na investigação,[52] sendo considerados capazes de beneficiar estudantes de todas as origens e com diferentes possibilidades de aprender. Também podem ser aplicados em diversos contextos, desde salas de aula individuais até escolas. Seu principal objetivo é criar oportunidades de aprendizagem em que os alunos possam trabalhar em colaboração para responder a uma pergunta que desencadeia a investigação ou a indagação, resolver um problema ou enfrentar um desafio a fim de criar um produto final.

O enfoque pedagógico do método de projetos, ou da ABP, está associado ao estudo/investigação aprofundado de um tema em que as ideias, perguntas, previsões e interesses dos alunos moldam as experiências vividas e as atividades realizadas. A característica-chave do método de projetos é a investigação de questões formuladas pelos alunos ou em colaboração com um professor, que podem ser refinadas ao longo do curso (Filippatou; Kaldi, 2010, parafraseado).

---

[50] N. de T. Do meio educacional.
[51] O projeto "Definition and selection of competencies" (DeSeCo) foi elaborado pela OCDE em 1997. Ele representa a vanguarda do movimento competencial. Em Gimeno Sacristán (2008), encontramos uma revisão, a partir de diferentes perspectivas, sobre a origem, as possibilidades e as limitações da educação baseada em competências.
[52] Um exemplo dessa acolhida é a proposta promovida pela Unesco Catalunha para que escolas e institutos adotem essa modalidade de projetos: https://catesco.org/2019/07/25/marc-per-a-laprenentatge-basat-en-projectes-abp-dalta-qualitat/.

Aprendizagem baseada em projetos

Dada a acolhida positiva que a ABP tem em algumas escolas e instituições, vou focar essa perspectiva, a qual Thom Markham (2003, p. 4), do Buck Institute for Education,[53] define como:

> [...] um método de ensino sistemático que envolve os estudantes na aprendizagem de conhecimentos e habilidades por meio de um processo de investigação amplo e estruturado sobre questões complexas e autênticas e produtos e tarefas cuidadosamente desenvolvidas.[54]

A ABP está relacionada à aprendizagem baseada em problemas, que também busca envolver os alunos em situações de colaboração em que devem abordar um problema complexo ou desafio do mundo real. Segundo a ideia de Vygotsky sobre a "zona de desenvolvimento proximal", essa modalidade de aprendizagem colaborativa promove o desenvolvimento das habilidades de pensamento de ordem superior nos alunos. Os ambientes de aprendizagem baseados em problemas vinculam os alunos de forma prática, permitindo-lhes obter uma compreensão mais profunda do conteúdo e maior participação em comparação com métodos de ensino mais tradicionais (Condliffe *et al.*, 2017). A ABP deriva da aprendizagem baseada em problemas, que foi introduzida pela primeira vez na Universidade McMaster em Ontário, Canadá, em 1969 (O'Grady *et al.*, 2012, parafraseado). Embora sejam similares, a aprendizagem baseada em problemas e a ABP diferem em alcance e tamanho. Ao contrário da primeira, a ABP exige que os alunos trabalhem juntos para dominar simultaneamente vários objetivos de aprendizagem, aplicando novas habilidades e conhecimentos adquiridos em vários problemas a serem resolvidos.

Devido à complexidade dessas situações, a maioria das formulações da aprendizagem baseada em problemas envolve os alunos trabalhando em equipes nessas tarefas (Condliffe *et al.*, 2017). No entanto, a ABP, que é colaborativa, ensina os alunos a priorizar e distribuir as tarefas dentro do projeto. Também promove a investigação iniciada pelos estudantes, o apoio

---

[53] O Buck Institute of Education é uma das referências que tem moldado a proposta da ABP e contribuído para sua atual vigência em vários países: https://www.buckinstitute.org/education/.

[54] No original: "A systematic teaching method that engages students in learning knowledge and skills through an extended inquiry process structured upon complex, authentic questions and carefully designed products and tasks".

como um "andaime" (do professor que ajuda a sustentar os conhecimentos de seus alunos) e o desenvolvimento de habilidades em áreas como colaboração e comunicação.

A ABP é um processo de múltiplos níveis de aquisição de novas habilidades e conhecimentos para proporcionar com sucesso uma solução a um desafio. Ao longo do processo, os estudantes obtêm novas informações de múltiplas fontes, incluindo seus colegas, para guiá-los em direção a uma possível solução final. Baseada na interação entre a ABP e as perspectivas sociais, a teoria da cognição distribuída de Hutchins (2001) contribui para guiar a ABP, pois considera que o aprendizado é um fenômeno cognitivo que ocorre quando novas informações são compartilhadas ou distribuídas entre múltiplos indivíduos, artefatos e dispositivos tecnológicos. A maioria dos sistemas funciona como resultado da cognição distribuída: aeroportos, escolas, hospitais e restaurantes são todos sistemas que dependem do intercâmbio para funcionar de maneira eficaz.

A ABP não se limita a fornecer aos alunos conhecimentos sobre conteúdos; ela desenvolve habilidades como a busca de informações em diferentes meios, o pensamento crítico, a resolução de problemas, a autoavaliação, o resumo e a realização de apresentações, que são altamente recomendáveis para a aprendizagem ao longo da vida. O que diferencia a ABP dos projetos que os alunos geralmente realizam no final do trimestre ou do curso acadêmico (como trabalhos de investigação ou créditos de síntese) é que ela não termina em um resultado predefinido nem segue caminhos restritos decididos antecipadamente pelo professor. Embora em algumas versões da ABP isso nem sempre ocorra e a proposta formativa se homogeneíze.

A ABP oferece mais liberdade para os estudantes, permitindo que eles escolham o tema, os recursos que devem consultar, a distribuição de responsabilidades entre os membros do grupo e a forma como projetam e apresentam seus produtos finais. Contudo, os estudantes não fazem tudo isso sozinhos. O professor não é um espectador nem um acompanhante que se limita a observar sem intervir. Nas experiências de aprendizagem social que configuram as diferentes modalidades que mencionei, as professoras e os professores podem criar atividades de aprendizagem que incluam apoiar como "andaime" e suporte aos alunos por meio de perguntas, mostrando exemplos, fornecendo informações, levantando contradições ou apoiando a colaboração dos estudantes para que essas experiências de aprendizagem tenham sentido e profundidade.

No entanto, como costuma acontecer na educação escolar, o que inicialmente se apresenta como uma proposta que pode se adaptar a diferentes realidades acaba se reduzindo a uma fórmula de cinco passos que, além disso, algumas editoras terminam por homogeneizar tanto nos temas a serem explorados quanto nos recursos para realizar o processo de investigação.

O que a investigação nos diz sobre a ABP

A Fundació Bofill, em sua campanha para promover inovações baseadas em evidências, apresentou em 2019 uma revisão realizada por Marc Lafuente Martínez (2019) sobre o que a pesquisa revela a respeito do valor e da eficácia da aprendizagem por projetos na educação escolar. De início, é importante considerar que boa parte dos 300 artigos revisados fazem referência à modalidade de ABP, que segue, como vimos, um processo de cinco passos.[55] Além disso, como mencionado na seção de apresentação do relatório, muitos dos estudos coletados se baseiam em modelos de pesquisa semiexperimentais que não levam em conta condições contextuais nem registram o que ocorre na sala de aula quando essa modalidade de aprendizagem é implementada. No entanto, desse metaestudo emergem algumas contribuições e tensões que esclarecem uma perspectiva que tem pontos em comum com as diferentes modalidades de projetos que vimos nas páginas anteriores. A seguir, apresento algumas das contribuições derivadas das pesquisas revisadas nesse relatório (Lafuente Martínez, 2019).

> *Desempenho acadêmico.* A ABP está associada a um efeito positivo e de magnitude média a grande sobre o desempenho acadêmico dos alunos ($d = 0{,}71$). Quando se compara esse impacto com o de outras intervenções avaliadas internacionalmente, por exemplo, pela Education Endowment Foundation, a ABP mostra mais efetividade do que a atribuída a programas baseados no *feedback* ao estudante, na promoção da metacognição e da autorregulação da aprendizagem e nas tutorias personalizadas.

---

[55] (1) Parte de uma questão vinculada a um fenômeno autêntico ou realista. (2) Os estudantes desenvolvem uma série de tarefas geralmente complexas de forma colaborativa e com alto grau de autonomia e poder de decisão. (3) Elaboram artefatos e propostas que respondem à questão inicial, ao processo de investigação e às suas reflexões. (4) Publicam ou apresentam o produto a pessoas determinadas. (5) Estabelecem objetivos de aprendizagem claros ligados ao desenvolvimento do projeto.

Aspectos afetivos e motivacionais da aprendizagem. A ABP está relacionada a um efeito positivo na satisfação dos alunos em relação à experiência de ensino, mas a evidência é mista quanto aos efeitos sobre sua motivação para a aprendizagem, o engajamento e a frequência às aulas. [...]

Matéria ou área curricular. A ABP está associada a um grande efeito na área de línguas e ciências sociais, e o efeito é entre médio e alto na área científico-tecnológica e matemática. Os projetos pluridisciplinares obtêm efeitos leves. [...]

Intensidade e duração. Os programas de ABP são mais eficazes quando se dedicam mais de duas horas por semana e se concentram em poucas semanas de duração. [...]

Uso de tecnologia digital. Os programas são mais eficazes quando utilizam meios tecnológicos digitais para que os alunos possam acessar melhores informações e estabelecer uma melhor colaboração. [...]

Etapa educativa. Não existem diferenças de impacto entre o ensino fundamental e o ensino médio. A pesquisa ainda é escassa na educação infantil. [...]

Perfil do aluno. Há pouca evidência sobre se os alunos com algumas desvantagens se beneficiam da ABP na mesma medida que os demais. O mesmo se aplica às diferenças de gênero dos alunos (Lafuente Martínez, 2019, p. 12–16).

Esse relatório também aponta para uma série de condições que, segundo a pesquisa, influenciam que o ensino e a aprendizagem por projetos sejam implementados de maneira sustentável na escola:[56]

- A adoção de mudanças no âmbito da Escola e o fortalecimento da liderança do centro para facilitar as condições docentes.

---

[56] Algumas dessas características eu constatei nos estudos de caso realizados em Hernández-Hernández (2021b).

- Uma orientação adequada da aprendizagem de todos os alunos por parte dos professores; por exemplo, por meio de uma combinação de instrução direta e pesquisa independente.
- Uma formação inicial e continuada do corpo docente.
- Uma liderança política e uma coerência sistêmica.
- A implementação pode ser mais eficaz quando incorporada a mudanças globais na escola.

Essas contribuições foram complementadas por outros referenciais que não estão incluídos no estudo:

- Os estudantes que aprendem por meio de projetos melhoram suas habilidades de comunicação e criatividade e desenvolvem pensamento prático, dedicando-se à pesquisa/descoberta, explorando e tomando decisões (Amels *et al.*, 2019).
- Westwood (2006) observa que os projetos promovem a aprendizagem significativa. Ao conectar a nova aprendizagem com a experiência e os conhecimentos prévios do aluno, os projetos aumentam a autodireção e a motivação, pois os alunos são responsáveis por seu próprio aprendizado, utilizando diversos modos de comunicação e apresentação (abordagens multimodais). Isso pode ser muito útil para alunos com dificuldades de aprendizagem.
- A aprendizagem por projetos tem sido criticada por exigir mais tempo e demandar materiais didáticos não convencionais (Finucane; Johnson; Prideaux, 1998). Os alunos geralmente dedicam mais tempo em comparação ao dedicado em métodos de ensino mais tradicionais e precisam ser capazes de trabalhar juntos para completar com sucesso a tarefa atribuída. Isso requer uma organização de horários que muitas vezes não se ajusta, sobretudo no ensino médio, à dedicação dos professores nem à gestão do tempo escolar.

Algumas considerações para fazer um primeiro balanço

Os projetos, conforme apresentados nesta discussão, têm sido uma constante nos últimos 150 anos da história da educação ocidental. Estão vinculados a mudanças nas concepções sobre o aprender, relacionadas à vida cotidiana e aos problemas reais, mas também às mudanças profissionais, que exigem modalidades de formação capazes de adaptar os estudantes (futuros trabalhadores) às modificações no sistema de produção. Essas características são evidentes nas fases que Knoll apresenta no percurso da proposta de projeto. Isso não deveria ser surpresa, uma vez que a Escola tem como uma de suas funções preparar indivíduos para se adaptarem às mudanças nas formas de trabalho. Isso é claramente visível na segunda e na terceira fases da introdução de projetos na formação profissional, preparando os estudantes para a Revolução Industrial da Luz, que exigia maior especialização do que a Revolução da Máquina a Vapor.

A genealogia do ensino e da aprendizagem por projetos ilustra o quão necessário é inserir o pensamento sobre reformas e inovações educativas em um contexto histórico. Caso contrário, como observaram Tyack e Cuban (1995), a reforma passa de uma iniciativa que pretende ser inovadora a outra sem que se entenda claramente por que algumas propostas apresentadas como solução ou alternativa na educação escolar se dissipam e desaparecem. Quando isso ocorre, as inovações funcionam, conforme indicado pela citação de Byung-Chul no início, como pura agitação. Portanto, a abordagem por projetos, que é um método de ensino específico e em alguns sentidos indispensável, pode se transformar, como aconteceu com a proposta de Kilpatrick e seus seguidores, em uma filosofia geral e difusa da educação (Katz; Chard, 1989), ou em uma receita repetitiva que se dilui na reiteração quando passa o efeito da reforma que a promove, como no caso da Lei Orgânica Geral do Sistema Educativo (LOGSE), em 1990, ou do que, até certo ponto, ocorre atualmente com a ABP.

Nesse contexto, é importante destacar que os projetos estão vinculados ao aprendizado por competências na fase atual e, em grande medida, à organização social e do trabalho na "cidade dos projetos", conforme descrito por Boltanski e Chiapello. Na vida profissional organizada em torno de projetos, Borys Groys (2014) aponta que estes atuam como uma ferramenta para obter aprovação oficial ou financiamento, apresentando-se como um instrumento tanto indispensável quanto restritivo. Assim, todos os membros de nossa sociedade estão constantemente envolvidos em conceber, discutir e descartar inúmeros projetos (Groys, 2014, parafraseado).

No entanto, os projetos, apesar da carga de significados que carregam, como visto, podem ser uma oportunidade para promover uma educação escolar crítica e desobediente. Explorar essa possibilidade é o objetivo do que se segue, apresentado não como uma alternativa, mas como uma convergência que dialoga com outros referenciais. Também considera as propostas globalizadoras e as abordagens aos projetos discutidas nestes trechos. Com isso não esqueço, como diz Sara Ahmed (2017), citada em trecho anterior, que o que se segue e o que é apresentado nos próximos capítulos não poderia ter sido pensado e vivido na sala de aula sem reconhecer "nossa dívida com aqueles que nos precederam; que nos ajudaram a encontrar nosso caminho". Também para tentarmos nos afastar dele.

APRENDER A PARTIR DOS PROJETOS: CONVITE A UMA PEDAGOGIA DESOBEDIENTE

> Não buscamos a parcialidade por si só, mas sim pelas conexões e aberturas inesperadas que os conhecimentos situados tornam possíveis.
>
> *Haraway (1995)*

> Tento seguir os caminhos dos fios a fim de poder rastreá-los e encontrar suas tramas e padrões cruciais para prosseguir com o problema.
>
> *Haraway (2019)*

Neste trecho, compartilharei a perspectiva de projetos que viemos pensando e levando à vida nas salas de aula da Escola[57] como parte do grupo da Perspectiva Educativa dos Projetos de Trabalho (PEPT).[58] Sobre o grupo e sua trajetória, tratamos na Introdução e no Capítulo 12.

Começo reconhecendo que a fundamentação dos projetos que adotamos no grupo mantém algumas diferenças em relação às perspectivas de ensino e aprendizagem baseadas em projetos que explorei no trecho anterior. No entanto, assumimos o legado desses enfoques, pois nos permitiram refletir sobre o que nos fundamenta e o que fazemos. Ao mesmo tempo,

---

[57] Recordo novamente que, quando usamos "Escola" com inicial maiúscula no livro, incluímos todas as instituições educativas, desde a educação infantil até a universidade.

[58] Às vezes, utilizo o plural, o nós, quando recolho ideias e propostas que foram compartilhadas e refletidas no grupo no qual pensamos a práxis da PEPT. Quando utilizo a primeira pessoa do singular, é para indicar que o que apresento é uma contribuição que, embora possa ter sido comentada no grupo, talvez não faça parte de suas referências. Apesar disso, reconheço que essa divisão é apenas estratégica, pois, na realidade, o eu está sempre atravessado por um nós.

seguimos mantendo uma relação com a denominação de projetos em vez de adotar outro nome para nos diferenciar. Não o fazemos por obstinação ou moda,[59] mas porque esse termo faz parte de nossa trajetória e pensamos que conserva um sentido de abertura, ensaio, devir e apelo à imaginação pedagógica; sobretudo, configura um espaço para a conversa cultural com o qual nos sentimos vinculados.

Além de destacar essa necessária vinculação, neste trecho apresento algumas considerações sobre o sentido do ensinar e aprender por meio de projetos, conforme se revela nos capítulos do livro. Além disso, exploramos neste trecho o sentido que damos ao aprender como devir, ao currículo como um rizoma e à pedagogia desobediente.

Esboçar nossa perspectiva do projeto

O projeto é uma modalidade de ensino e aprendizagem vinculada à finalidade de promover o pensamento crítico, a indagação e a investigação por meio do estabelecimento de relações entre experiências, informações, conhecimentos e saberes. Por isso, não entendemos que o projeto possa ser uma receita definida e implementada por meio de uma série de passos predefinidos e de caráter universal, que, portanto, se repetem em qualquer contexto ou situação. Daí a importância de considerar se todas as propostas e práticas rotuladas como projetos estão orientadas para promover o sentido relacional e globalizador do aprendizado.

Neste livro, adotamos essa abordagem, que não necessariamente precisa ser a mesma adotada por outros professores. Portanto, para evitar a impressão de que um projeto pode abranger qualquer coisa que se apresente sob um rótulo que envolva o interesse dos alunos, um tema disciplinar ou um problema da vida social, destaco que nossa opção é que o projeto contribui para colocar "o saber em ciclo". Esse é o propósito ao qual, como discutimos na segunda parte deste capítulo, Edgar Morin nos convida no primeiro volume do *Método* (2001).

---

[59] Sobre os projetos como uma moda, pode-se ler Alabat *et al.* (2016). Escrevemos o artigo em um período em que a ideia de projeto se tornou uma série de passos predefinidos e homogeneizadores da vida na sala de aula. Com isso, evitava-se a criatividade e a inventividade que nós dávamos a essa perspectiva educativa.

Então, consideramos que um centro de interesse, uma unidade didática, um microprojeto, um trabalho de investigação, um crédito de síntese, uma cápsula, uma ABP, uma aprendizagem baseada em problemas, entre outros, são, sem dúvida, propostas valiosas, porque abrem possibilidades de aprendizagem. No entanto, relacionam-se com o que apresento aqui se promovem uma comunidade de aprendizagem — no sentido que bell hooks (2022) atribui a essa noção — na qual se esboçam os movimentos de vida em sala de aula que podem configurar um projeto. Para aqueles que não têm acesso ao livro, cito a passagem em que a autora se refere ao que é uma comunidade de aprendizagem:

> O aspecto mais emocionante do pensamento crítico na sala de aula é que exige que todos tomem a iniciativa, ou seja, convida ativamente os estudantes a *pensarem com paixão e a compartilharem suas ideias de maneira entusiástica e aberta*. Quando todas as pessoas na sala de aula, professores e estudantes, reconhecem que são coletivamente responsáveis pela criação de uma comunidade de aprendizagem, a aprendizagem alcança seu máximo sentido e utilidade. Em uma comunidade como essa, *não há espaço para o fracasso*, pois todos participam e compartilham os recursos necessários a cada momento para garantir que saiamos da sala de aula sabendo que o pensamento crítico nos empodera (bell hooks, 2022, p. 21–22, grifo nosso).

Esse convite de bell hooks faz com que o projeto se desdobre como um lugar de confluência de experiências situadas, que podem surgir do emergente e se colocam em diálogo com os saberes e conhecimentos existentes (e por vir). O projeto se inspira no que bell hooks (2022, p. 17) denomina "O motor do pensamento crítico (que) é o desejo de saber, de compreender como a vida funciona". Compreender como a vida funciona é um dos três eixos da proposta de Morin. Os outros dois, como já mencionado, são o cosmos e o ser humano.

O desenvolvimento de um projeto não é linear, mas adota os movimentos imprevistos de um rizoma ou os deslocamentos de um micélio. Nesse sentido, é uma rede que se expande, cujo início é conhecido, mas cujo percurso e final não podem ser previstos. Esse ponto geralmente gera tensão e desconforto em muitos professores, provavelmente porque incorporam uma imagem de pensamento[60] sobre o que pode ser o trabalho docente baseada no conceito de "transcendência".[61]

Os conceitos de *transcendência e imanência* ajudam a nomear como nos posicionamos no ensino. A transcendência está relacionada à vinculação ao normativo e ao "dever ser", construindo, assim, uma imagem de pensamento "dogmática" ao planejar e configurar um processo de aprendizagem. Em contraste, a imanência está relacionada aos espaços de reapropriação e ruptura diante desse "dever ser". Estes últimos produzem novas imagens de pensamento (Deleuze; Guattari, 2004) que habitam molduras de flexibilidade. São duas posições que não são fixas nem fechadas. Em nosso caso, buscamos transitar na vida da sala de aula e da Escola a partir de uma posição de imanência.

Os projetos também podem ser uma perspectiva educativa que vai além de um simples modo de fazer e permite antecipar outras relações pedagógicas e formas de compartilhar. Uma perspectiva educativa implica uma visão do pensar, do conhecimento, das relações de poder, dos vínculos entre o humano e o não humano, das noções de aprendizagem, ensino e avaliação, do papel dos professores, dos estudantes e das comunidades às quais pertencem e das forças que atuam sobre a sociedade e a educação escolar.

Um projeto não é uma proposta lúdica para que crianças e jovens "se divirtam". É um formato exigente e desafiador, pois convida a questionar não apenas os porquês das coisas, mas também as estruturas — os discursos, como diria Foucault — que nos fazem pensar como pensamos e nos ver como nos vemos.

O projeto não parte apenas dos interesses das crianças e dos jovens, mas os leva em consideração. Se aprendêssemos apenas o que nos interessa, dificilmente nos aproximaríamos do que não sabemos. Optamos por considerar aquilo que os afeta e nos afeta e preocupa. Por isso, antes de desenvolver o que consideramos a PEPT na sala de aula, é necessário compartilhar o mundo de

---

[60] A imagem do pensamento é uma noção de Deleuze à qual ele se refere nos seguintes termos: "Suponho que existe uma imagem do pensamento que varia enormemente e que mudou muito ao longo da história. Não entendo por imagem do pensamento o método, mas algo mais profundo, algo sempre pressuposto, um sistema de coordenadas, de dinamismos, de orientações: o que significa pensar, 'orientar-se no pensamento'. [...] Não é possível determinar as condições da filosofia sem trazer à luz essas imagens do pensamento" (Deleuze, 1990, p. 202–203).
[61] Esses conceitos são encontrados em Deleuze e Guattari (2006).

saberes, preocupações, dúvidas e medos das crianças e dos jovens (e dos adultos). A partir daí, são mobilizadas as relações que podem ser vinculadas às disciplinas escolares ou que podem surgir por meio de explorações aprofundadas, entendidas como parte de uma perspectiva rizomática do currículo escolar.

Na PEPT que compartilhamos aqui, os professores não são apenas observadores e acompanhantes dos processos dos alunos. Eles são promotores e tecelões de relações pedagógicas. Por isso, apontam, questionam e desestabilizam o que é dado como certo. Ao mesmo tempo, reconhecem que o não saber — também nos adultos — é uma força que mobiliza a implicação nas tarefas compartilhadas que um projeto demanda.

Um projeto requer conhecimentos e saberes que fundamentam as relações e as estratégias de indagação e investigação e que se vinculam com situações sociais e formas de compartilhar os projetos realizados. Eu relaciono essa consideração com o que nos é fornecido por Prawat (1996), que, a partir de uma posição socioconstrutivista, considera que, para poder construir novos conhecimentos — em grande medida, isso é o que aprender significa —, é necessário levar em conta: um conhecimento-base que inclui tanto conhecimentos disciplinares quanto experiências pessoais; estratégias para continuar aprendendo; e a disponibilidade para a aprendizagem.

Um projeto, em diálogo com o que nos sugere Atkinson (2011, p. 7), poderia ser pensado como "[...] um espaço de multiplicidades, de inter-relações invisíveis, não vistas, mas poderosamente presentes nas ações de pensar, desejar, intuir, hipotetizar, gerar respostas e testar; uma rica amálgama de processos físicos, afetivos, psíquicos e sociais, que informam as formas de aprender a ser".[62]

Por fim, uma última consideração por agora: nem tudo pode ser ensinado e aprendido como um projeto, mas tudo pode ser ensinado e aprendido a partir da perspectiva educativa que orienta o sentido que damos ao aprender a partir de projetos.

Nas páginas que se seguem, convido-os a explorar com mais detalhe algumas das noções e propostas que desdobrei nesta introdução e a ampliar alguns dos referentes que apareceram em trechos anteriores. Concretamente,

---

[62] No original: "It is a space of multiplicities, invisible inter-relation, not seen but which are powerfully present between thinking, desiring, intuiting, hypothesising, responding and testing; a rich amalgam of physical, affective psychic and social processes informing the pathways of becoming".

dialogaremos com outros sentidos sobre o aprender, a possibilidade de um currículo rizomático e o que pode configurar uma pedagogia desobediente.

Aprender como processo em devir

Na primeira parte deste capítulo, exploro o que considero uma das chaves para nos aproximarmos da noção de projetos, e é a experiência de aprendizagem que se apresenta como um movimento de afetos e que proporciona uma mudança de estado no aprendiz. Agora, aprofundo esse sentido do aprender com base em Dennis Atkinson.[63] Para Atkinson (2011), aprender faz parte de uma relação pedagógica, de um encontro que começa a partir da pergunta: quem é você? Essa questão nos leva à pergunta: como o outro aprende? Dar um valor real a essa pergunta implica adotar uma abordagem pedagógica que não se antecipa a um aluno — nem a um professor — já prescrito, mas que está orientada para o futuro e para a novidade, para um sujeito-ainda-por-vir. Um sujeito que se abre à possibilidade de ampliar nossa compreensão da prática e da aprendizagem. Essa ideia implica adotar uma abordagem alternativa do conhecimento, da aprendizagem e do ensino. Uma abordagem que é mais incerta, menos prescrita e baseada nas noções do não conhecido e dos sujeitos-ainda-por-vir (Atkinson, 2018). Essa posição leva Atkinson e a nós, a partir da perspectiva pedagógica que sustenta nossa visão de projeto, a defender "[...] uma pedagogia sem critérios, que não assuma — como já disse — alunos e professores prescritos, mas que se baseie na noção de alunos e 'professores-por-vir'" (Atkinson, 2017, p. 142). Tal pedagogia sem critérios nos move em direção a um lugar desconhecido — Atkinson fala de *the not known and the unknown* — e implica desterritorializar-se do conhecido e mover-se para que o desconhecido chegue e seja possível (reterritorializar-se no desconhecido). Aprender, portanto, é mover-se do desconhecido para o que está por vir (Onsès-Segarra, 2018, parafraseado).

O que fundamenta essa visão é a consideração de que a aprendizagem, como aponta Lenz-Taguchi (2010), não ocorre no "interior" da criança ou

---

[63] Neste capítulo, Dennis Atkinson aparece com frequência porque o considero um dos autores atuais mais inspiradores e comprometidos em pensar sobre os fundamentos filosóficos e éticos da educação escolar. Quem tiver interesse em conhecer sua trajetória e pensamento, além de ler seus livros e artigos, pode conferir a entrevista que realizamos para os *Cuadernos de Pedagogía* (Atkinson; Hernández-Hernández; Sancho-Gil, 2015).

do jovem, mas é o fenômeno que se produz na intra-atividade que acontece na criança e entre a criança, seu corpo, suas inscrições discursivas, as condições discursivas no espaço de aprendizagem, os materiais disponíveis e as relações tempo-espaço em uma sala específica de organismos situados, onde as pessoas são apenas um desses organismos materiais entre outros (Lenz-Taguchi, 2010, parafraseado). Essa intra-atividade afeta e constitui as relações pedagógicas nas quais a aprendizagem ocorre, porque, como nos ensinou Donna Haraway (1988), o conhecimento está situado e, de acordo com Ellsworth (2005), a aprendizagem é contextual e se encarna em cada pessoa.

Por isso, a compreensão da prática de ensinar e aprender se afasta do mero "fazer" para incluir modos de ação (fazer), formas de entender (dizer) e maneiras como as pessoas se relacionam entre si e com o mundo (relacionar-se). Isso nos leva de volta a Lenz-Taguchi (2010, p. 37), para quem "A aprendizagem como intra-ação é, portanto, um processo material-discursivo". Como intra-ação e a partir de uma lógica do devir, o aprender ocorre "em um processo de tornar-se com (*becoming-with*) (Haraway, 2008, p. 4, parafraseado), em que o conhecimento se dá no próprio devir como práticas de conhecer no ser (*practices of knowing in being*) (Lenz-Taguchi, 2010). Dessa maneira, a aprendizagem se cria na própria intra-ação, em "[...] uma pedagogia intra-ativa que nunca pode consistir em planejar exatamente que tipos de processos de aprendizagem ocorrerão ou que tipo de aprendizagem será alcançada. Isso implica assumir que não há como prever os resultados exatos da aprendizagem" (Lenz-Taguchi, 2010, p. 60, parafraseado).

Aparece, assim, uma noção que mencionei anteriormente: a de uma pedagogia da imanência, que tem suas raízes na ideia do não conhecido, na medida em que tenta, por mais difícil que seja, aproximar-se da situação de aprendizagem sem critérios. Enquanto uma pedagogia da transcendência tende a operar a partir de critérios estabelecidos, uma pedagogia da imanência assume um processo de devir, mas sem um "sujeito" claro. Já uma pedagogia da transcendência tende a um sujeito preconcebido, em que tipos particulares de alunos e professores são antecipados pelas agendas curriculares prescritas (Atkinson, 2017, parafraseado).

Uma posição fundamental de uma pedagogia da imanência é que todos os alunos têm valor, que varia em relação aos seus mundos vitais e às suas diferentes sensibilidades em evolução. Portanto, uma tarefa pedagógica necessária, como mencionado, é determinar como as coisas importam para um aluno em um encontro de aprendizagem específico. Isso implica uma apreciação do valor das coisas na relação pedagógica (Atkinson, 2018).

Enfrentar a imprevisibilidade e transitar pela imanência é uma das tensões no sentido do aprender que transmitimos na perspectiva do projeto apresentada neste livro, porque nos obriga a reconstruir nossas formas de pensar e agir, nossas imagens de pensamento sobre o que pode vir a ser um professor, um aluno, a aprendizagem, um currículo e uma Escola. Por isso, sempre achamos difícil fazer formações sobre projetos. Não comunicamos um modo de fazer predefinido em uma série de passos que possam ser generalizados. Quando afirmamos que, em um projeto, assim como em qualquer relação pedagógica — ou, se preferir, em qualquer experiência de convivência com outros humanos e não humanos —, os acontecimentos em forma de encontros podem perturbar as formas de funcionamento estabelecidas e, como consequência, criar novas ou modificadas formas de pensar, ver, agir e sentir (Atkinson, 2018, parafraseado), geram-se tensões e instabilidade. Por isso, em uma visita à Faculdade de Educação, uma criança do terceiro ano do ensino fundamental disse às futuras professoras que um projeto é sempre único e nunca pode ser repetido. Essa criança entendia o projeto como um acontecimento, como um encontro que nos leva a reconstruir nossa forma de pensar ou agir. Esse caráter único do projeto é um apelo à abertura e à imaginação, evitando cair em uma rotina ou acomodação ao previsto.

O que estou sugerindo, com base em Atkinson, Lenz-Taguchi, Haraway, Ellsworth e Barad, é que o projeto — assim como toda a vida da sala de aula e da Escola — é um espaço de relações que nos leva a nos envolver no trabalho pedagógico para responder à imanência dos processos de aprendizagem das crianças e dos jovens. Isso implica adotar uma pedagogia "sem critérios", capaz de responder à diferença dos processos de aprendizagem e seus valores imanentes, que podem ampliar nossa compreensão da aprendizagem (Atkinson, 2018).

Dado que alguns leitores associam a noção de pedagogia com todos os males atuais e passados da educação escolar, destaco que utilizo esse termo para me referir a uma prática social que manifesta uma multiplicidade de formas. Portanto, a pedagogia pode se referir aos processos de aprendizagem realizados pelos alunos e pelos docentes — processos que implicam um eu que emerge dentro de um formato social. Contudo, ela também oferece uma crítica a esse formato social, com o objetivo de possibilitar uma compreensão ampliada dos processos de aprendizagem (Atkinson, 2011).

E assim chegamos a uma pontualização de Atkinson que marca o horizonte que perseguimos com a PEPT de possibilitar experiências de aprendizagem de verdade: a aprendizagem de verdade "[...] é considerada um processo de renovação por meio do qual os alunos superam a si mesmos e adentram em novas formas de aprendizagem e no que pode significar aprender" (Atkinson, 2011, p. 12).[64] Adentram em novas formas de aprendizagem em que, como já mencionei, se sentem desafiados e interpelados, mas sobretudo afetados. Sentem que fazem parte de um movimento corporificado que os desloca para outros "estados" e modos de pensar, relacionar-se e ser.

Nessa perspectiva do aprender, situamos nossa forma de conceber o projeto, que se cruza com a distinção entre "A aprendizagem normativa, que abrange grande parte dos processos cotidianos de aprendizagem, ensino e avaliação, e a aprendizagem de verdade, que implica um salto para um novo espaço" (Atkinson, 2011, p. 9)[65] e "[...] onde o acontecimento de aprender precipita uma nova ordem de devir" (Atkinson, 2011, p. 13).[66] Isso me leva a tomar a aprendizagem de verdade como uma reconstrução da maneira como um sujeito se envolve no mundo, de tal forma que o próprio sujeito é reconfigurado e ao mesmo tempo há uma reconfiguração da produção e da reprodução de objetos, sejam textos, outras pessoas, eventos sociais ou instituições (Lave; Packer, 2008). A partir dessa visão do aprendizado, passamos ao contexto no qual as relações pedagógicas são configuradas e desdobradas em um currículo escolar diferente.

O currículo escolar como rizoma

Na segunda parte deste capítulo, ao falar sobre as propostas educativas que promovem o aprender de maneira globalizada e relacional, resgatei o sentido que, atualmente, pode ter o currículo integrado. A partir dessa proposta, trago aqui uma deriva que começamos a explorar e que se vincula à possibilidade de pensar o currículo a partir da noção de rizoma.

---

[64] No original: "Is viewed as a process of renewal; a process through which learners leap beyond themselves into new accommodations of learning and what it might mean to learn".

[65] No original: "normative learning comprising much of the daily learning, teaching and assessment processes and real learning involving a leap into a new space".

[66] No original: "where the event of learning precipitates a new order of becoming".

Deleuze e Guattari (2004) propõem que o rizoma é um referente descritivo cujos elementos não se organizam de acordo com uma base ou raiz, mas se expandem sem um centro, podendo afetar e influenciar uns aos outros independentemente de sua posição. Essa definição, que pode parecer abstrata e distante do que ocorre na vida de uma sala de aula, caracteriza-se por uma série de princípios que podem, sim, se encarnar nas relações pedagógicas: (a) o de "conexão e heterogeneidade", que se refere ao fato de que qualquer ponto pode se conectar com outro, o que descentraliza o poder ou as ordenações hierárquicas em um rizoma; (b) o de "multiplicidade", que permite que um ponto se transforme à medida que suas conexões no rizoma crescem; (c) o de "ruptura assignificante", que nos diz que não importa se o rizoma se rompe em alguma de suas partes, pois ele pode se reconstruir seguindo novas linhas e gerando novas conexões; e (d) o de "cartografia e decalcomania", que se refere ao fato de que o rizoma não responde a nenhum modelo gerativo ou estrutural, pois o mapa do rizoma é aberto, modificável, adaptável, flexível e conectável em qualquer uma de suas partes.

Se começarmos a pensar o currículo escolar nesses termos — assim como o projeto —, veremos que as separações e hierarquias começarão a se diluir e que emergirão relações inesperadas. Isso ocorre porque o rizoma, ao contrário da estrutura de pensamento representada pela imagem clássica da árvore ou raiz, que demarca uma estrutura organizada em torno de um eixo vertical, tende a se segmentar, romper-se e reconectar-se.

Vamos agora transportar os princípios e movimentos do rizoma para a noção de "rizocurrículo", que não se centra no predeterminado (o transcendente), mas no que emerge (o imanente), e compreende as experimentações e os afetos que se geram em um devir (*becoming*) e que transformam os indivíduos e a vida. Um rizocurrículo, enquanto rizoma, enfatiza a conectividade nas relações horizontais e não hierárquicas de experiências, conhecimentos e saberes que encontram respostas às relações imanentes e afetivas daqueles que estão situados nas experiências de aprender com outros corpos.

O rizocurrículo sugere uma linha ontoepistemológica de escape do sujeito cartesiano para considerar a produção de um tipo diferente de indivíduo, "[...] que é um efeito sempre crescente dos fluxos afetivos de elementos humanos e não humanos que operam em um *assemblage* do qual o indivíduo é apenas uma parte" (Waterhouse; Masny, 2017, p. 115–116).

A teorização de Wallin (2010) sobre o currículo ressoa estreitamente com a noção de rizocurrículo e a relação que estabelece com o pensamento de Deleuze e Guattari (2004). A partir dessa relação, interpretar o currículo por meio do conceito de rizoma implica adotar um tipo de ensino que não admite uma planificação do início ao fim, mas que se conforma em seu próprio devir, compreendendo, assim, outra maneira de se posicionar frente ao conhecimento e em relação aos nossos estudantes. Implica adotar um modo contradisciplinar e em conformidade com a visão e o desejo do possível que guardamos como docentes, os quais nos levam a assumir na sala de aula uma posição nômade que nos afasta das dinâmicas relacionais vinculadas a modos de conhecimento estáveis e predeterminados.

Essa aposta rizomática, tal como a interpretamos da perspectiva educativa dos projetos, pode ser enriquecida pela diversidade de experiências e trajetórias compartilhadas dentro de redes onde estão implicados professores e estudantes, de modo a construir espaços que permitam modos de relação mais horizontais. Para isso, é fundamental compreender a noção de rizoma na obra de Deleuze e Guattari, na medida em que o rizoma se opõe a qualquer estrutura arborescente que ordena e forma esquemas homogêneos, como tentam fazer a maioria das visões sobre o currículo. A partir da ideia de rizoma, podemos pensar o currículo como uma cartografia que mostra movimentos em várias direções e que permite estabelecer conexões imprevisíveis e abertas.

Não se pode perder de vista que, mesmo quando esses eventos rizomáticos suavizam a paisagem curricular, atuam forças "estriantes" que (re)organizam o terreno. O liso e o estriado se interrompem continuamente. Portanto, "Um rizocurrículo sempre se apresenta entre um currículo estriado como plano e um currículo suave como vivência" (Waterhouse; Masny, 2017, p. 116).[67] Isso nos leva a pensar o currículo como uma experiência de relações entre afetos, corporeidades e saberes que "[...] se propaga como um rizoma em vez de fazer crescer ramos a partir das raízes ou construir sobre um alicerce" (Rajchman, 2007, p. 30–31, parafraseado). Um currículo pensado como rizoma vai se construindo ao mesmo tempo que se desdobra nas relações que ocorrem na vida da sala de aula, da Escola e das redes das quais faz parte. Entrelaçar o currículo rizomaticamente significa vincular as expe-

---

[67] No original: "A rhizocurriculum always runs in-between a striated curriculum-as-plan and a smooth curriculum-as-lived".

riências de vida que crianças e jovens trazem, seus cenários e intensidades, e tudo aquilo que permite estabelecer conexões com outras experiências, conhecimentos e saberes.

Não se deve esquecer de que Deleuze e Guattari utilizam o termo "rizoma" como modelo epistemológico em que os elementos se organizam sem seguir linhas de subordinação hierárquicas (no sentido exposto anteriormente de uma raiz que funciona como base e dá origem a diferentes ramos), e qualquer elemento pode afetar outro. Na noção de rizoma, sempre encontramos um referencial para dar conta e compreender a noção de "projeto" que propomos para a educação no grupo da PEPT.[68]

O currículo, como o projeto, se desdobra como um rizoma que "mapeia" um processo de pensamento em rede e é relacional e transversal. Do mesmo modo, o currículo e o projeto se articulam em forma de mapeamento, sem seguir uma abordagem linear, com múltiplas entradas, conectando diversas partes que, no início, podem não estar relacionadas, mas que se vinculam à medida que o projeto "cresce". Nesse crescimento, a ideia-chave é conectar e relacionar, entendendo isso como um processo de fazer, desfazer, organizar, arranjar e encaixar. Nesse movimento, não há uma ordem hierárquica, mas múltiplas associações e conexões heterogêneas, configurações abertas.

Essa aproximação, que se baseia na concepção de imanência que exploramos, representa um desafio para muitas professoras e professores, pois reconfigura e questiona suas imagens de pensamento sobre o que um currículo pode ser. Além disso, ao contrário de outras propostas de projetos (como a APB), não resulta em um percurso linear, homogêneo e predefinido. Com essa proposta de rizocurrículo, não pretendo apresentar uma nova prescrição, mas, como nos diz Monica Waterhouse (2011, p. 13), "O objetivo é considerar a sala de aula um lugar de experimentação para ver que formas (potencialmente) mais satisfatórias de viver pedagogicamente podem se tornar possíveis".

Essa proposta de currículo, assim como o fundamento da abordagem ao projeto que se desdobra neste capítulo e nos exemplos de vida de sala de aula que se seguem, está vinculada a uma pedagogia desobediente.

---

[68] Ver o capítulo 12 de Mariana Abakerli para acompanhar alguns movimentos da trajetória desse grupo.

Apontamentos para uma pedagogia desobediente

> A in-disciplina serve para localizar os pontos cegos, as coisas que não podem ser ditas, as evidências que são ignoradas e, às vezes, contribui para destravar o dilema crítico de uma disciplina que observa a si mesma e se encontra em um impasse.
>
> *W. J. T. MITCHELL*

Levei pela primeira vez a noção de pedagogia desobediente de Atkinson (2018) ao grupo da PEPT nos meses críticos do *procés* na Catalunha. Não foi fácil compartilhar que a desobediência pedagógica nada tinha a ver com a desobediência cívica que então era reivindicada por uma parte da sociedade catalã. Custou-nos entender que a desobediência de que fala Atkinson não supunha ir contra algo, mas era um convite a se abrir a uma possibilidade que nos leva a resistir às forças que nos normalizam e nos convidam ou obrigam a ceder a práticas e pensamentos preestabelecidos. Por isso, essa noção se vincula com a ontologia da vida, que é desobediente, pois não responde nem se acomoda a padrões que podemos prever e controlar.

A desobediência, nesse sentido, se vincula a uma atitude crítica que pode implicar "[...] repensar a crítica como uma prática na qual questionamos os limites de nossas formas mais seguras de conhecer" (Butler, 2004, p. 307). Portanto, o termo "desobediência" não é usado no sentido de ser rebelde apenas por ser, e sim como um evento de descumprimento que abre novas formas de pensar e atuar (Atkinson, 2018). Um evento que surge — não é planejado — e questiona "os modos estabelecidos de prática/pensamento" (Atkinson, 2018, p. 60). Um evento no qual "O acontecimento da desobediência precipita uma nova subjetivação" (Atkinson, 2018, p. 65). Convido você a explorar com mais detalhes esse conceito, fundamental na perspectiva educativa que sustenta a visão do projeto apresentado neste livro.

Atkinson utiliza o termo "desobediência" de maneira similar à noção de "eventos" da prática, que são irrupções que vão contra quadros e práticas estabelecidos (Atkinson, 2018). Portanto, a definição de desobediência é relacional: "Estou utilizando a noção de desobediência em relação a eventos que precipitam rupturas nos parâmetros estabelecidos de ser e coexistir, expondo os aprendizes a novos potenciais de vir a ser (expondo-os), ao evento da desobediência" (Atkinson, 2018, p. 95, parafraseado).

Assim, "A desobediência oferece a possibilidade de romper a subjetivação das forças transcendentais (aquelas que determinam e antecipam o que deve ser) para produzir capacidades ampliadas de convivência" (Atkinson, 2018, p. 51).

A noção de pedagogia desobediente está relacionada, como avançamos na introdução, com a defesa de um *ethos* pedagógico que não antecipa um tema ontológico ou epistemológico prescrito (o que deve ser um professor ou um aluno, o que deve ser uma situação de aprendizagem). Um *ethos* desobediente não se guia por princípios ou valores transcendentes, mas tenta permanecer aberto à imanência do "que não se encaixa" nos marcos de trabalhos pedagógicos estabelecidos (Atkinson, 2018, parafraseado).

As pedagogias desobedientes, em contraste com as pedagogias orientadas à prescrição ou normalizadas por modas, adotam a ideia de Spinoza de que não sabemos realmente do que um corpo é capaz ou quais pensamentos podem ser pensados. Isso se une à noção de uma pragmática e ética do súbito possível. Tais pedagogias implicam um entrelaçamento inventivo contínuo de ontologia e ética que, ao enfrentar objetos desobedientes ou práticas disruptivas de aprender, pode abrir novas possibilidades para a prática e novas formas de entender a aprendizagem (Atkinson, 2018, parafraseado). Essas contribuições nos levam a questionar: quanto espaço permitimos para essa desobediência na vida da sala de aula e da escola? Podemos compreender o processo de aprendizagem ou o processo de tornar-se aprendiz como um devir-desobediente? (Atkinson, 2018, parafraseado). Esse sentido de desobediência aplicado à vida da sala de aula nos leva a ponderar alguns questionamentos:

- Que regras podemos questionar?
- Que consequências esse questionamento pode ter?
- Que espaços podemos criar para desobedecer?
- Com que propósito ou objetivo devemos desobedecer?
- Que conceitos-fetiche devemos desmascarar?

Para responder a essas e outras questões, podemos ter em mente o seguinte:

- A obediência é afirmativa, enquanto a desobediência é crítica, mas não negativa.
- Daí a necessidade de movimentar-se contra um pensamento obediente.

- Um evento desobediente é uma provocação para pensar sobre algo com outros.
- O pensamento "real" é desobediente.
- Um evento desobediente tem o potencial de gerar outras formas de pensamento.

Pelo exposto, o sentido que damos aos projetos se inscreve em uma pedagogia desobediente, na medida em que se configura como uma anomalia pedagógica. Tomo a noção de anomalia de Ellsworth (2005, p. 5), que nos convida a buscar lugares anômalos de aprendizagem para explorar o pedagógico e nos diz que as anomalias são "[...] difíceis de ver como pedagogia apenas quando as contemplamos a partir do 'centro' dos discursos e práticas educativas dominantes, uma posição que considera o conhecimento algo já feito e a aprendizagem uma experiência já conhecida".

Assim, se olharmos para além das práticas e dos discursos educativos dominantes, daqueles que parecem "normais" e "naturalmente educativos", poderemos explorar no conhecimento e nas experiências de vida em sala de aula algo mais do que o já conhecido. Dessa forma, o aprendizado será mais do que uma experiência já vivida. Isso me leva a perguntar, a partir das palavras de Ellsworth, se é possível encontrar novas aprendizagens nos discursos educativos dominantes, no sentido de serem ou possibilitarem "anomalias pedagógicas".

Esses conceitos são relevantes porque a PEPT possui muito de anomalia pedagógica, como veremos nos relatos de vida em sala de aula nos próximos capítulos. Neles, podemos pressentir alguns desses aprendizados anômalos e desobedientes. O convite para pensar a partir de uma pedagogia desobediente agora me leva a um tema que cruza norma, transcendência e a possibilidade de desobediência.

Como compartilhei em seções iniciais deste capítulo, a aprendizagem globalizada por meio de projetos tem sido considerada uma das referências da Escola que tenta responder às complexidades e aos desafios do mundo atual. Contudo, também vimos que nem todos que dizem realizar projetos estão falando da mesma coisa (trabalho globalizado, centros de interesse, projetos de indagação, trabalho por projetos, ABP...) ou têm os mesmos referenciais. Por isso, antes de tudo, é preciso compartilhar significados e finalidades.

Posso acreditar que estou fazendo um projeto quando na realidade estou apenas somando conteúdos de disciplinas, ou substituindo o livro didático por materiais feitos pelos professores. Nesses e em outros casos, o aluno pode ser visto apenas como um executor de atividades factuais ou algorítmicas, ou como um explorador de caminhos do não saber. Por isso, os projetos também podem ser um exemplo de uma pedagogia do "como se" ou de um mero reformismo escolar: mudar o nome para continuar fazendo as mesmas coisas de sempre. Encarnar a PEPT confronta a perda de controle que implica encarar o aluno como um sujeito em devir e o aprender como um movimento afetivo que envolve uma mudança de estado. Por isso, aprender a partir da concepção do projeto como uma perspectiva educativa desobediente não é o mesmo que realizar projetos, uma vez que a noção de desobediência pressupõe:

- Assumir que o conhecimento necessário para dar sentido ao mundo em que se vive não está organizado por fatos, conceitos, procedimentos e valores fixos e preestabelecidos, nem por finalidades e situações de aprendizagem, nem por competências e modos de relação predeterminados.
- Não perder de vista que o conhecimento não se configura como uma linha reta, mas é composto de histórias e movimentos imprevistos.
- Estar sempre ciente de que o processo de conhecer é atravessado por imagens de pensamento sobre os fenômenos que refletem interesses que afirmam e excluem. E essas imagens de pensamento que nos "habitam" estão ali para serem identificadas e questionadas.

Essas considerações estão relacionadas com um dos desafios atuais da Escola: convidar os alunos a entender como o conhecimento é construído social e academicamente (desde quando, por quem, com que finalidades...), e não considerar o conhecimento como algo preexistente e essencialista. Esse entendimento do conhecimento é uma forma de incorporar o sentido de uma pedagogia desobediente e do que pode constituir um projeto. Abordar um projeto a partir de uma pedagogia desobediente e como uma anomalia pedagógica implica:

- Aproximar-se de um tema, um problema emergente ou existente, para revelar seus enigmas, questões e contradições. Portanto, é preciso considerar se muitos projetos que se apresentam como tal permitem aos aprendizes revelar algum enigma que dê sentido à sua relação com o mundo, com os outros e consigo mesmos.

- Começar a experimentar o exercício do pensamento, questionando textos, fontes, evidências, como uma aventura apaixonante que ocorre dentro e fora da Escola, mas que não termina quando a aventura do projeto é concluída. Nesse sentido, convido a refletir se muitos dos projetos que são apresentados realmente proporcionam aos professores e alunos um exercício apaixonante de pensamento.
- Investigar conjuntamente, professores e alunos (e outros), sobre "algo" que pode apaixoná-los. Isso nos leva a nos perguntar se nossos alunos poderiam dizer que nos veem apaixonados pelo que fazemos e compartilhamos com eles. Estar apaixonado significa estar consciente do desafio que é aprender, não como acumulação de informações e tarefas, mas como uma exploração contínua que questiona a "realidade" para além das aparências e busca sentido para interpretar o mundo e nossa própria ação.
- Perseguir (como uma linha no horizonte, pois muitas vezes não se alcança) uma ideia de aprendizagem "profunda" que não é apenas cognitiva, mas que se supõe "mudar a própria subjetividade", na medida em que "[...] envolve nosso desejo (nosso investimento afetivo no que nos rodeia), captura nossa imaginação e constrói nossa consciência" (Steinberg; Kincheloe, 2000, p. 15).

Antes de concluir esta seção e encerrar o primeiro capítulo, gostaria de lembrar que hoje a educação não é exclusivamente competência da Escola. Por meio da cultura popular, das multinacionais do entretenimento, das plataformas digitais e das redes sociais, crianças e jovens também estão sendo educados, muitas vezes com mais força e persuasão do que na Escola. Isso significa que devemos considerar que os projetos não estão ligados apenas à pedagogia escolar, mas também à pedagogia cultural. Portanto, é crucial revisá-la, questioná-la e buscar alternativas aos modos de ser, olhar e pensar que essas influências propõem. Daí a importância das estratégias interrogativas propostas por Atkinson (2012): o que acontecerá se eu fizer/nós fizermos isso? Se eu mudar isso, funcionará da maneira que eu quero/nós queremos? Posso ver isso de uma maneira diferente?

Enfim, se falamos em aprender por meio de projetos de indagação, não é porque queremos seguir uma moda ou reforçar a ideia de uma visão da sociedade e do trabalho que vai na direção oposta à de configurar um projeto de vida em comum. Se nos atrai a ideia e as possibilidades que se abrem a partir dos projetos como uma pedagogia desobediente, é porque os vemos vinculados à capacidade de configurar experiências de aprendizagem com sentido. Isso implica, como vimos na primeira parte, considerar o aprender como uma experiência incerta que se conecta à noção de "aprendizagem de verdade" e "[...] implica um movimento em direção a um novo estado ontológico que se define como um problema de existência, em contraste com o aprendizado mais normativo (que é projetado) em suas normas e competências diárias" (Atkinson, 2012, p. 9).

E a avaliação? Entre observar os "movimentos" dos estudantes e não saber o que aprendem

Em 2022, Carlos Monereo destacava, em uma conferência, que a aprendizagem, seguindo as contribuições de Vygotsky, é um processo interior. A partir desse ponto de partida, o desafio para a Escola está em como tornar visível esse processo. Este é o desafio da avaliação: possibilitar situações que permitam observar os "movimentos" dos estudantes, sempre com a consciência de que há processos, mudanças e dificuldades que não podem se tornar evidentes de imediato.

Nessa perspectiva, a avaliação pode ajudar a localizar — na medida do possível — os trânsitos entre o que se pensava que se poderia aprender e o que se pensa que se aprendeu. Trata-se de imaginar situações em que se possam plasmar e seguir os rastros entre o que não se sabia no início e o que agora se sabe (ou se pensa que se sabe), e o que é necessário tornar consciente para o aprendiz. Diante dessa possibilidade, a avaliação deve ser fundamentalmente formativa, pois pensar, seja sozinho ou com outros, implica que o aluno entenda o seu próprio aprendizado e seja consciente da sua trajetória (progressos, erros...), bem como do sentido do que evoca uma nota.

A nota, se for escolhida, pode surgir do relatório da trajetória (evolução) do aluno ao longo do projeto, ou dos projetos, e de sua capacidade de transferir o que aprendeu para novas situações. Deve fazer sentido para o aluno. Embora, como docentes, possamos decidir não atribuir notas, mas sem esquecer que, em geral, os alunos precisam que alguém os observe e lhes dê um retorno. Por isso é importante compartilhar com eles sua trajetória e evolução; decidir conjuntamente como serão as provas de avaliação e como corrigi-las, etc. Ter esse olhar em determinados momentos do processo também é importante para os docentes, para assegurar que cada aluno está aprendendo, mesmo que nem sempre saibam o que estão aprendendo.

Tudo isso sem esquecer que essa pedagogia desobediente vê a educação de uma pessoa não como uma coisa, mas como um processo que permite a um ser humano mudar seus pontos de vista. Isso nos leva a nos perguntar, com Biesta (2013), não o que a educação produz (deve produzir), mas o que significa; não o que a educação faz (resultados), mas o que torna possível.

Da nossa parte, chegamos a viver essa educação desobediente a partir da ideia de construir projetos de vida de sala de aula e de Escola, vinculando-os à nossa vida de aprendizagem em companhia. A essa vida em companhia se vinculam as famílias e outras pessoas com as quais compartilhamos e tecemos o desejo de compreender, questionar e pensar. Tudo isso sem esquecer que

> [...] o que pretendemos, em suma, é implicar o corpo docente, as famílias, a comunidade e os sujeitos infantis e jovens em um processo múltiplo de aprendizagem, no qual têm especial importância a fascinação, a colaboração, o questionamento, a exploração, a descoberta, a criatividade e a reflexão. Em última análise, o que Polanyi (1958) chamou de participação apaixonada no ato de conhecer (Hernández-Hernández; Ventura, 2008, p. 17).

No final deste capítulo, é importante não perder de vista que, como nos presenteia Karen Barad (2007, p. x):

> Não há soluções; só existe a prática contínua de estar abertos e vivos a cada encontro, cada intra-ação, para que possamos usar nossa capacidade de resposta, nossa responsabilidade, para ajudar a despertar, para dar vida a possibilidades sempre novas de viver com justiça.

Essa abertura ao não saber é o que pode tornar apaixonante o convite deste livro, e se reflete nas experiências de vida de sala de aula que se desdobram nos capítulos seguintes.

REFERÊNCIAS

AHMED, S. *Vivir una vida feminista*. Barcelona: Bellaterra, 2017.

ALABAT, I. et al. La moda de los proyectos. *Cuadernos de Pedagogía*, v. 467, p. 80–85, 2016.

ALEXANDER, R. (ed.) *Children, their world, their education:* final report and recommendations of the Cambridge primary review. Abingdon: Routledge, 2010.

AMELS, J. *et al.* Impact of inquiry-based working on the capacity to change in primary education. *Journal of Educational Change*, v. 20, p. 351-374, 2019.

ANDREOLA, B. A. O processo do conhecimento em Paulo Freire. *Educação e Realidade*, v. 18, n. 1, p. 32-42, 1993. Disponível em: www.seer.ufrgs.br/educacaoerealidade/issue/download/3054/320. Acesso em: 21 ago. 2024.

ANGUITA, M.; HERNÁNDEZ-HERNÁNDEZ, F.; LÓPEZ RUIZ, J. Les trajectòries d'aprenentatge en els projectes d'indagació com a focus d'acció educativa. *La personalització de l'aprenentatge*, n. 3, p. 42-45, 2018.

ARONOWITZ, S. Against schooling: education and social class. *Social Text*, v. 22, n. 2, p. 13-35, 2004.

ATKINSON, D. *Art, disobedience and ethics:* the adventure of pedagogy. Cham: Palgrave, 2018.

ATKINSON, D. *Art, equality and learning:* pedagogies against the state. Rotterdam: Sense, 2011.

ATKINSON, D. Contemporary art in education: the new, emancipation and truth. *The International Journal of Art & Design Education*, v. 31, n. 1, p. 5-18, 2012.

ATKINSON, D. Without criteria: art and learning and the adventure of pedagogy. *The International Journal of Art & Design Education*, v. 36, n. 2, p. 141-152, 2017.

ATKISON, D.; HERNÁNDEZ-HERNÁNDEZ, F.; SANCHO-GIL, J. M. Pedagogía de lo desconocido. *Cuadernos de Pedagogía*, n. 454, 2015.

BADIOU, A. *El siglo.* Buenos Aires: Manantial, 2005.

BAKKO, M.; MERZ, S. Toward an affective turn in social science research?: theorising affect, rethinking methods and (re)envisioning the social. *Graduate Journal of Social Science*, v. 11, n. 1, p. 7-14, 2015.

BARAD, K. *Meeting the universe halfway:* quantum physics and the entanglement of matter and meaning. Durham: Duke University, 2007.

BARAD, K. Posthumanist performativity: toward an understanding of how matter comes to matter. *Signs:* Journal of Women in Culture and Society, v. 28, n. 3, p. 801-831, 2003.

BARTHES, R. *La cámara lúcida:* reflexiones sobre la fotografía. Barcelona: Paidós, 2001.

BEANE, J. *La integración del currículum:* el diseño del núcleo de la educación democrática. Madrid: Morata, 2005.

BIESTA, G. Against learning: reclaiming a language for education in an age of learning. *Nordisk Pedagogik*, v. 23, n. 1, p. 70–82, 2004.

BIESTA, G. *Beyond learning:* democratic education for a human future. Boulder: Paradigm, 2006.

BIESTA, G. Freeing teaching from learning: opening up existential possibilities in educational relationships. *Studies in Philosophy and Education*, v. 34, n. 3, p. 229–243, 2015.

BIESTA, G. Giving teaching back to education: responding to the disappearance of the teacher. *Phenomenology & Practices*, v. 6, n. 2, p. 35–49, 2012.

BIESTA, G. *The beautiful risk of education.* Bulder: Paradigm, 2013.

BIESTA, G. The school is not a learning environment: how language matters for the practical study of educational practices. *Studies in Continuing Education*, v. 44, n. 2, p. 336–346, 2022.

BOLTANSKI, L.; CHIAPELLO, E. *El nuevo espíritu del capitalismo*. Tres Cantos: Akal, 2002.

BOLTANSKI, L.; THÉVENOT, L. *De la justification:* les *économies* de la grandeur. Paris: Gallimard, 1991.

BOWEN, J. *A history of Western education*. London: Methuen, 1981. v. 3.

BUTLER, J. What is critique? *In*: SALIH, S. (ed.). *The Judith Butler reader*. Malden: Blackwell, 2004.

CONDLIFFE, B. et al. Project-based learning: a literature review. [New York]: MDRC, 2017. Disponível em: https://eric.ed.gov/?id=ED578933. Acesso em: 16 ago. 2024.

CREMIN, L. A. *The transformation of the school:* progressivism in American education, 1876-1957. New York: Random House, 1961.

CRUZ, M. A.; REYES, M. J.; CORNEJO, M. Conocimiento situado y el problema de la subjetividad del investigador/a. *Cinta Moebio*, v. 45, p. 253–274, 2012. Disponível em: https://www.scielo.cl/pdf/cmoebio/n45/art05.pdf. Acesso em: 16 ago. 2024.

CVETKOVICH, A. Depression is ordinary: public feelings and Saidiya Hartman's lose your mother. *Feminist Theory*, v. 13, n. 2, p. 131–146, 2012.

DELEUZE, G. *Pourparlers:* 1972-1990. Paris: Minuit, 1990.

DELEUZE, G.; GUATTARI, F. *Mil mesetas:* capitalismo y esquizofrenia. 6. ed. Valencia: Pre-Textos: 2004.

DELEUZE, G.; GUATTARI, F. *¿Qué es la filosofía?* Barcelona: Anagrama, 2006.

DELEUZE, G.; GUATTARI, F. *Rizoma:* introducción. 2. ed. Valencia: Pre-Textos, 1997.

DEWEY, J. *Experiencia y educación.* Madrid: Biblioteca Nueva, 2004.

DEWEY, J. *Democracia y educación:* una introducción a la filosofía de la educación. Buenos Aires: Losada, 1946.

DEWEY, J. How we think: a restatement of the relation of reflective thinking to the educative process. In: DEWEY, J. *The later works, 1925-1953.* Carbondale: Southern Illinois University, 1986. v. 8, p. 105-352. 1933, Essays and how we think.

DEWEY, J. *The middle works, 1899-1924.* Carbondale: Southern Illinois University, 1980. v. 9. 1916, Democracy and education.

DEWEY, J. *The school and society.* 3rd ed. Chicago: University of Chicago, 1900.

DEWEY, J. The way out of educational confusion. In: DEWEY, J. *The later works, 1925-1953.* Carbondale: Southern Illinois University, 1985. v. 6, p. 75-89. 1931-1932, Essays, reviews, and miscellany.

E BUDA desabou de vergonha. Direção: Hana Makhmalbaf. Roteiro: Marzieh Makhmalbaf. [S. l.: s. n.], 2007. 81 min. Título original: Buda as sharm foru rikht.

EISNER, E. *El ojo ilustrado:* indagación cualitativa y mejora de la educación. Barcelona: Paidós, 1998.

ELLIOTT, J. *The curriculum experiment:* meeting the challenge of social change. Bristol: Open University, 1998.

ELLSWORTH, E. *Posiciones en la enseñanza:* diferencia, pedagogía y el poder de la direccionalidad. Tres Cantos: Akal, 2005.

FILIPPATOU, D.; KALDI, S. The effectiveness of project-based learning on pupils with learning difficulties regarding academic performance, group work and motivation. *International Journal of Special Education,* v. 25, n. 1, p. 308-316, 2010.

FINUCANE, P. M.; JOHNSON, S. M.; PRIDEAUX D. J. Problem-based learning: its rationale and efficacy. *The Medical Journal of Australia,* v. 168, n. 9, p. 445-448, 1998.

FREINET, C. La méthode globale, cette galeuse. Éducateur, v. 19, p. 25-31, 1959.

FREINET, C.; SALENGROS, R. *Modernizar la escuela.* 4. ed. Barcelona: Laia, 1976.

FREIRE, P. *Pedagogia do oprimido.* 18. ed. Rio de Janeiro: Paz e Terra, 1988.

FREIRE, P.; FAUDES, A. *Por uma pedagogia da pergunta.* Rio de Janeiro: Paz e Terra, 1985.

GARCÉS, M. *Un mundo en común.* Barcelona: Bellaterra, 2013.

GIMENO SACRISTÁN, J. (comp.). *Educar por competencias, ¿qué hay de nuevo?* Madrid: Morata, 2008.

GIROUX, H.; MCLAREN, P. La educación del profesorado como espacio contrapúblico: apuntes para una redefinición. *In*: POPKEWITZ, T. (ed.). *Formación del profesorado:* Tradición. Teoría. Práctica. Universitat de València, 1990. p. 244-271.

GOLDIN, C. Egalitarianism and the returns to education during the great transformation of American education. *Journal of Political Economy*, v. 107, n. S6, p. S65-S94, 1999.

GOODSON, I. *El cambio en el currículum.* Barcelona: Octaedro, 2000.

GOODSON, I.; WALKER, R. *Biography, identity and schooling:* episodes in educational research. London: Falmer, 1991.

GROYS, B. *Volverse público:* las transformaciones del arte en el ágora contemporánea. Buenos Aires: Caja Negra, 2014.

HAMMES, L. J.; ZITKOSKI, J. J.; HAMMES, I. L. Perspectivas interdisciplinares na educação a partir de Habermas, Freire e Santos. *Revista da FAEEBA*, v. 29, n. 60, p. 268-286, 2020.

HARAWAY, D. J. *Seguir con el problema:* generar parentesco en Chthuluceno. Bilbao: Consonni, 2020.

HARAWAY, D. J. Situated knowledges: the science question in feminism and the privilege of partial perspective. *Feminist Studies*, v. 14, n. 3, p. 575-599, 1988.

HARAWAY, D. J. *Ciencia, cyborgs y mujeres:* la reinvención de la naturaleza. Madrid: Cátedra, 1995.

HARGREAVES, A. et al. *Aprender a cambiar:* la enseñanza más allá de las materias y los niveles. Barcelona: Octaedro, 2001.

HARGREAVES, A.; EARL, L.; RYAN, J. *Repensar la educación para los adolescentes.* Barcelona: Octaedro, 1998.

HERNÁNDEZ, F. El currículum integrado: de la ilusión del orden a la realidad del caos. *Kikirikí*: Cooperación Educativa, n. 59-60, p. 79-85, 2000-2001.

HERNÁNDEZ, F. *Fem projectes o entenem la vida de l'escola com un gran projecte*. 2017. Disponível em: https://xtec.gencat.cat/web/.content/curriculum/xarxacb/treball-projectes/Resum-conferencia-Fernando-Hernandez.pdf. Acesso em: 16 ago. 2024.

HERNÁNDEZ, F. *La perspectiva ecológica en psicología:* la psicología ecológica de R. G. Barker como metodología de análisis de la cotidianidad. 1985. Tesis doctoral (Doctorado en Artes y Educación) – Facultad de Bellas Artes, Universidad de Barcelona, Barcelona, 1985.

HERNÁNDEZ, F. Os projetos de trabalho e a necessidade de transformar a escola (I). *Presença Pedagógica*, v. 4, n. 20, p. 53–60, 1998a.

HERNÁNDEZ, F. Os projetos de trabalho e a necessidade de transformar a escola (II). *Presença Pedagógica*, v. 4, n. 21, p. 29–38, 1998b.

HERNÁNDEZ, F. Os projetos de trabalho: um mapa para navegantes em mares de incertezas. *Projeto:* Revista de Educação, n. 4, p. 2–7, 2001.

HERNÁNDEZ, F. Pensar la relación pedagógica en la universidad desde el encuentro entre sujetos, deseos y saberes. In: HERNÁNDEZ, F. (coord.). *Pensar la relación pedagógica en la universidad desde el encuentro entre sujetos, deseos y saberes*. Barcelona: Universidad de Barcelona, 2011. p. 12–18. Disponível em: https://diposit.ub.edu/dspace/bitstream/2445/20946/7/Indaga_t_1.pdf. Acesso em: 20 ago. 2024.

HERNÁNDEZ-HERNÁNDEZ, F. Affection as a movement of desire bound to pedagogical relations. *Matter, Journal of New Materialist Research*, v. 1, n. 2, p. 75–96, 2020.

HERNÁNDEZ-HERNÁNDEZ, F. Encuentros que afectan y generan saber pedagógico entre docentes a través de cartografías visuales. *Revista Digital do LAV*, v. 11, n. 2, p. 103–120, 2018.

HERNÁNDEZ-HERNÁNDEZ, F. (coord.) *La Xarxa de Competències Bàsiques:* concepcions, tensions i aportacions per a la transformació de l'Escola: sis estudis de cas (informe no publicado). Barcelona: Universitat de Barcelona, Generalitat de Catalunya, 2021a.

HERNÁNDEZ-HERNÁNDEZ, F. (coord.) *Les percepcions de la comunitat educativa sobre Xarxa de Competències Bàsiques:* concepcions, tensions i aportacions per a la transformació de l'escola des de sis estudis de cas. Barcelona: Generalitat de Catalunya, Departament d'Educació, 2021b.

HERNÁNDEZ-HERNÁNDEZ, F. (coord.) *Pensar la relación pedagógica en la universidad desde el encuentro entre sujetos, deseos y saberes*. Barcelona: Universitat de Barcelona, 2011. Disponível em: http://diposit.ub.edu/dspace/bitstream/2445/20946/7/Indaga_t_1.pdf. Acesso em: 20 ago. 2024.

HERNÁNDEZ-HERNÁNDEZ, F.; VENTURA, M. *La organización del currículum por proyectos de trabajo:* el conocimiento es un calidoscopio. Barcelona: Graó: Octaedro, 2008.

HICKEY-MOODY, A. A femifesta for posthuman art education: visions and becomings. *In*: TAYLOR, C. C.; HUGHES, C. (ed.). *Posthuman research practices in education*. New York: Palgrave MacMillan, 2016. p. 258–266.

HOLMES, L. E. *The Kremlin and the schoolhouse*: reforming education in Soviet Russia, 1917–1931. Bloomington: Indiana University, 1991.

HOOKS, B. *Enseñar el pensamiento crítico*. Barcelona: Rayo Verde, 2022.

HUTCHINS, E. Cognition, distributed. *In*: SMELSER, N. J.; BALTES, P. B. (ed.). *International encyclopedia of the social & behavioral sciences*. [S. l.]: Pergamon, 2001. p. 2068–2072.

JIMÉNEZ DEL VAL, N. El deseo de las imágenes: W. J. T. Mitchell. *Código*, n. 86, p. 92–96, 2015.

KATZ, L. G.; CHARD, S. C. *Engaging children's minds:* the project approach. Norwood: Ablex, 1989.

KILPATRICK, W. H. *Foundations of method*: informal talks on teaching. New York: MacMillan, 1925.

KILPATRICK, W. H. School method from the project point of view. *In*: HILLEGAS, M. B. (ed.). *The classroom teacher*. Chicago: The Classroom Teacher, 1927. p. 203–240.

KILPATRICK, W. H. The project method. *Teachers College Record*, v. 19, n. 4, p. 319–335, 1918.

KLEIN, J. T. *Crossing boundaries:* knowledge, disciplinaritiies, and interdisciplinarities. Charlottesville: University of Virginia, 1996.

KNOLL, M. The project method. Its vocational education origin and international development. *Journal of Industrial Teacher Education*, v. 34, n. 3, p. 59–80, 1997. Disponível em: http://scholar.lib.vt.edu/ejournals/JITE/v34n3/Knoll.html. Acesso em: 18 ago. 2024.

LAFUENTE MARTÍNEZ, M. *Millora l'aprenentatge de l'alumnat mitjançant el treball per projectes?* 2019. Disponível em: https://fundaciobofill.cat/uploads/docs/t/f/q/u/e/r/w/v/g/que_funciona_16_aprenentage.pdf. Acesso em: 16 ago. 2024.

LATOUR, B. *Nunca fuimos modernos:* ensayo de antropología asimétrica. Buenos Aires: Siglo XXI, 2007.

LAVE, J.; PACKER, M. Towards a social ontology of learning. *In*: NIELSEN, K. *et al.* (ed.). *A qualitative stance:* in memory of Steinar Kvale, 1938–2008. Aarhus: Aarhus University, 2008. p. 17–46.

LENZ-TAGUCHI, H. *Going beyond the theory/practice divide in early childhood education:* introducing an intra-active pedagogy. London: Routledge, 2010.

MAIDA, C. Project-based learning: a critical pedagogy for the twenty-first century. *Policy Futures in Education*, v. 9, n. 6, p. 759–768, 2011.

MARKHAM, T. *Project-based learning handbook:* a guide to standards-focused project-based learning for middle and high school teachers. 2nd ed. Novato: Buck Institute for Education, 2003.

MARRERO-ACOSTA, J.; SANCHO-GIL, J. M.; HERNÁNDEZ-HERNÁNDEZ, F. *El lugar de la evaluación en el 'nuevo currículo'.* 2021. Disponível em: https://eldiariodelaeducacion.com/porotrapoliticaeducativa/2021/09/13/el-lugar-de-la-evaluacion-en-el-nuevo-curriculo/. Acesso em: 16 ago. 2024.

MORIN, E. *El método:* la naturaleza de la naturaleza. 6. ed. Madrid: Cátedra, 2001.

NASIR, N. *et al.* Rethinking learning: what the interdisciplinary science tells us. *Educational Researcher*, v. 50, n. 8, p. 557–565, 2021.

O'GRADY, G. *et al. One-day, one-problem:* an approach to problem-based learning. New York: Springer, 2012.

ONSÈS-SEGARRA, J. *Documentación visual en los fenómenos de aprendizaje con estudiantes de primaria:* una indagación rizomática difractiva desde las teorías 'post'. 2018. Tesis doctoral (Doctorado en Artes y Educación) – Facultad de Bellas Artes, Universitat de Barcelona, Barcelona, 2018. Disponível em: https://www.tdx.cat/handle/10803/663745. Acesso em: 21 ago. 2024.

ORTEGA, M. J. *La escuela infantil (3-6 años).* Madrid: Escuela Española, 1990.

PADILLA-PETRY, P.; MIÑO PUGCERCÓS, R. Engaging young people in a research project: the complexities and contributions of using participatory methods with young people in schools. *Sage Open*, v. 12, n. 1, 2022.

PELLEGRINO, J. W.; HILTON, M. L. (ed.). *Education for life and work:* developing transferable knowledge and skills in the 21st century. Washington: National Academies, 2012.

PRAWAT, R. S. Constructivisms, modern and postmodern. *Educational Psychologist*, v. 31, n. 3-4, p. 191-206, 1996.

RADFORD, L. The ethics of being and knowing: towards a cultural theory of learning. *In*: RADFORD, L.; SCHUBRING, G.; SEEGER, F. (ed.). *Semiotics in mathematics education*: epistemology, history, classroom and culture. Rotterdam: Sense, 2008. v. 1, p. 215-234.

RAJCHMAN, J. *Deleuze*: un mapa. Buenos Aires: Nueva Visión, 2007.

SABOL, F. R. Seismic shifts in the education landscape: what do they mean for arts education and arts education policy? *Arts Education Policy Review*, v. 114, n. 1, p. 33-45, 2013.

SCHÄFER, U. *International bibliography of the project method in education, 1895-1982*. Berlin: Verlag für Wissenschaft und Bildung, 1988. 2 v.

SILVA, T. T. *Espacios de identidad*: nuevas visiones sobre el currículo. Barcelona: Octaedro, 2001.

SMYTH, J. When students have power: student engagement, student voice, and the possibilities for school reform around dropping out of school. *International Journal of Leadership in Education*, v. 9, n. 4, p. 285-298, 2006.

STEINBERG, S.; KINCHELOE, J. *Cultura infantil y multinacionales*: la construcción de la identidad en la infancia. Madrid: Morata, 2000.

STENHOUSE, L. *The Humanities Project*: an introduction. London: Heinemann Educational Books, 1970.

STOLL, L.; FINK, D. *Para cambiar nuestras escuelas*. Barcelona: Octaedro, 1999.

TORRES, J. *Globalización e interdisciplinariedad*: el currículum integrado. Madrid: Morata, 1994.

TYACK, D.; CUBAN, L. *Tinkering toward utopia*: a century of public school reform. Cambridge: Harvard University, 1995.

UNESCO. *Reimaginar juntos nuestros futuros*: un nuevo contrato para la educación. Paris: Unesco, 2021.

VILLANUEVA, P. *De qué hablamos cuando hablamos de proyecto artístico*: derivas desde los artistas, la institución y el arte contemporáneo. 2017. Tesis doctoral (Doctorado en Artes y Educación) – Facultad de Bellas Artes, Universidad de Barcelona, Barcelona, 2017. Disponível em: https://diposit.ub.edu/dspace/bitstream/2445/109609/1/PVG_TESIS.pdf. Acesso em: 21 ago. 2024.

WALLIN, J. *A deleuzian approach to curriculum*: essays on a pedagogical life. New York: Palgrave MacMillan, 2010.

WATERHOUSE, M. Rhizocurriculum: instances of a nomad-education. *In*: CANADIAN SOCIETY FOR STUDIES IN EDUCATION, 2011, Fredericton. *Proceedings*... Fredericton: University of New Brunswick, 2011.

WATERHOUSE, M.; MASNY, D. Rhizocurricular processes of dis-identification and becoming-citizen. Provocations from newcomer youth. *In*: LYLE, E. (ed.). *At the intersection of selves and subject*: exploring the curricular landscape of identity. Rotterdam: Springer, 2017. p. 115–123.

WESTWOOD, P. *Teaching and learning difficulties*: cross-curricular perspectives. Camberwell: ACER, 2006.

ZITKOSKI, J. J.; LEMES, R. K. O tema gerador segundo Freire: base para a interdisciplinaridade. *In*: SEMINÁRIO NACIONAL DIÁLOGOS COM PAULO FREIRE: UTOPIA, ESPERANÇA E HUMANIZAÇÃO, 9., 2015, Taquara. *Anais*... Taquara: Faccat, 2015. Disponível em: https://www2.faccat.br/portal/sites/default/files/zitkoski_lemes.pdf. Acesso em: 21 ago. 2024.

Leituras recomendadas

DEWEY. J. La escuela y la sociedad. *Boletín de la Institución Libre de Enseñanza*, v. 39, n. 662, p. 129–134; n. 663, p. 161–165, 1915. Tradução de Domingo Barnés.

DEWEY, J. *The later works, 1925–1953*. Carbondale: Southern Illinois University, 1988. v. 13, p. 1–62. 1938–1939, Experience and education, freedom and culture, theory of valuation, and essays.

HAN, B. *La sociedad del cansancio*. Barcelona: Herder, 2017.

HERNÁNDEZ, F. Los proyectos de trabajo: mapa para navegantes en mares de incertidumbre. *Cuadernos de Pedagogía*, n. 310, p. 78–82, 2002.

HERNÁNDEZ, F. Una història de la perspectiva educativa dels projectes de treball a Catalunya. *Perspectiva Escolar*, n. 318, p. 18–23, 2007.

HERNÁNDEZ-HERNÁNDEZ, F.; SANCHO-GIL, J. M. Pensar la praxis del campo del currículo como un entramado rizomático de relaciones y derivas. *Revista e-Curriculum*, v. 18, n. 3, p. 1052–1068, 2020.

POLANYI, M. *Personal knowledge*: towards a post-critical philosophy. Chicago: Falmer, 1958.

PARTE

II

2

O papel do desejo na relação pedagógica ou como possibilitar um currículo desejante como paisagem de reinvenção

Marisol Anguita

Sandra Prat

> O difícil não é conseguir o que se deseja, o difícil é desejar.
>
> *Gilles Deleuze*

> O importante é desejar.
>
> *Aleix (9 anos)*

> É preciso desejar, desejar, desejar para pedir mais desejos.
>
> *Núria P. (5 anos)*

Numa manhã de julho, nos encontramos para compartilhar um dia de reflexões com o grupo da Perspectiva Educativa dos Projetos de Trabalho (PEPT). Há algum tempo, esse grupo tenta gerar espaços de encontro horizontais onde possamos aprender em relação. Nesses espaços, nos presenteamos com tempos tranquilos para arejar nossa vontade de ser e de nos pensar juntas, e construímos novos saberes a partir de nossas descobertas e reflexões.

Nesse encontro, Sandra nos falou do desejo como motor para começar a caminhar em uma sala de aula. Ela falava do desejo a partir de seu desejo, emocionada pelo que havia propiciado nessa vida de sala de aula que compartilhava. Sua história nos tornava cúmplices da ideia que faz com que desejar juntas se instale em nossas salas de aula e escolas como forma de reinvenção. Nesse encontro, esticamos o fio do desejo e fomos destacando como, nesses anos de indagação compartilhada, transitamos além do que queremos aprender para pensarmos no que queremos que nos aconteça juntas. Assim, aprendemos a ser no desejo. Tomando essa ideia, vimos que nesses processos mudamos o foco: em vez de ir à escola para aprender, passamos a ir para criar espaços de relação que possibilitem aprender de mãos dadas, espaços que nos proporcionem experiências de desejar juntas.

Por meio de nossas histórias de desejo, começamos a sentir com força o quão transformador é desejar juntas e o quanto o desejo tem sido relevante em nossas vidas na sala de aula. Surge nesse encontro a necessidade de indagar mais sobre a ideia de nos presentear com um "currículo-desejo" que nos leve a dialogar com a vida, instaladas na paixão de nos deixar levar pelo movimento da vida, por esse movimento de vida em devir, como nos diz Deleuze (1995). Nas conversas no grupo da PEPT, vamos descobrindo como passamos de falar sobre o que queremos aprender para nos deixarmos atravessar pelo desejo. E como, a partir daí, temos criado espaços de relação para nos vincularmos com nossos desejos de ser e compreender em companhia.

Sandra nos conta como o desejo emerge em uma sala de aula do primeiro ano do ensino fundamental quando nos propõe: "Meu pensamento como professora me faz viajar pelo desejo e pelo desafio, como tutora, de tentar acolher as identidades daqueles que integram o grupo para que sejam o motor que influencia a aprendizagem e a faz avançar. A partir daí, exploro o papel do desejo para começar a caminhar. Tento estar mais próxima dos meus alunos ao abordar o desejo com transparência, naturalidade, vulnerabilidade, mostrando-nos como iguais e expondo o que nos apaixona, nos comove e nos mobiliza".[1]

Essa história de sala de aula que Sandra compartilha conosco começou com a intenção de criar relações e poder viajar ao núcleo do sentido dessa vida que estamos criando, a partir da escuta e do acolhimento dos desejos de cada pessoa. Em resumo, começou com a intenção de desejar, algo que, como diz Deleuze, interpretado por Larrauri (2000), não é fácil, mas que

---

[1] A escrita deste texto é costurada de diferentes encontros entre Sandra e Marisol. Nesses encontros, conversamos sobre o desejo e nossas descobertas em nossas salas de aula. Há partes do relato que Sandra me conta e eu, Marisol, relato em terceira pessoa. Em outros momentos, emerge a voz de Sandra ou a de Marisol em primeira pessoa, contando suas vivências de sala de aula.

nos leva a prestar atenção aos processos para tentar compreender a aprendizagem sempre em movimento.

O verdadeiramente difícil é desejar, porque desejar implica a própria construção do desejo: formular que disposição se deseja, que mundo se deseja, para que seja o mundo que lhe convém, o mundo que aumenta a sua potência, o mundo no qual o desejo flui (Deleuze *apud* Larrauri, 2000, p. 79).

O relato de Sandra me leva a pensar (Marisol) em quando, anos atrás, Montse Ventura assessorava minha escola e nos perguntou: "O que é mudar na educação?". Deixei-me afetar por esse desafio de me instalar no movimento constante e expressei um pensamento que sempre me acompanha e me move: "Mudar é começar a ser". A partir desse desejo, nos dispomos a caminhar, parafraseando Deleuze, nesse furacão em movimento que avança.

Voltando ao relato de Sandra, ela se pergunta como provocar cada pessoa a se vincular a essa viagem de movimentos desejantes. Na conversa do grupo da PEPT, pensamos em como tentamos ir além de que as relações girem em torno do currículo, pois sentimos que os objetivos preestabelecidos podem matar o desejo de ser e aprender, e nos perguntamos como vamos além, como provocamos que o currículo dialogue com a vida, com nossas vidas.

Aprofundando no lugar do desejo, Sandra nos conta: "Como professora, quis ir além do que muitos docentes dizem que 'tem de fazer' e me concentrei em conhecer melhor as crianças com quem compartilharíamos essa vida. Ao mesmo tempo, pretendia que me conhecessem melhor; que nos aproximássemos e nos mostrássemos como realmente éramos. A partir dos vínculos que emergem, compartilhar os desejos nos dá o presente do contágio para gerar aprendizagens reais e com sentido. Começamos a fluir, fugindo da escolarização, além do 'que tem de fazer', para transitar até o 'que nos toca', nos emociona, nos comove".

O que Sandra compartilha conosco, eu (Marisol) vinculo ao que Deleuze nos diz (em Larrauri, 2001): trata-se de devir, não em termos de fazer como, mas de deixar fazer. Não se trata de imitar, de repetir, mas de se deixar contagiar. E, nesse contágio, pensamos em um "currículo-desejo", explorando as possibilidades e dificuldades de desejar. Buscamos, então, esse devir, esse deixar-nos arrastar pelo movimento da vida, em que ocorre um contágio do desejo. Vejamos como esses movimentos desejantes se inscrevem em cenas da vida da sala de aula que Sandra compartilha.

CAIXAS DE CORREIO PARA COMPARTILHAR DESEJOS: A HISTÓRIA DE GABRIEL

Um conjunto de caixas de correio personalizadas serve como ponto de partida para despertar o desejo de desejar em companhia (Figura 2.1). São recipientes onde cada pessoa do grupo pode depositar seus desejos. Desejos livres e fluidos começam a convergir sem a intenção de serem organizados, classificados ou regulados. Queremos que esses desejos nos conectem com quem somos e com o mundo em que queremos viver e compreender juntas.

Assim começamos essa vida de grupo, compartilhando um ambiente em que podíamos depositar nossos desejos para tentar promover um vínculo emocional que nos permitiria viajar juntos. Esse espaço tinha a ver com aprender a nos conhecer melhor, nos buscando e explorando para encontrar o que nos movia a desejar.

O espaço de conversa em círculo gerado na sala de aula, onde o diálogo é motor de aprendizagem, nos levou a compartilhar os diferentes desejos respeitando a intimidade individual, a autorregulação pessoal e, sobretudo, mostrando que todas as pessoas estavam ali para acompanhar umas às outras. Devagar, com cuidado e deixando tempos e espaços tranquilos, os desejos foram emergindo na sala de aula, ganhando valor e importância a cada momento do caminho; cuidando das diversas necessidades individuais, estendendo a mão e esperando.

Chegando a este ponto, é importante destacar que, como nos indica Berardi-Bifo (2007), não queremos acolher os desejos a partir de uma ideia

Figura 2.1 Caixas de correio que acompanham os desejos.
Fonte: Sandra Prat

de posse, pois o desejo de possuir transforma a vida em carência, em necessidade e em dependência. A ideia é olhar o desejo a partir da riqueza do tempo para ser, tempo para desfrutar, tempo para conhecer, tempo para comunicar. Como transformamos o olhar do desejo colonizador de querer possuir em um desejo orgânico que possibilita ser?

Vou compartilhar alguns desses desejos — nos diz Sandra — como representação do que ocorreu em uma história de sala de aula única e irrepetível, pois as histórias pessoais e o tecido de relações e conexões desejantes fazem com que cada vida de sala de aula gere um mundo singular.

Um dia, Gabriel abre sua caixa de correio e começa a compartilhar seu conteúdo. Ele está muito triste e preocupado, pois, como nos conta, adora fazer balé e não pode mais... Seu desejo de dançar ressoa com força: "Eu gostaria de voltar a fazer balé".

Ao apresentar o desejo de Gabriel, Sandra propõe uma nova pergunta ao grupo para empatizar e compartilhar: o que faz você ficar tão triste? O que o impede de fazer balé? Gabriel nos conta que praticava quando era pequeno, mas que, aos 4 anos, na escola (a mesma escola onde se passa o relato), os meninos riam dele e diziam que balé era coisa de meninas, não de meninos. De repente, a construção social que provoca estereótipos e limita formas de ser passa por cima do desejo de Gabriel como um rolo compressor. Essa posição indica "o que é aceitável e o que não é" a partir de um papel predefinido e leva Gabriel a deixar o balé, colocando-o em um vazio cheio de estranheza. Naquele momento, nem a escola nem a família enfrentaram isso como algo que era necessário aceitar e compreender. O desejo de Gabriel, que tentava ir além dos estereótipos de masculinidade ou feminilidade, não foi abordado. Não se tentou compreender para repensar além dos espartilhos que sufocam os desejos de ser.

Foi nesse ponto que acolher o desejo na sala de aula se tornou algo mais transcendental do que qualquer outra coisa que o currículo exija. O bloqueio de Gabriel não o deixava se mover e não permitia que se concentrasse para viajar por outros mistérios emergentes na sala de aula. Decidi — nos diz Sandra — promover estratégias para avançar no desejo de Gabriel. No caminho, eu me pergunto como não colonizar o desejo. Sinto que precisamos ir devagar, deixar fluir, dar espaço, sem esconder, sem maquiar e sem forçar. Assim, com cuidado, o desejo de Gabriel se transformou em um desejo coletivo que nos permitiu aprender juntos, seguindo de mãos dadas.

Como Billy Elliot, Gabriel desejava dançar. Como Billy expressa à sua professora quando ela lhe pergunta o que sente quando dança: "Não sei... Sinto-me muito bem. No começo, estou tenso, mas, quando começo a me mover, esqueço tudo. E... é como se eu desaparecesse e todo o meu corpo mudasse. Como se eu tivesse fogo dentro de mim, e me vejo voando como um pássaro. Sinto como eletricidade. Sim, como eletricidade". Billy Elliot e Gabriel podem nos fazer pensar na força de possibilitar que cada um busque esse fogo que o faz voar. Que o faz sentir eletricidade, uma paixão por ser que contagia o grupo que acompanha, deixando sentir a potência do desejo. Paralelamente, a partir de uma caixa de sugestões na sala de aula, nasce um desejo individual que se torna um desejo coletivo do grupo, que propõe fazer um filme juntos. Esse desejo ganha força em situações de círculo e diálogo. Em pouco tempo, esse desejo transita de mãos dadas e se funde com o desejo de Gabriel.

Compartilhar esse desejo permite ao grupo visualizar a conexão entre os diferentes papéis em um filme e a importância da identidade individual e do potencial de cada um. Tudo isso vivido com respeito. Para poder construir o roteiro do curta-metragem, pensamos em diferentes papéis e geramos uma conversa em torno de não etiquetar papéis femininos ou masculinos, dando sentido à emoção individual, não à conotação social. Nesse momento, viajamos no tempo e observamos diferentes personagens que fizeram prevalecer sua emoção e seu sentimento sobre os estereótipos sociais de diferentes momentos da nossa história. Pouco a pouco, tecemos sensações, vivências e emoções-chave para o acompanhamento de Gabriel, visualizando o balé como uma atividade e potencializando a não classificação segundo os gêneros feminino ou masculino.

No final, o desejo do filme se torna a opção de gravar um curta-metragem com a colaboração de um pai da turma que é especialista em cinema. Quero destacar que, inicialmente, meus conhecimentos como docente são muito pobres nesse campo. Por isso, nos situamos em um mesmo ponto de partida e vamos avançando nas descobertas que nos permitirão dar forma ao que queremos conseguir, sendo meu papel de aprendiz e, ao mesmo tempo, de guia para a gestão da aula e a tomada de decisões. Pensar o "currículo-desejo" permitiu, nesse relato, autoria e vida compartilhada, possibilitando crescer e aprender juntas.

A força de desejar e fazer sentir nossos desejos — nos diz Sandra — viaja à medida que o curso avança e nos presenteia com uma mensagem de Gabriel através do correio da sala; ele nos diz: "Obrigado por me ajudar a voltar a fazer balé". Junto a essas palavras, ele anexa algumas fotos suas dançando novamente (Figura 2.2). Isso me impressiona e me faz sentir que essa realmente é uma história de desejo que se torna um relato revelador e transformador.

Sandra aprofunda essa história de desejo nos contando uma coincidência reveladora: "Este curso também é muito especial para mim, por isso sinto que devo compartilhar um desejo muito importante para mim no meu correio pessoal da sala. Meu desejo mais íntimo tem a ver com viver juntos meus preparativos de casamento como um dos momentos importantes da minha vida. O dia do meu casamento seria no final do segundo trimestre. Quando compartilho meu desejo, me mostro como uma pessoa qualquer, com meus desejos expostos que tecem caminhos de ida e volta enriquecidos nesse compartilhar".

O relato de Sandra me leva a pensar em quando ela e eu (Marisol) nos conhecemos. Esse encontro também falava de aprender juntas a partir do desejo. No curso em que nos conhecemos, Sandra chegou à minha escola com ânsia de descoberta e de intensidade, com vontade de mudança. A partir daí, nos aventuramos e aprendemos juntas a partir do desejo de continuar nos pensando como docentes. Essa posição de busca me faz pensar

Figura 2.2 Gabriel voltando a fazer balé.
Fonte: Família de Gabriel

nas meninas de 3 anos quando chegam à escola: fluidas, com vontade de descoberta e com essa espontaneidade que as empurra a mergulhar na vida. Penso que nossa posição como professoras que propiciam desejo tem a ver com essa posição apaixonada, com como nos colocamos no limite com os desejos de ser.

UMA HISTÓRIA DE DESEJO QUE SE ENTRECRUZA NA CONVERSA

Agora que escrevemos juntas, desejosas, a história de Sandra se entrelaça com a minha (Marisol) e me faz pensar em Bakhtay, a menina do filme *E Buda desabou de vergonha*, que tem um grande desejo: aprender a ler histórias em vez de que as contem para ela. Esse desejo é potente e atua como motor para uma menina que vive no Afeganistão e tem negado o direito de ir à escola. A partir daí, seu desejo tem uma força imparável. Penso em nós, com desejos de ser e provocar desejo, e com vontade, como Bakhtay, de ler e contar nossas histórias para que outros não as contem por nós. Essa posição de desejo nos pede que sejamos, como aponta Alves Paraíso (2009), mestres de nossa própria arte de viver. Sinto que esse lugar comum me submergiu como mais uma do grupo de crianças de 4 anos que decidimos chamar de "Voador@s Misterios@s". Queríamos voar juntas enquanto nos buscávamos e pensávamos em nossos mistérios. A ideia de indagar situações misteriosas, de estender as interrogações, os desafios, os enigmas que iam surgindo em nossa vida de aprender, fazia voar nossos desejos de ser e avançar em nossas descobertas.

Deparamo-nos, assim, com outra história de desejo: a de Sadako Sasaki e seus mil origamis *tsuru*. Buscando imagens voadoras, encontramos os *tsurus* de Sadako. Tocou-nos profundamente o relato da menina que adoece de leucemia por causa da bomba de Hiroshima e começa a produzir mil *tsurus* para pedir um desejo. Comoveu-nos e, ao mesmo tempo, nos deu asas para dialogar com a história dos *tsurus* e fazer dela nossa própria história: a de um coletivo emancipado que se narra e vai traduzindo suas próprias versões do mundo. Sentimos que queríamos nos olhar nessa história para nos deixar sentir nossos próprios desejos. No grupo da PEPT, há anos que nos contagiamos para nos pensar em posições emancipadas que nos levem a ser autoras de nosso caminho, intérpretes ativas de nosso mundo, o que, como nos diz Rancière (2010, p. 27):

Requer espectadores que interpretem o papel de intérpretes ativos, que elaborem sua própria tradução para se apropriarem da "história" e fazer dela sua própria história. Uma comunidade emancipada é uma comunidade de narrador@s e de tradutor@s.

Apropriamo-nos, assim, da história de Sadako para contar a nossa e nos deixamos sentir nossos próprios desejos. A ideia de conseguir mil *tsurus* para pedir um desejo nos levou a querer encher de *tsurus* o campanário modernista do povoado de Ullastrell, onde está nossa escola. É Lucas quem sugere que o campanário é o ponto mais alto do povoado e que, se pendurarmos os *tsurus* lá, todo mundo verá que pedimos paz no mundo, assim como Sadako.

O desejo alça voo; começamos a pensar no que aconteceria se enchêssemos nosso povoado de *tsurus*. Um dos Marc então nos diz: "Mas um momento! Se colocarmos tantos *tsurus* em nosso povoado, ele se tornará um planeta de *tsurus*". E colocamos nossas mãos à obra para conseguir nosso planeta de *tsurus*. Outra vez, sentimos intensamente que amar a vida é amar a mudança, a corrente, o movimento contínuo, como nos diz Alves Paraíso (2009) quando nos propõe como podemos gerar um currículo-desejo que nos permita avançar na corrente de ser. E nesse currículo-desejo nos instalamos para nos pensar em nosso planeta de *tsurus*.

Como os amigos de Sadako, que terminam os *tsurus* que faltavam e mobilizam um monumento de Sadako no Parque da Paz de Hiroshima, nos apropriamos da história para transformá-la e nos transformarmos. Decidimos pedir a colaboração da escola e do povoado (Figura 2.3). O *slogan* acabou sendo: "Mil *tsurus* por um desejo. Você nos ajuda?". Quando pedimos ajuda, contamos a história de Sadako e a nossa para despertar a vontade de fazer *tsurus* e, assim, pedir mais desejos.

As famílias começam a colaborar produzindo *tsurus* em casa. O outro Marc do grupo nos traz uma bolsa cheia de *tsurus* e as coloca em círculo, posicionando-se no centro, enquanto expressa que ele quer os *tsurus* para não morrer. Jordi reafirma que queremos fazer *tsurus* para pedir um desejo para não morrermos. Nesse caminho, Joaquín nos pergunta o que aconteceria se passássemos de mil. Ficamos entusiasmados novamente: poderíamos pedir mais desejos! E nesse movimento desejante estamos tentando contagiar a escola e todo o povoado, sentindo que podemos influenciar outras pessoas se nos contagiarmos com aquilo que queremos conseguir

Figura 2.3 Cartaz para pedir a colaboração na produção dos *tsurus*. Apresentando a escultura de Sadako e contando os *tsurus*.
Fonte: Marisol Anguita

juntas. Estamos criando o campo necessário para possibilitar o desejo. Estamos pensando, como Deleuze, o desejo como uma disposição; como um ato de dispor, de colocar, de construir uma disposição concatenada de elementos que formam um conjunto. A partir desse conjunto, exercemos um movimento desejante, como aponta Berardi-Bifo (2007), capaz de atuar no campo de formação do desejo. Nesse campo, nascem desejos de ser, de existir. Desejos geradores de possibilidades de ser.

Seguimos no campo do desejo para criar as condições de possibilidade de uma felicidade do existir, de uma felicidade da relação com o outro, não para possuir, mas para ser. A partir dessa posição de felicidade do existir e de nos relacionarmos, emergiram estes tipos de desejos de cada uma das Voador@s, que transitam do possuir para o desejo de ser:

Jordi: Não morrer.
Marc A.: Ir para a selva.
Sara: Voar.
Esther: Ser livre.
Lucas: Voar.
Telma: Nadar com golfinhos.
Núria P.: Gostaria de ter asas.
Marisol: Parar o tempo.
Iker: Não morrer muito nunca.
Janna: Que neve.
Isona: Não morrer.
Núria P.: Ir para a selva.
Marc V.: Voar de balão.
Sergi C.: Quero ser um anjo que se coloca no estábulo do menino Jesus.
Sergi B.: Quero voar de paraquedas.
Joaquín: Quero voar.
Paula: Quero que neve.
Martí: Quero que neve.
Paola: Quero que neve.
Karim: Eu quero ser um artista, ah, um astronauta.
Aitor: Que chovam doces.
Magí: Que chova neve.
Aïna: Quero estar viva.

Começar a expressar os desejos de cada pessoa do grupo diz muito sobre nossa posição emancipada. E era nesse campo que estávamos quando discutimos como interpretar o texto das instruções para fazer os *tsurus*. Achamos muito difícil seguir os passos, então Janna disse: "Pois meu pai sabe fazer *tsurus* sem olhar o vídeo nem as instruções". Essa afirmação nos leva a convidar Miguel para nos ajudar a fazer os *tsurus* e nos faz refletir sobre o que se move em nossa cabeça para elaborá-los.

> Magí: Ele tem a imagem na cabeça e sai naturalmente, é como quando você tem a imagem das palavras e as lê.
> Marc A.: Quando achamos que as palavras estão escapando, elas se escondem em algum lugar do cérebro para que você não as diga.

E lá estávamos nós enriquecendo a trama dessa história com outras relações e mistérios, que teciam outras questões sobre quem inventou a guerra, sobre o corpo por dentro e por que ficamos doentes, sobre o papel do cérebro na hora de lembrar, de aprender. Ainda, como Marc V. insistia conosco, sobre o vínculo que essa história tem com seu medo de morrer e sobre como os *tsurus* funcionam como um talismã em sua (nossa) conexão com a vida e a morte.

> Marc V.: Eu tenho medo porque não quero morrer, quero os *tsurus*, os *tsurus* me fazem dizer que não morra!
> Iker: Em casa eu vi na TV uma guerra mundial e estavam quebrando os *tsurus*...
> Sara: É que os americanos queriam ganhar o prêmio da guerra...

A sala de aula voadora e o mundo que criamos juntas para gerar desejo se transformam em um espaço de reinvenção que nos permite compartilhar nossas vidas e que serve como território de lançamento de nossos desejos. Sentimos, como Alves Paraíso (2009), que o ensino é um lugar privilegiado para contagiar o desejo; nele entendemos que o mundo era nosso, que o mundo nos falava, que ele se dirigia a nós. Que éramos as interlocutoras e ao mesmo tempo as criadoras de nosso próprio mundo.

Chega o dia marcado para recolher e contar todos os *tsurus*. A sala dos Big Bangs de 12 anos traz sua oferta. Eles nos explicam emocionados que, quando tinham 620 *tsurus*, decidiram chegar a 644, o número que Sadako Sasaki conseguiu antes de morrer.

Por outro lado, Aleix, da sala dos Buscadores de Tesouros, diz: "Mas espere, e se não conseguirmos os desejos?". E ele mesmo responde: "O importante é desejar!". É emocionante ver como diferentes pessoas vão ao núcleo do significado do desejo com essa facilidade, sem artifícios, com transparência. Na contagem final, descobrimos que temos 2.690, e esse número nos leva a decidir que queremos chegar a 3 mil.

Organizamos uma maratona em que pedimos ajuda a toda a cidade. Decidimos que assim poderemos pedir três desejos: o de Sadako pela paz no mundo; o desejo mais expressado pelas pessoas da escola, que terminem a construção da nova escola; e o terceiro, que cada um escolha o seu próprio desejo.

Os *tsurus* e seu significado nos impregnaram. Eles se tornaram parte de nossas vidas e se transformaram em um símbolo para a mudança. Sara nos conta que sonha com *tsurus*, que estava sonhando com eles e voando junto. Enquanto isso, Esther nos diz: "A meu irmão Pau,[2] nós o chamamos de Pau porque, como pedimos pela paz no mundo, quero que meu irmão também a promova; para que seu nome seja o primeiro pedaço de paz no mundo. Pau, de Pau A., passa a se chamar Pau Almón".[3]

Quando refletimos, depois de pendurar os 3 mil *tsurus* no campanário (Figura 2.4), na escola (Figura 2.5) e na prefeitura, Núria P., compartilhando nossos desejos, parece que coincide com nossa sensação de que esse trabalho de desejar é difícil e de que devemos continuar, e ela nos presenteia com um pensamento revelador: "Devemos continuar desejando, desejando, desejando para pedir mais desejos". Essa ideia me toca profundamente e parece estar no cerne desse caminho de desejo.

GERAR MUNDOS QUE FALEM DE NÓS

Essa grande história de desejo se tece com a lembrança de outro grupo, os Big Bangs de 5 anos, que, em um curso posterior, também decidiram fazer *tsurus* a partir de seu mundo de conhecer (Planeta [...], 2014). Neste ponto, sinto a potência de gerar mundos que falam de nós e nos representam, em que o desejo nos arrasta pelo movimento da vida, em que nós somos o mundo.

Por isso, quando Juanjo[4] vem nos falar de átomos e nos lembra de que todos somos ciência e tudo tem átomos, Ton nos pergunta: "A paz tem átomos?". Essa pergunta-mistério nos faz esticar os átomos da vida e os da morte, como os das bombas atômicas e os que provocam vida, e nos leva

---

[2] *Pau* significa "paz" em catalão.
[3] Jogo de palavras: em catalão, significa "paz no mundo".
[4] Professor do grupo de adultos.

Figura 2.4 Momento em que levamos os *tsurus* ao campanário do povoado.
Fonte: Juanjo López

Figura 2.5 Montagem dos *tsurus* no vestíbulo da escola.
Fonte: Marisol Anguita

novamente a encher nossa escola de *tsurus* e a escrever aos "mandões" do mundo para que não façam guerras nem construam bombas atômicas com átomos da morte. Enchemos novamente nosso mundo de *tsurus* que nos presenteiam com átomos da paz, da não violência, e arejam nossos desejos. Dessa vez, com um olhar científico tecido no desejo de mudar e repensar o mundo. Cada relato é único e criador, não repetidor, sempre vinculado ao significado do que queremos compreender e projetar a partir do que vamos descobrindo.

Vamos encerrando estes relatos, mas não sem continuar arejando a potência de gerar um currículo-desejo para desterritorializar as normas escolarizadas que matam o desejo e apostar na descoberta de novos territórios em nossos movimentos nômades, que geram novos deslocamentos e outras vidas de aprendizado. Como Jorge Drexler, nos deixamos sentir que somos uma espécie em viagem que vai com o pólen no vento, e estamos vivos porque estamos em movimento.

Poderíamos concluir apontando que, nas histórias que contamos e nas que continuaremos desdobrando a partir dos nossos desejos, desejamos um mundo; quando se deseja um mundo, tudo se modifica. Sem esquecer que, como nos diz Núria P., uma das voadoras de 5 anos, devemos continuar desejando, desejando, desejando, desejando para pedir mais desejos.

REFERÊNCIAS

ALVES PARAÍSO, M. Currículum, desig i experiència. *Quaderns d'Educació Continua*, n. 21, p. 113–128, 2009.

BERARDI BIFO, F. *Generación post-alfa:* patologías e imaginarios en el semiocapitalismo. Buenos Aires: Tinta Limón, 2007. Disponível em: https://lobosuelto.com/wp-content/uploads/2020/03/Generacin-post-alfa-Franco-Berardi-Bifo.pdf. Acesso em: 26 ago. 2024.

DELEUZE, G. *Deseo y placer*. Córdoba: Alción, 1995.

LARRAURI, M. *El deseo según Gilles Deleuze*. Valencia: Tándem, 2000.

PLANETA grullas o de cómo desear juntos. *Cuadernos de Pedagogía*, n. 448, p. 22–27, 2014.

RANCIÈRE, J. *El maestro ignorante:* cinco lecciones sobre la emancipación intelectual. 2. ed. Barcelona: Laertes, 2010.

3

Contribuições sobre uma pedagogia dos afetos, ou como sentir-se afetada e deixar-se afetar

Marisol Anguita

> Não entendo por que a guerra saiu da televisão, mamãe.
> A guerra está saindo da televisão e vai chegar aqui...
>
> *Ivette (3 anos)*

> Mamãe, nós temos que fazer alguma coisa, eu e meus amigos,
> para que eles possam escapar da guerra. Nós perguntamos: *why*?
> Por quê? Por que isso teve que acontecer conosco?
> Nós iremos resolver, eu e meus amigos... ou então, o papai!
>
> *Joana (3 anos)*

> Aprender está relacionado com o que nos afeta e, por isso, nos leva
> a mudar nosso olhar sobre nós mesmos, os outros e o mundo.
>
> *Fernando Hernández*

PENSAR-NOS A PARTIR DE UMA PEDAGOGIA DOS AFETOS

Há alguns anos, começamos a pensar no grupo da Perspectiva Educativa dos Projetos de Trabalho (PEPT) sobre o que significava aprender a partir dos afetos. Começamos a pensar que aprender tem a ver com "sentir-se afetado" e com o que isso provoca. Seguimos assim a estender fios sobre o papel dos afetos nas relações pedagógicas e em nossas vidas.

Nesses encontros em torno das pedagogias afetivas, nos questionávamos, enquanto docentes, como aprendemos e qual é o papel de cartografar essas vidas de aprender em movimento. E o que ocorreria se nos deixássemos comover, se nos movêssemos com nossos afetos à flor da pele, provocando práticas afetivas tecidas com nossas práticas pedagógicas. A partir desse desejo, vivemos, como professoras, uma indagação cartografando nosso trajeto de aprender (Hernández; Canales; Lozano, 2020), a qual foi muito reveladora e nos permitiu avançar na pedagogia dos afetos. Em vários encontros do grupo, montamos e relatamos nossas cartografias em um cruzamento de relações e afetos.

> E é que os afetos se tornam visíveis nas cartografias [...], não como algo fixo que pode ser capturado como se fosse um indicador externo, mas como um emergente que não pode ser planejado e que se transforma nas relações e nos encontros que propicia a partir da cartografia, com os outros, com cada um e com os textos (Hernández; Canales; Lozano, 2020, p. 212).

No relato da minha cartografia, eu contei como aprendo em forma de rizoma (Figura 3.1). Sou trama, aprendo fazendo trama e sentindo que sou trama, e nessa trama estou em movimento, em posição nômade; como canta Jorge Drexler,[1] amo a trama mais do que o desfecho.[2] Aqui, ressoa para mim a voz de Ita relatando sua cartografia, na qual as cordas que havia posto eram momentos de mudanças, que não são pontuais e têm suas raízes em outros lugares que vão se recriando... Em nossas aulas e nas cartografias, o currículo-rizoma[3] e a vida afetada também se tecem juntos, e, como nos diz David,[4] a partir daí se produz o encontro.

No grupo, imersas em indagar sobre a pedagogia dos afetos, compartilhamos leituras (Bakko; Merz, 2015; Bedore; Beccari, 2017; Massumi, 2011; Rivera de Rosales, 2011) e experiências de sala de aula. Relatare-

---

[1] "Amar la trama", LA TRAMA y el desenlace. Intérprete: Jorge Drexler. Compositor: Jorge Drexler. *In*: AMAR la trama. Intérprete: Jorge Drexler. [S. l.]: Warner, 2010. 1 CD, faixa 2.
[2] Ita é uma das colegas do grupo da PEPT.
[3] O currículo-rizoma é abordado na seção "O currículo escolar como rizoma" do Capítulo 1 ("rizocurrículo").
[4] David é outro colega do grupo da PEPT.

Figura 3.1 Colagem de três fotos sobre a apresentação da cartografia de aprendizagem da autora.
Fonte: Nelly Alfandari e Marisol Anguita

mos duas vivências atravessadas pelos afetos vividas em duas turmas de crianças de 3 anos.

A PEDAGOGIA DOS AFETOS E OS REFUGIADOS DA SÍRIA

Estávamos nessa caminhada quando, com um grupo de crianças de 3 anos, decidimos ser Mágic@s e conviver em uma sala mágica, em um espaço onde tudo fosse possível. Começamos uma viagem marcada por um momento social convulsivo — a crise dos refugiados fugindo da Síria — em nossas retinas e nos atravessando: embarcações superlotadas, milhares de pessoas esperando diante de cercas com arame farpado para acessar a Europa, dor, morte, coletes laranjas espalhados pelas praias gregas, vidas em espera...

Como escola, decidimos abordar o emergente e nos envolvemos em tentar compreender essas vidas em trânsito. As Mágic@s chamaram esse itinerário no qual mergulhamos de "Escapar da guerra". Fomos impactados por um vídeo em prol das vítimas da Síria que Banksy havia postado nas redes sociais (Figura 3.2).

Figura 3.2 Captura de tela do vídeo #WithSyria.
Fonte: Banksy[5]

Quando começamos nosso percurso, a crise daqueles que tentavam ser refugiados e que fugiam da guerra da Síria estava nos meios de comunicação todos os dias. Ivette disse a Àngels, sua mãe, depois de ver o vídeo de Banksy com ela: "Não entendo por que a guerra saiu da televisão, mamãe. A guerra está saindo da televisão e vai chegar aqui". Começamos a nos permitir sentir como deve ser fugir de um lugar destruído que antes era nossa (sua) vida. Como diz Eva: "Mataram as casas!".

Começamos a nos expressar e nos deixamos afetar pelo que sentíamos e íamos descobrindo, e, como nos diz Adrián, compartilhamos que "nas guerras disparam bombas e as bombas fazem mal. Não gostamos nada da guerra. Tem que ser sem balas. A guerra tem que dizer *stop*!".

Carme Solé, uma pintora e ilustradora catalã, realiza a campanha "Why?", em que pinta rostos de meninas e meninos que viu nas notícias e nos jornais. Ela relata que eles a interpelam e quer que suas vozes sejam ouvidas; ela os pinta e os exibe nas varandas de diferentes instituições. Ela nos presenteou com uma menina do Afeganistão, que agora está pendurada no saguão da nossa escola, exibindo sua pergunta: *why*? (Figura 3.3).

---

[5] #WITHSYRIA. [*S. l.*: *s. n.*], 2014. 1 vídeo (2 min). Publicado pelo canal Adam Townsend. Disponível em: https://youtu.be/2VVoCxdm7T8. Acesso em: 26 ago. 2024.

Figura 3.3 Colagem de quatro fotos em torno do desenho de uma criança feito por Carme Solé.
Fonte: Marisol Anguita e Juanjo López

Daniela, ao conhecer os retratos que perguntam "Why?", começa a pintar a si mesma, a seus pais, a outras crianças e a mim com o rosto sorridente. Ela expressa que pintará rostos sorridentes para dizer: "*Stop* a guerra!". Essa ideia nos encanta e decidimos pintar retratos sorridentes para enfrentar a guerra. Com a música "Smile and run",[6] de Sílvia Pérez Cruz, e a ideia de Christian, de 3 anos (corre, corre), expressamos que é preciso sorrir e correr para fugir da guerra: "Smile and smile, run and run...", porque, como diz Pol, "se você vai devagar, eles te matam" (Figura 3.4).

Vemos nesses movimentos como nos deixamos afetar, tocar, interpelar por Carme Solé, pelas crianças que a ela se agarram e pedem "Ajude-nos para que nossas vozes sejam ouvidas", por nós, por essas crianças que nos

---

[6] SMILE and run. Intérprete: Silvia Pérez Cruz. Compositora: Silvia Pérez Cruz. *In*: DOMUS. Intérprete: Silvia Pérez Cruz. [S. l.]: Universal Music Spain, 2016. 1 CD, faixa 2.

Figura 3.4 Pinturas de rostos sorridentes como resposta à guerra.
Fonte: Marisol Anguita

interpelam, pelo desenrolar da crise da Síria, pelo horror da guerra e pela necessidade de fugir, por nossa maneira de nos afetarmos e nos deixarmos levar por esse movimento...

> Deixar-se afetar, deixar-se tocar, deixar-se interpelar, saber-se solicitado, ver-se implicado: entrar em espaços de vida que não podemos aspirar a controlar totalmente, nos envolver em situações que nos excedem e que nos exigem inventar respostas que talvez não tivéssemos e que certamente não nos deixarão iguais (Garcés, 2013, p. 11).

Então Oriol compartilha outra ideia: que "peguemos as pistolas dos soldados e as joguemos no lixo". Depois, Roc G. nos conta um plano para fazer as armas do mundo desaparecerem. Ele diz que temos de ir na ponta dos pés, pegar as pistolas e jogá-las no lixo. Colocamos uma caixa de música para os soldados dormirem e descansarem um pouco, chamamos o lixeiro e as jogamos fora. Decidimos, a partir dessas ideias, pedir armas para toda a escola, a fim de simular que jogamos todas no lixo para conseguir a paz.

Anna, a mãe de Joana, compartilha uma reflexão que a filha fez enquanto estavam no carro: "Mamãe, nós temos que fazer alguma coisa, eu e meus amigos, para que eles possam escapar da guerra. Nós perguntamos: *why*? Por quê? Por que isso teve que acontecer conosco? Nós iremos resolver, eu e meus amigos... ou então, o papai!". Assim vemos como o afeto, no sentido de afetar e sentir-se afetado, está presente nas ações e nos pensamentos com os quais nos relacionamos por meio das situações que vivemos e que se mobilizam nas relações entre pessoas.

Estendendo fios, pensamos no que sentiríamos se subíssemos em um barco cheio de pessoas. Como expressa Ton: "Se houver tanta gente, o barco quebra. Quando virar, todos cairão. Eu não subiria no barco. Diria: '*Stop* a guerra!'. E se chegássemos à Europa e não nos deixassem passar pelas cercas cheias de espinhos?". E começamos a chamar "Open the borders!" a essa situação, apropriando-nos das imagens das meninas que se manifestam nas fronteiras com cartazes. Como expressa Eric F.: "Eles colocaram espinhos porque fazem a guerra. Aqueles que colocam cercas são a guerra". E Daniela nos diz que os campos de refugiados têm cercas para que não escapem da guerra e que quer que as cercas não existam, porque assim não morreríamos.

Decidimos então viver com o corpo o que significa fugir da guerra. Pedimos a Moi, um amigo meu que é ator, para que nos ajude a teatralizar nossas ideias. Como Banksy, tentaremos fugir com um balão em forma de coração. Tentaremos sentir que queremos passar pela cerca de espinhos e não nos deixam. Que gritamos "Open the borders" e não nos ouvem. Que tentamos romper nossas cercas mentais e físicas... (Figura 3.5) Nesse encontro, se entrelaçam significados corpóreos, relacionais e biográficos que nos apaixonam e trazem novas ressonâncias e descobertas.

Figura 3.5 *Performance* inspirada na *Garota com balão*, de Banksy.
Fonte: Marisol Anguita

Teatralizar a guerra e o drama dos refugiados em uma escola de um país do chamado Primeiro Mundo representa uma situação paradoxal. Por um lado, responde à relação de solidariedade afetiva que as crianças geram diante das notícias que chegam sobre a guerra da Síria e as tragédias da emigração. Por outro lado, a teatralização supõe uma forma de se aproximar do drama bélico que pode transformá-lo em um jogo performático ou teatralizado. Acolhemos essa tensão, que Beverly (1998) já aponta, seguindo Spivak, quando diz que algumas práticas conduzem a um paternalismo benevolente ou a uma culpa bem-pensante mais do que à solidariedade, que pressupõe uma relação de igualdade e reciprocidade nas relações implicadas (Beverley, 1998). Temos presente esse olhar, embora queiramos manifestar que a vivência daqueles que participamos se deu a partir das ideias, mistérios e propostas de um grupo de pessoas que viveram e representaram de maneira horizontal e de forma afetada o conflito, ao qual se aproximaram com o desejo de compreendê-lo e compreender-se.

Uma vez que teatralizamos nossas ideias, montamos uma instalação (Figura 3.6) como parte da exposição realizada por toda a escola sobre o tema dos refugiados. A intenção era convidar todas as pessoas que visitavam nossa instalação "a entrar em cena", deixando-se afetar pelo que significa fugir da guerra e tentar ser um refugiado — a partir da ideia de que a educação como performatividade, proposta por Planella Ribera (2006), nos possibilita nos tornar verdadeiros "arquitetos" ou "escultores" de nossa corporeidade.

A instalação convida as visitantes a fazer parte, entrar e se deixar tocar. Enquanto nos (re)pensamos na montagem, vamos projetando diferen-

Figura 3.6 Instalação que convida a compartilhar a experiência do grupo.
Fonte: Juanjo López

Figura 3.7 Montagem expositiva sobre escapar da guerra.
Fonte: Marisol Anguita

tes momentos de descobertas que acolhem as ressonâncias e convidam os visitantes a se aproximar de nossos passos para viver os seus (Figura 3.7). Nós, na sala de aula "mágica", tínhamos claro: "usar o mundo" é o que permite criar novos relatos e mundos. Ficar na contemplação passiva submete as produções humanas ao espetáculo comunitário, como diz Bourriaud (2008). Por isso, nossa vida compartilhada se baseia nesse "usar o mundo", estabelecendo novas relações que dissolvem as paredes da escola, que são afetadas por esse "uso do mundo".

Vimos, nesse primeiro relato, como os afetos se produzem em um encontro de subjetividades em movimento, a partir do qual vamos tecendo de maneira afetada nossas descobertas. Isso me leva a encerrar com uma citação de Fernando Hernández-Hernández (2018, p. 115) sobre as vinculações que se estabelecem e possibilitam uma pedagogia dos afetos:

> A propósito das relações pedagógicas, os afetos aparecem, se produzem, acontecem quando tem lugar uma experiência de encontro de subjetividades (como nos conhecemos e nos narramos) e saberes (como nos vinculamos com o que conhecemos). Esse encontro não se pode predizer nem utilizar como atalho para aprender certos dispositivos culturais; esse encontro emerge.

SENTIRMO-NOS GIGANTES DE MÃOS DADAS

Produzir, tecer e mover afetos em uma sala de aula como lugar de encontro criou outra história, em que nos sentimos gigantes de mãos dadas. Nela descobrimos, novamente, como aprendemos acompanhando uns aos outros, afetando e sendo afetados.

Descobrimo-nos, com um grupo de crianças de 3 anos, como pessoas que queríamos voar e tocar a lua. Também contamos uns aos outros que éramos apaixonados pelos gigantes que dançam nas praças durante as festas. Xavi nos disse que ele sempre dança com seu banquinho de comer imitando os gigantes. Ele se coloca por baixo do banco, como uma estrutura, e começa a dançar. Nil procura a gigante da cidade por toda a escola, pois a viu no ano passado, quando vieram de visita, e agora ela não está lá. Guillem nos traz todos os livros que coleciona sobre gigantes. Ele nos diz que conhece todos, os de Barcelona, os de Terrassa e os de Cardona, que são os seus preferidos. Mergulhamos, afetados e comovidos, em uma viagem para compreender mais sobre os gigantes que representam uma tradição cultural nas festas populares da Catalunha e que nos provocam interesse, medo e surpresa. Movemo-nos e dançamos como eles, com nossos banquinhos (Figura 3.8), e buscamos músicas que nos ajudem a dançar. Mergulhados em um mistério apaixonante, possibilitamos o que Bakko e Merz (2015) denominam uma "prática afetiva", na qual as relações, os corpos e a memória do vivido entram em jogo.

O vestido é muito importante, nos diz um dia Xavi. Sim, acrescenta Martina, para cobrir a estrutura. Xavi insiste que devemos procurar umas

Figura 3.8 Os bancos como estruturas de gigantes invisíveis.
Fonte: Marisol Anguita

saias longas, e as colocamos no pescoço. Com Neus, a professora de música, passamos a procurar e confeccionar saias para dançar como gigantes. Chovem cabeçudos de todo tipo, elaborados pelas famílias e por meninas e meninos (Figura 3.9). Também nos emprestam alguns do grupo de gigantes da cidade.

Pedimos ajuda à prefeitura, e nos dizem onde estão os três gigantes da cidade. Jordi, que coordena o grupo, nos mostra os gigantes guardados em uma garagem. Por outro lado, a família de Alba está muito vinculada a um grupo de cultura popular de Terrassa, onde há gigantes, e seu pai dança a Mariposa, uma besta de papel machê que joga água nas festas. Também os visitamos e vamos descobrindo mais mistérios do mundo dos gigantes (Figura 3.10).

Alba nos diz um dia: "Minha avó Coral sabe construir gigantes". Nós nos envolvemos então com todo o grupo de famílias na construção de nossa giganta da escola, que se chamaria Pau (Paz), porque queríamos que trouxesse paz ao mundo (Figura 3.11).

A elaboração da giganta é outro movimento desejante cheio de afetos, no qual nos movemos e nos comovemos juntas, pois, como apontam Bakko e Mertz (2015, p. 8):

> O afeto é, portanto, fluxo e refluxo, como o ciclo da maré, transforma a si mesmo e transforma o que o rodeia e encontra novos significados, aplicações e potencialidades através de seu uso... é uma materialidade que sempre esteve e está em processo.

Figura 3.9 Os gigantes começam a ganhar vida.
Fonte: Marisol Anguita

Figura 3.10 Habitando a estrutura de um gigante.
Fonte: Marisol Anguita

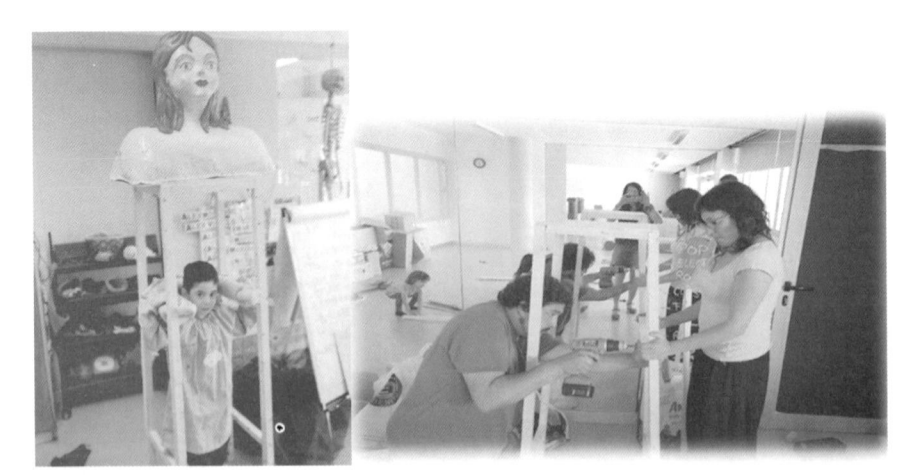

Figura 3.11 Construindo a giganta da escola.
Fonte: Marisol Anguita

A apresentação da giganta Pau na escola se transforma em um grande acontecimento (Figura 3.12). Compartilhamos o processo de criação e, com o microfone na mão, relatamos processos e significados. Quando chegou a vez de Simón, ele pegou o microfone e, com seus sons e sua maneira de se comunicar, nos deixou tremendo de emoção. Simón tem uma doença rara que, entre outras coisas, faz com que ele não tenha fala, mas intenções comunicativas. Ele foi afetado, como o resto do grupo, pela paixão pelos gigantes e, tocado por esse momento único, falou à sua maneira. Todas dissemos: "Simón falou, e agora, sim, somos gigantes!".

Terminamos estas histórias de afetos parafraseando Fernando Hernández, que, em um dos encontros do grupo da PEPT, nos apontava que aprender tem a ver com o que nos afeta, por isso nos leva a mudar a visão sobre nós, os outros e o mundo. Em uma situação afetiva, as relações, os corpos e a memória do vivido entram em jogo para mover-se e ser movidos, como contamos nestes relatos. É o que vivemos nestas duas histórias.

Figura 3.12 Apresentação da giganta Pau e o eco da voz de Simón.
Fonte: Juanjo López

REFERÊNCIAS

BAKKO, M.; MERZ, S. Toward an affective turn in social science research?: theorising affect, rethinking methods and (re)envisioning the social. *Graduate Journal of Social Science*, v. 11, n. 1, p. 7–14, 2015.

BEDORE, R. C.; BECCARI, M. N. Aisthesis: uma breve introdução à estética dos afetos. *Revista Gearte*, v. 4, n. 3, p. 487-498, 2017. Disponível em: https://seer.ufrgs.br/index.php/gearte/article/view/74040/46145. Acesso em: 26 ago. 2024.

BEVERLEY, J. Tesis sobre subalternitat, representació i política (en respuesta a Jean-François Chevrier). *In*: BEVERLET, J.; COHEN, P.; HARVEY, D. *Subculture and homogenization. Subcultura i homogeneïtzació*. Barcelona: Fundació Tàpies, 1998. p. 127-168.

BOURRIAUD, N. *Estética relacional*. Buenos Aires: Adriana Hidalgo, 2008.

GARCÉS, M. *Un mundo común*. Barcelona: Bellaterra, 2013.

HERNÁNDEZ, F.; CANALES, C.; LOZANO, P. Expandir la investigación: las trayectorias de aprendizaje del grupo de la Perspectiva Educativa de los Proyectos de Trabajo (PEPT). *In*: HERNÁNDEZ, F. *et al.* (ed.). *¿Cómo aprenden los docentes?*: tránsitos entre cartografías, experiencias, corporeidades y afectos. Barcelona: Octaedro, 2020. p. 203-218.

HERNÁNDEZ-HERNÁNDEZ, F. Encuentros que afectan y generan saber pedagógico entre docentes a través de cartografías visuales. *Revista Digital do LAV*, v. 11, n. 2, p. 103-120, 2018.

MASSUMI, B. Palabras clave para el afecto. *Exit Book:* Revista de Libros de Arte y Cultura Visual, n. 15, p. 22-31, 2011.

PLANELLA RIBERA, J. *Cuerpo, cultura y educación*. Bilbao: Desclée de Brower, 2006.

RIVERA DE ROSALES, J. Spinoza y los afectos. *Exit Book:* Revista de Libros de Arte y Cultura Visual, n. 15, p. 38-49, 2011.

4

Sujeitos biográficos, ou como o que somos se pensa enquanto construímos nosso relato coletivo

Eli Aznar

Marisol Anguita

> Eu acho que, na verdade, o que vamos investigar é a vida, nossa vida.
>
> *Aya (do grupo Astronautas invencíveis dos planetas com vida)*

> A identidade própria emerge continuamente, volta a se conformar e segue em uma nova direção à medida que a pessoa abre caminho pelo mar de relações em mudança permanente.
>
> *Gergen e Gergen (2010)*

> Quando vivemos, as coisas nos acontecem; mas, quando contamos, nós as fazemos acontecer; e é precisamente nesse conduzir as rédeas do próprio sujeito que reside a essência de toda narrativa.
>
> *Martín Gaite (1982)*

DE ONDE FALAMOS

"Somos os meninos e meninas do futuro: conhecemos o mundo e lutamos para mudá-lo." Esse é o lema que aparece no mural da entrada da Escola Baró de Viver de Barcelona (Figura 4.1). Lá estão exibidos, integrados na parede, os retratos de cada uma das pessoas que fazem parte da escola. Essa

Figura 4.1 Mural de entrada da Escola Baró de Viver de Barcelona.
Fonte: Marisol Anguita

representação nos fala do desejo de nos pensarmos orientadas por uma perspectiva educativa que convida a ser e a nos narrarmos.

Nós, autoras deste capítulo, somos amigas cúmplices que há muito nos acompanhamos e, a partir de nossas diferentes realidades na educação, fomos propiciando circunstâncias que atuam como disparadores para nos reinventarmos.

A partir da reflexão, fomos descobrindo a importância de subjetivar nosso mundo de aprender e, a partir daí, fomos nos dando espaços a partir dos quais contar nossas vidas entrelaçadas em um relato coletivo. A partir dessa posição, nos sentamos para dialogar e compartilhar descobertas matizadas de desejos de ser e de nos pensarmos juntas.

Sentindo-nos atravessadas pela filosofia de Deleuze (1995), percebemos, emocionadas, que o que realmente preenche nossas escolas é a ideia de amar a vida. Deixamo-nos levar pelo impulso que une saberes e pessoas. Como Deleuze, não podemos nem queremos viver sem nos deixarmos arrastar pelo movimento da vida. Pois, como ele, sentimos que a vida é aquilo em que estamos envolvidas e o que nos empurra a ser.

Imersas nesse furacão de vida, Eli narra como Baró de Viver se reinventa além da instituição. É uma escola situada em um bairro de Barcelona com uma multiplicidade de aspectos geográficos, históricos e sociais que configuram um contexto difícil. Além da dificuldade, propiciamos o impulso vital inerente à nossa ideia de infância e tentamos fazer voar a subjetividade de cada pessoa, ultrapassando as limitações de um contexto sociocultural empobrecido. Por isso, acolhemos nossas meninas e meninos como pessoas que vão construindo suas identidades costuradas com as das demais pessoas que compartilham seu mundo de compreensão. Essa posição convida a nos olharmos (crianças, docentes e famílias) como transformadoras potenciais de entornos, relações e saberes.

Comove-nos sentir que, ao nos presentearmos com escolas e salas de aula como espaços de ser e de estar, vamos avançando e narrando quem somos, que tesouros trouxemos para compartilhar, o que carregamos nos bolsos. Pensamos que isso também acontece no espaço que nos oferece o grupo da Perspectiva Educativa dos Projetos de Trabalho (PEPT), que nos permite contar nossas descobertas e fazê-las crescer.

Deixamo-nos sentir pelo imanente desses espaços de possibilidade, onde cada pessoa tem a oportunidade de narrar sua biografia, pensando-se atravessada por seus desejos de futuro. Desejos de ser únicos, complexos, conectados e conectáveis com o mundo. Desejos cheios de verdade, capazes de enriquecer-se e enriquecer outras pessoas. Arrepiamos ao pensar que isso não é diferente em nossas salas de aula e escolas ou nesse espaço de reinvenção que é o grupo. Certamente, o que esses lugares têm em comum é possibilitar que contemos nossa história.

Ao mesmo tempo, a partir dessa construção do mundo e de nós mesmas, temos presente que a ideia de infância tem evoluído a partir das diferentes transformações sociais e culturais. Consideramos que a instituição escolar ainda gera, em muitas de suas inércias, uma visão vertical sobre "o aluno" (mais objeto do que sujeito) como reprodutor passivo de conhecimento objetivo e verdades absolutas. Percebemos como, muitas vezes, os meninos e meninas são vistos e tratados de cima, como receptores passivos a capacitar, como objetos de conhecimento, e não como sujeitos ativos criadores de seu mundo. Sabemos que viemos de processos de interação social impregnados pela hierarquia de poder e pela colonização do conhecimento, em que se situam "os alunos" em um regime autoritário que anula sua existência singular e sua potencialidade como "antropólogos do mundo".

De todas essas inércias limitadoras, desmarcamos para nos instalar em outros olhares da infância que superam essa lógica que objetifica. O construcionismo social, as perspectivas pós-estruturalistas dentro da filosofia, a nova sociologia da infância e a psicologia sociocultural nos iluminam e nos ajudam a repensar infância e educação. Como aponta Mayal (2002), nesse processo não se concebe a infância como um espaço de vida preparatório ou marginal, mas como parte da sociedade, importante por si mesma, um processo vital nem mais nem menos relevante do que os outros momentos.

A partir do desejo de propiciar uma infância emancipada e autora de seu caminho, possibilitamos processos de construção na e para a vida, nos quais vivenciamos a educação como uma relação intensa que surge do desejo de conhecer, compreender e participar do mundo. Deixamo-nos sentir, conforme nos indica Maite Larrauri (2000), interpretando Deleuze, que a vida é um predicado, é uma relação; não é algo que está nos sujeitos, mas algo que passa através dos sujeitos, pois o importante é o que acontece, o que atravessa, o que muda.

RELATAR O QUE NOS ACONTECE EM RELAÇÃO

Nesse desejo de mostrar nossa subjetividade entrelaçada, falamos de uma posição apaixonada, como professoras que acompanham, dão pistas, possibilitam e provocam. Nesse percurso, temos nos presenteado com mediadores que nos ajudam a (nos) repensar e a gerar vida real. Colocamos em prática diferentes dispositivos que nos permitem construir histórias como forma de pensamento e expressão do mundo, que revelam como nos constituímos em relatos. A partir dessa posição que permite que nos pensemos em companhia, temos nos relatado como uma forma de nos projetar no mundo.

> A narrativa como forma de pensamento e como expressão da visão de mundo da cultura. É principalmente por meio de nossas próprias narrativas que construímos uma versão de nós mesmos e do mundo, e é por meio de suas narrativas que uma cultura oferece modelos de identidade e ação aos seus membros (Bruner, 1997, p. 15).

Retomando Deleuze, o que importa não são apenas as pessoas, mas o que acontece entre, no predicado. Assim, compartilharemos como em diferentes situações o que "nos acontece em relação" é o que nos ajuda a nos descobrir e a descobrir. Relataremos como, nesse predicado, colocamos em jogo facilitadores que orientam, mediam, estimulam e acompanham os "entres", nos envolvendo.

Ser presidentas

Os meninos e as meninas de uma turma de alunos de 5 anos da Escola Serralavella de Ullastrell (Barcelona), chamados de "Ratos da Paz", envolvem-se em uma indagação sobre a paz e a não violência durante o surgimento das Primaveras Árabes. Essa história nos fala do que acontece entre, de como buscar nosso predicado. Ela nos levará a desejar ser presidentes de nossas vidas, nos pensando como os "presidentes mandões" que não nos deixam ser. Pensar em nós como presidentes "outros" nos presenteia ainda mais com a autoria e a voz própria às quais estamos vinculados em nosso mundo do aprender. Aqui, ser presidentas de nossas vidas se projeta como um predicado que nos ajuda a ser e avançar por esse mistério. Quando visitantes chegam à sala, as crianças contam o que andamos fazendo e dizem: "Aqui todas somos presidentas, porque todas mandamos, mas não gostamos de mandar para a guerra, gostamos de mandar para a paz".

Aqui sentimos como afirmamos nossas subjetividades autoras para mostrar que somos presidentes de nossas vidas.

As caixas de vida (1)

Pensando em gerar circunstâncias para expressar nossos relatos de vida, há anos surgiram as "caixas de vida" (Anguita, 2012), como uma forma de nos pensarmos em relação. Nós as incorporamos no contexto da Escola Serralavella, uma instituição que, quando começamos a contar nossas vidas, estava em um processo inicial de reinvenção. Lá iniciamos uma viagem com um grupo de alunos de 3 anos que se mostrava diverso e rico em suas diferenças. As caixas de vida emergiram do desejo de nos aproximarmos e compreendermos, para que nos ajudassem a descobrir e apaixonar umas pelas outras.

Propus (Marisol é a narradora) às famílias e às crianças que nos pensássemos por meio de algumas caixas que iríamos enchendo, como uma paisagem narrativa, e onde iríamos depositando fragmentos relevantes do nosso mundo que nos permitiriam autobiografar-nos. Começamos, assim, a guardar vestígios de diferentes momentos da nossa vida. Sapatos de quando éramos pequenas, nossa chupeta, ecografias; fotos do nosso primeiro sorriso, da primeira vez que fomos ao mar, dos nossos avós; a história do nosso nome; a música que ouvíamos antes de dormir...

Foi assim que descobrimos que Maria[1] não queria sair da barriga da sua mãe para tê-la só para ela e que Andreua, ao contrário, queria nascer para conhecer o bom coração que seu pai tem. Isabel nos mostrou, emocio-

---

[1] Mantivemos a ortografia catalã para nomes próprios.

nada, a primeira foto que seus pais viram antes de conhecê-la de verdade, quando foram adotá-la na China. Rosa, sua mãe, acompanha Isabel em outro momento para narrar, novamente, como chorou ao poder ver Isabel pela primeira vez. Isabel adora ouvir outra vez essa história de quando se viram pela primeira vez e necessita que sua mãe a relate ao grupo, fazendo-nos partícipes desse instante tão importante da sua vida. Por outro lado, Marcel nos faz pensar em uma foto dele nu na sua bicicleta. Ele a escolheu porque diz que é feliz e livre. Ele nos conta como seu pai, o do bom coração, segundo sua irmã Andreua, prepara as cadeiras no terraço e chama toda a família, convidando-os: "Família, pôr do sol!".

Com outro grupo, o das Voador@s Misterios@s, surgiu a necessidade de pensar como nascemos e como vamos mudando. Apresentando as caixas de vida de Aïna e Esther, conhecemos seus irmãos bebês, dos quais já conhecíamos os batimentos cardíacos quando estavam na barriga. Havíamos convidado antes as mães grávidas e escutado o coração magicamente por meio de fones de ouvido. As meninas mostram imagens de como elas eram quando nasceram e as comparamos com seus irmãos. Mostram suas chupetas, falam-nos da primeira e da última. Diferentes vozes expressam saudosas que agora "já não temos chupeta". Algumas meninas vão buscar sua caixa de vida. Proponho-lhes que coloquem lá suas chupetas. Algumas sentem vergonha, muitas as colocam rindo. Naquela explosão, se jogam no chão e imitam bebês. Elisabeth, a mãe de Aïna, comenta: "Eu vi como muitos de vocês queriam voltar a ser bebês". Diante disso, Lucas nos diz que "todos voltaremos a ser bebês, seremos velhos, morreremos e voltaremos a nascer".

Uma visita, uma cena

Durante a visita de minha mãe e minha irmã (Figura 4.2), Lucas volta a expor suas ideias sobre nascer e morrer. Antes de elas chegarem, vemos fotos minhas quando pequena e dos meus pais iniciando a vida juntos. Avançam com duas malas, preparados para iniciar a viagem desse "nós". Para o grupo, essa cena leva à pergunta: "Mas onde você estava antes? Não existia, estava na barriga. Não estava, não existia. Não tinha recebido aquilo para nascer"... Enquanto conhece minha mãe, Lucas me diz baixinho: "Marisol, já sei onde você estava quando não estava na barriga; estava no espaço infinito pensando se queria vir".

Figura 4.2 A visita da mãe e da irmã de Marisol.
Fonte: Marisol Anguita

Esse ir e vir por nossas vidas possibilita um diálogo com o princípio das coisas que nos levou, já com 5 anos, a nos perguntar na voz de Núria P.: "Agora que estamos falando sobre isso, se os macacos se tornaram pessoas, como é que existem os animais? Como foram feitos? E como nasceu a Terra?".

Sentimos aqui como o que vamos vivendo em relação toca nossas subjetividades mutantes e nos ajuda a avançar na construção de saberes e a nos pensar refletidas em outras vidas.

As caixas de vida (2)

Entendemos as caixas de vida como paisagens que nos narram e que arejam nossas ideias de mudança e evolução. Que falam de quem éramos, quem somos e quem projetamos ser. O significado de colecionar a vida de cada um em uma caixa é mostrar aqueles aspectos de nossa identidade que outros desconhecem para conhecer-nos profundamente. As caixas nos permitem contar histórias de vida, dialogar umas com as outras e, ao mesmo tempo, entrar, com permissão, nas paisagens de vida de nossas companheiras.

À medida que fomos repensando as caixas, surgiram novas maneiras de relatá-las e expandi-las. Convidamos os irmãos e irmãs mais velhos para contarem as suas e assim pensarmos nas nossas (Figura 4.3). Também convidamos os irmãos bebês para refletirmos sobre nossa vida, sentindo como éramos antes. Roc, de 3 anos, nos disse: "Primeiro todos estávamos na barriga", pensando na visita de sua irmã Estel. Èric, que havia convidado seu irmãozinho Xavi, nos diz: "Não, antes não existíamos". Assim, nos convida a novos mistérios.

Quando começamos a construir a ideia de nossa vida olhando para outras vidas relatadas, Ona e outros irmãos do grupo das Mágic@s, de 3 anos, apresentam sua caixa de vida para que nos inspiremos e pensemos nas nossas. Vemos aqui que as pessoas guardam fotos e objetos das nossas primeiras vezes, nosso primeiro sorriso, a primeira vez que vimos o mar... Descobrimos que, quando bebês, nos parecemos, que a foto de Ona se parece com a de Ton bebê e não conseguimos distingui-los.

Nós nos perguntamos: quando somos como nos vemos agora? Nunca paramos de mudar? Ona também nos presenteia com uma forma de manter presentes as mães e os pais quando não estão por perto: todos os dias, Mireia, sua mãe e de Ton, deixa beijos dentro de um saquinho, que eles poderão abrir durante o dia para que saiam os beijos guardados...

Outras maneiras de pensarmos em nossas vidas foram as caixas de tesouros e os diários do verão, para compartilharmos o que nos aconteceu, que descobertas fizemos quando não estávamos juntas.

Adrián, com seu pai e sua mãe, que são cubanos, nos relatam sua caixa de tesouros e suas descobertas daquele verão em Cuba. Adrián ia pela pri-

Figura 4.3 As irmãs mais velhas compartilham suas caixas de vida.
Fonte: Marisol Anguita

meira vez conhecer sua família. Aparece a bandeira de Cuba, seus animais, instrumentos musicais... Mila e Jesús nos cantam uma canção de paz que eles cantavam na escola quando eram pequenos, e que todos acabamos aprendendo. O momento mais íntimo é quando Adrián mostra a foto de seu avô pescando. Ele nos conta que seu avô adoeceu repentinamente e morreu enquanto estavam em Cuba. Eles puderam se despedir, mas estão muito tristes. Ton se conecta com essa tristeza ao lembrar de seu avô, que também havia morrido de maneira inesperada no verão. Conhecíamos *l'avi* Jaume, que vinha buscar Ton. O avô cubano, não, mas sentimos que já faz parte de nós. Também nos acompanha o avô de Daniela. Fanny, sua mãe, nos mostra a foto de seu avô e nos relata que não o conheceu, que ele morreu antes de ela nascer, mas que ela se lembra e pensa sempre nele. Fanny começa a chorar de emoção, assim como parte do grupo. A calma de Daniela ao relatar nos impressiona (Figura 4.4).

Vamos tecendo vidas que nos fazem sentir que a vida e a morte caminham de mãos dadas. E assim foi como a vida explodiu ao final do relato de Adrián, com som cubano e dançando juntas, como não poderia deixar de ser.

As caixas nos levam a viajar no tempo, retrocedendo e avançando em momentos da vida. São convites a uma viagem sem um mapa de rota, nos revelando, novamente, que um aprender real não entende de tempos nem de espaços. Na realidade, ele os quebra e os atravessa para poder chegar a um "não lugar" onde possamos ser em relação com os outros. Também vemos nesses relatos o valor do eu-nós, um eu feito em relação, como diz Gergen (2006), um "eu diante do outro" que se converte no "eu através do outro".

Figura 4.4 A caixa de vida de Daniela e Fanny.
Fonte: Marisol Anguita

TECER RELATOS QUE AREJAM O NÓS

Conversando sobre as caixas de vida com Eli, contamos como ressoaram na Escola Baró de Viver. Estendendo o desejo de contar o nós, surgiu a necessidade de criar o baú de nossa história coletiva, que permitiu a cada grupo guardar memórias de sua história de aprender. Além de estarem conectadas com aqueles objetos, conversas e descobertas que relatam momentos de realidade vividos lhes permitem voltar ao que lhes interessa e os comove.

Assim, desdobrando sua história de aprender, é como começa ou continua, mais uma vez, o relato compartilhado de um grupo de meninos e meninas de 6 anos. Decidem que o que desejam fazer é um filme de robôs. Um filme com momentos cômicos e momentos de realidade. Uma história de como os robôs ajudam as pessoas e, por sua vez, essas pessoas tornam o mundo um lugar melhor para viver. Assim é como essas crianças iniciam seu projeto de vida em sala de aula, decidindo ser autoras de sua própria história juntas, querendo ser "inventores e inventoras de robôs de outro mundo".

Vai-se gerando, assim, um relato biográfico coletivo único, no qual, como afirma Gergen (2006), a ideia do eu isolado já não tem sentido. O que somos ou quem somos depende de como somos construídos em diversos grupos sociais. Falamos dessa polifonia de vozes que se reconhecem e se identificam em seus desejos de estar sendo e ir conhecendo e diferenciando-se. Vemos que vai se tecendo uma cultura de sala de aula que encontra sua origem na construção da subjetividade das pessoas que sentem que fazem parte — a partir do reconhecimento, da valorização e da estima.

Dessa maneira, quem somos e o que nos interessa no mundo são questões implícitas na sala de aula nos primeiros dias do curso. Por meio de espaços de aula pensados e criados para nos mostrar e nos relacionar, vamos criando formas de nos conectar à trama da vida que se tece no viver, que se costura com os interesses gerados e os desejos de conhecer, com a intenção de decidir o que queremos que nos aconteça juntas.

"Será que poderíamos viver em outro planeta?" é a grande pergunta que mantém ocupada a emoção das meninas e meninos de 8 anos do grupo Astronautas invencíveis dos planetas com vida. Aqui vemos como a identidade do grupo os ajuda a construir cada uma de suas subjetividades únicas e irrepetíveis, que emergem no momento de relacionar seus conhecimentos com suas questões mais profundas.

Para encontrar nossa resposta, teremos de investigar os outros planetas, a fim de saber se suas condições nos permitiriam viver neles.

Mas talvez com outros materiais pudéssemos viver também.

Mas também precisamos conhecer muito bem como é nosso corpo, do que ele precisa para viver.

E como a Terra nos dá tudo isso que precisamos.

Eu acredito que, na realidade, o que vamos investigar é a vida, nossa vida.

Dessa maneira, vamos dando luz às nossas subjetividades, iluminando como nos construímos no mundo e, ao mesmo tempo, construindo nosso mundo. Isso nos leva ao conhecimento — não como objeto distante e separado, mas como um tecido elaborado pela conexão e pela interlocução das diversas subjetividades. Como nos revela Mar mostrando a representação de seu planeta imaginado:

> Se fosse possível viver em outro planeta, eu gostaria que ele fosse colorido, que seus habitantes também fossem coloridos... Isso significaria que as pessoas dessa civilização estariam sempre felizes.

Nessa trama coletiva estávamos com o grupo dos Ratos da Paz, de 5 anos. Representávamos uma espiral de pedras como um labirinto (Figura 4.5). Havíamos criado labirintos e visitado uma exposição sobre essa temática. Nós nos perdemos no Labirinto de Horta[2] e vivemos juntos o desejo de criar nosso próprio labirinto. Nesse processo, Carla expressa: "Aprender é como um labirinto!". Colocando as últimas pedras, Emma faz um comentário baseado no que conhece de mim e da minha forma de ser: "Olha, Marisol, o labirinto espiral será para você, já que você gosta tanto de espirais...". E depois ela pensa e diz: "Mas também é para nós, porque nos interessa a evolução e adoramos mudar". Emma acrescenta: "Você gosta de espirais porque significam mudança. Como você gosta tanto de mudar...".

De novo vemos aqui como vamos tecendo um nós feito de nossas subjetividades, influenciadas e afetadas pelo desejo de ser de cada uma. O que nos permite pensar nas outras, mudando e evoluindo juntas. Transitamos

---

[2] PARQUE del Laberinto de Horta. *In*: WIKIPEDIA [2024]. Disponível em: https://es.wikipedia.org/wiki/Parque_del_Laberinto_de_Horta. Acesso em: 26 ago. 2024

Figura 4.5 A espiral do conhecimento e da mudança.
Fonte: Marisol Anguita

assim, como nos diz Gergen (2006), construindo nossa subjetividade como seres humanos de acordo com os contextos que encontramos nas conversas. Vamos, desse modo, descobrindo como podemos emergir o que somos entrelaçadas nessas conversas e como, ao mesmo tempo, elas nos revelam algo sobre como vamos nos repensando.

TECER A VIDA DA SALA DE AULA EM RELATOS

A vida da sala de aula se tece em relatos que emergem de momentos de reflexão sobre a própria existência. De silêncios e conversas que contêm as grandes questões da nossa vida: o que nos emociona? O que nos assusta? O que nos conecta conosco? O que nos isola? Perguntas que vão colorindo os desejos coletivos e fazem emergir questões transcendentais na conexão com o devir no mundo. Perguntas e problemas que vão se construindo a partir da voz que cada pessoa ocupa entre as outras, reconhecidas e conectadas para construir, de forma autorizada, tudo aquilo que nos move no viver.

Nesse caminho, emergem vozes diversas, livres para se criar e criar — longe do um, do mesmo, do idêntico. Vozes que se enriquecem, se constroem e reconstroem em uma vida de sala de aula aberta à mudança e à complexidade, na qual o significado do que são os meninos e as meninas e do que podem ser vai se entrelaçando entre todas.

É assim que as crianças de 9 anos do grupo Salvadores da Terra se nomeiam e se renomeiam em um sentido coletivo a partir daquilo que lhes preocupa:

Podemos fazer alguma coisa para parar o aquecimento global?

Bem, eu acho que deveríamos fazer uma campanha pelo bairro para que as pessoas sejam mais respeitosas com o lixo que polui.

Mas quem pode fazer alguma coisa são os que governam, eles sim podem pará-lo.

Poderíamos fazer um vídeo para que sintam vergonha e, ao mesmo tempo, pena do que está acontecendo. Que percebam que a Terra está doente por nossa culpa — melhor dizendo, por culpa deles.

E também poderíamos explicar o que está acontecendo e o que eles poderiam fazer.

Sim, que percebam que têm a responsabilidade.

Seria melhor fazer um documentário para que todo mundo possa ver, com uma parte informativa, também com imagens, e no final nos dirigimos aos que mandam.

Entendemos que é nesse pensar em companhia que vamos elaborando significados que emergem de uma experiência coletiva. Vamos, assim, construindo nossas aproximações aos saberes em uma relação subjetiva com a realidade, atravessada por interesses, emoções e desejos associados à possibilidade de gerar relações pedagógicas que acontecem, como assinala Hernández (2011), quando ocorre uma experiência de encontro de subjetividades e saberes. Isso não nos leva a prestar atenção ao que fazemos, mas ao que nos acontece, ao que nos passa juntas. Ao que nos afeta.

Vozes entrelaçadas, que pairam se autorizando a produzir suas próprias construções e problematizar outras possíveis versões da realidade. Versões com as quais poderão contrastar as suas no caminho de interpretar a informação e gerar conhecimento, como uma tapeçaria inacabada e aberta. Como uma conversa apaixonante que, segundo Collier, Milton e Reynolds (1996), responde a uma realidade dinâmica, no processo contínuo de mudança que é o produto de participantes ativos que mudam a realidade ao enfrentar os problemas da vida real.

Como a tapeçaria emocional que vão desenhando com suas contribuições os "Astronautas invencíveis dos planetas com vida", que na trama de conversas precisam dar sentido ao projeto de vida da sala de aula:

No projeto, o que fazemos é expressar nossas ideias, e isso faz com que nos sintamos importantes.

Sim, pensamos e dizemos o que pensamos, nos escutamos, relacionando a partir de nossas ideias, em equipe, conectados.

Na verdade, investigamos para responder à grande pergunta. E a grande pergunta vem de nós, do nosso corpo, das nossas ideias, porque pensamos por nós mesmos. Quando investigamos somos um, em assembleia, decidindo como continuamos.

Nesta reflexão, nós, duas amigas e companheiras de descobertas, nos emocionamos ao sentir como fomos construindo significados sobre nós mesmas, os outros e o mundo. No caminho percorrido, sentimos, como aponta Fernando Hernández (2004), que fomos nos libertando de construir nossa subjetividade docente a partir do silêncio de sentimentos e vivências, e essa libertação tem gerado mudanças profundas em nossas intenções na educação.

A partir dessa maneira de avançar, vamos tecendo uma trama feita de vozes e saberes que se pensam dinâmicos, criativos, complexos e múltiplos. Que são afetados pelas relações com os outros, pelos limites e renegociações que integram a arte de decidir coletivamente o sentido que damos às nossas vidas na sala de aula. Emancipadas e impregnadas do aroma de ser em companhia, nos transformamos em tecedoras do cosmos e do nosso cosmos.

REFERÊNCIAS

ANGUITA, M. Cajas de vida: paisajes que nos narran. *Cuadernos de Pedagogía*, n. 422, p. 34–38, 2012.

BRUNER, J. *La educación, puerta de la cultura.* Madrid: Visor, 1997.

COLLIER, G.; MILTON, H. L.; REYNOLDS, G. *Escenarios y tendencias de la psicología social.* Madrid: Tecnos, 1996.

DELEUZE, G. *Deseo y placer.* Córdoba: Alción, 1995.

GERGEN, K. J. *El yo saturado:* dilemas de identidad en el mundo contemporáneo. Barcelona: Paidós Ibérica, 2006.

GERGEN, K. J.; GERGEN, M. *Reflexiones sobre la construcción social.* Barcelona: Paidós, 2011.

HERNÁNDEZ, F. A cultura visual como um convite à deslocalização do olhar e ao reposicionamento do sujeito. *In*: MARTINS, R.; TOURIHO, I. (ed.). *Educação da cultura visual:* conceitos e contextos. Santa Maria: UFSM, 2011. p. 31–49.

HERNÁNDEZ, F. Prólogo. Las historias de vida como estrategia de visibilización y generación de saber pedagógico. *In*: GOODSON, I. F. (ed.). *Las historias de vida del profesorado.* Barcelona: Octaedro, 2004. p. 9–26.

LARRAURI, M. *El deseo según Gilles Deleuze.* Valencia: Tándem, 2000.

MARTÍN GAITE, C. *Lo raro es vivir.* Barcelona: Anagrama, 1996.

MAYALL, B. *Towards a sociology for childhood:* thinking from children's lives. Buckingham: Open University, 2002.

5

A conversa cultural como eixo da aprendizagem com sentido

Aida Mallofré

Juanjo López

> Educar é aprender a viver juntos e aprender juntos a viver.
>
> Marina Garcés[1]

O LUGAR DO DIÁLOGO NA RELAÇÃO PEDAGÓGICA

O que acontece se concebermos o diálogo na sala de aula como uma forma de refletir sobre o processo que realizamos por meio do pensar e do agir em uma rede de relações? O que acontece quando a conversa se torna o eixo de uma aprendizagem com sentido? Neste capítulo, tentaremos refletir em voz alta sobre essas questões. A intenção é traçar algumas linhas sobre o que entendemos por conversa cultural e o que ela possibilita.

E por que tanto interesse? No nosso caso, a conversa cultural tem sido uma base magnífica de onde apostar no pensamento crítico, na aprendizagem com sentido, nos múltiplos alfabetismos e na relação da dualidade do dentro e fora da escola, elementos que nos parecem imprescindíveis na construção de um aprender que nos implique e nos importe. Falar de conversa cultural nos serve para reivindicar um espaço que busca interpelar-

---

[1] ARAGAY, I. *L'educació, segons Marina Garcés*. 2020. Disponível em: https://llegim.ara.cat/opinio/educacio-segons-marina-garces_1_1029397.html. Acesso em: 26 ago. 2024.

-nos a partir do intelectual, do social e do afetivo/emocional em companhia do grupo.

Nos interessa a conversa cultural como eixo de uma aprendizagem com sentido porque pode ser um espaço de germinação de deslocamentos educativos necessários para questionar: o docente como único transmissor e fonte de informação, um currículo fragmentado, a dualidade do dentro e fora da escola e a transcendência do conhecimento.

Somos conscientes de que o importante não é a conversa em si, mas o que ela possibilita e em que se fundamenta. Verdade seja dita, não dissecaremos um modelo nem daremos uma receita pedagógica mágica, porque estamos muito convencidos de que cada docente deve explorar as muitas possibilidades que existem ao ensinar e aprender criticamente. A esse respeito, Juli Palou, em uma conversa com Jaume Cela sobre pensamento crítico na escola, dizia:

> O mestre na escola não é a pessoa que responde, é a pessoa que corresponde. Quem responde fecha a pergunta. Quem corresponde a abre e a coloca em contexto. O grande trabalho é ensinar que na aula não se deve responder, deve-se corresponder. Deve-se abrir os temas e construí-los coletivamente (Cela; Palou, 2019).

Neste capítulo, tentaremos fazer o mesmo. Não somos os primeiros nem os últimos a nos entusiasmar e escrever sobre o valor da conversa como eixo de aprendizagem na escola. Contudo, acreditamos que estas páginas possam ser úteis, pois são costuradas na experiência da vida na sala de aula. Especialmente porque nos basearemos em conversas que têm guiado a aprendizagem de grupos do ciclo superior da Escola Serralavella de Ullastrell (Vallès Occidental) durante os últimos anos.

Para nós,[2] as páginas que seguem serviram como espaço de encontro e reflexão. Esperamos que também o sejam para vocês. Deixamos — de propósito — amplos espaços e janelas abertas para que vocês os preencham com suas vivências. Certamente, nos ajudarão a expandir a vida deste texto.

---

[2] Juanjo López Ruiz é professor de educação primária há quase 40 anos. É membro de grupos de aprendizagem docente, como o grupo da PEPT e o Cultura Matemática das Pessoas. Aida Malogre López é uma professora recém-chegada à escola. Eles se encontraram na mesma sala de aula durante as práticas de Aida no mestrado Artes visuais e educação: uma abordagem construtivista (Universidade de Barcelona).

Estabelecer uma linguagem comum: o que entendemos por conversa cultural?

A conversa que nos apaixona, que é o eixo de uma aprendizagem com sentido, está a anos-luz do intercâmbio verbal dos políticos que falam, mas não escutam, ou dos debates midiáticos cheios de posturas inquestionáveis e de afirmações inamovíveis. Tem a ver com uma experiência que nos ajuda a criar e compartilhar conhecimento ao mesmo tempo que construímos e compartilhamos nossas subjetividades.

Há alguns anos, nos grupos em que Juanjo atua como professor, a conversa é o eixo de todos os projetos que se tecem na sala de aula (Figura 5.1).

Figura 5.1 A aula como lugar de conversação.
Fonte: Juanjo López

O diálogo, entendido como base da aprendizagem, serve para gerenciar o acesso e a busca de informação; para comunicar e construir conhecimento; e para compartilhar a interpretação e a compreensão da realidade. Nas palavras de Fernando Hernández (2002):

> Aprender está relacionado com a elaboração de uma conversa cultural na qual se trata de dar sentido (na medida em que conecta com as perguntas que deram origem aos problemas que abordamos e com os questionamentos que os sujeitos fazem sobre si mesmos e o mundo) e transferi-lo para outras situações.

Essa participação faz com que conversar para aprender não seja falar por falar, nem sequer apenas falar. É falar e escutar. São indispensáveis aquelas pessoas que falam, mas também aquelas que escutam. Justamente, quem na sala de aula tem uma disposição para uma escuta ativa mais desenvolvida são aqueles que ajudam continuamente a trançar a conversa com conexões mais ricas. São os "Ah!" entusiasmados quando uma colega fala e outra relaciona uma ideia e expande a de ambas que nos fazem sentir que coisas importantes acontecem na sala de aula.

Assim ocorreu quando David expôs, por meio de uma apresentação em PowerPoint, como são os nanorrobôs que ajudarão a desfazer os coágulos provocados pelo colesterol, e Arnau perguntou: "Os nanorrobôs são assim agora? Porque no ano passado eram diferentes". Questão que Juanjo devolveu ao grupo, de forma a envolver a todos (Figura 5.2).

Juanjo: Pensem sobre essa pergunta e sobre as possíveis razões pelas quais o Arnau os viu diferentes no ano passado.

Emma: São diferentes dependendo do que precisam fazer; não servem apenas para um trabalho, mas para vários. Se precisam ir ao rim, ao pulmão, que é mais macio...

Jana: Eles vão a um lugar e não podem voltar. Podem ser diferentes dependendo do lugar onde precisam trabalhar. Nem sempre são todos iguais.

Álex: Os nanorrobôs poderiam sair e entrar?

Carla: Os nanorrobôs, depois de realizar uma ação, talvez se desfaçam e não precisem sair.

Figura 5.2 Exposição "A clonagem de primatas para curar enfermidades humanas".
Fonte: Juanjo López

Emma: Ah! Talvez no futuro haverá um nanorrobô personalizado para cada pessoa, para cada tipo de órgão, para cada tipo de sangue...

Assim, no contexto de apresentar ao grupo um tema que nos interessa sobre a cura de doenças, a conversa gerada amplia a trama do conhecimento e as estratégias para aprender das pessoas que fazem parte da vida na sala de aula.

Esse e outros exemplos nos confirmam que escutar é um dos pilares da conversa cultural. Nesse contexto, o professor não é o receptor e gestor de intervenções individuais, mas o acompanhante que busca transformar a sala de aula em uma ágora onde o aprender flui. Justamente porque, a partir da escuta atenta que reflete sobre o que se escuta, podem surgir perguntas singulares, como a que Aleix formula ao final de uma conversa sobre as possibilidades atuais e futuras das impressoras 3D: "Uma impressora 3D poderia fabricar outra impressora 3D?". Ou reflexões perturbadoras, como a de Guillem no contexto de um diálogo sobre a clonagem de dois macacos utilizando a técnica da ovelha Dolly:³ "Pensar na clonagem humana me dá 'arrepio'. Um clone de mim mesmo não saberia nada dos meus 'gostos'."

Surgem dúvidas e reflexões éticas que se entrelaçam com novas questões sobre a relação presente e futura dos humanos com os animais após a leitura de um artigo sobre a criação de porcos para transplante de seus órgãos para humanos (Macip, 2015):

Carla: Descobriram que o corpo do porco, em uma porcentagem muito alta, é parecido com o nosso.

Arnau: Helena trouxe uma notícia que falava sobre isso e sobre os transplantes.

Juanjo: A notícia era: 'Criar porcos para transplantar seus órgãos em humanos'.

Carla: Isso é um pouco cruel, não?

Emma: Eu acho que existem granjas que os criam, mas com uma alimentação diferente, e os matam de uma maneira diferente.

Carla: Eu acho que eles são deixados 'soltos', assim se alimentam melhor e seu corpo é melhor. Também devem matá-los de uma forma melhor.

Juanjo: O que parece melhor para você, um coração feito com impressoras 3D ou transplantar o coração de um porco para uma pessoa? O que é mais provável de acontecer?

Carla: O do porco. É que há mais porcos do que impressoras 3D. Mas nunca se sabe!

Juanjo: Esse fator seria o mais importante?

Carla: É que o coração de um humano talvez seja mais parecido com o de outro humano.

Aleix: O que eles não poderão transplantar do porco é o cérebro! Ou poderão?

---

³ EUROPA PRESS. *Científics xinesos clonen els primers micos amb el mètode de l'ovella Dolly*: els seus noms són Zhong Zhong i Hua Hua. 2018. Disponível em: https://www.ara.cat/societat/cientifics-xinesos-clonen-primers-dolly_1_1247798.html. Acesso em: 26 ago. 2024.

Juanjo: Acho que o único órgão vital que não pode ser transplantado entre humanos é o cérebro. Por que será?

ESCUTAR E NOS ESCUTAR PARA CONSTRUIR EM TRAMA

Os dois verbos que temos na lista sobre o que é conversar — falar e escutar — não nos apaixonariam tanto se não fossem acompanhados de outros dois. Conversar para aprender também é pensar e relacionar. Relacionar o que você está escutando com o que já conhece, com aquilo que já pensa. É pura imanência: um acontecer que se constrói, um espaço onde a escuta atenta leva você a pensar e relacionar aquilo que não sabe e às vezes nem intui.

Para nós, a conversação é uma ponte, às vezes um trampolim, entre ideias e saberes tanto individuais quanto coletivos que nos permitem aquilo que a escola sempre deveria buscar: pensar de maneira crítica.

Juli Palou (Cela; Palou, 2019), na conversa mencionada anteriormente, dizia que, quando tomamos a palavra, há uma questão prévia: pensar que talvez o outro tenha razão. Isso é indispensável para poder criar uma trama conjunta. Afirmação que Jaume Cela ampliava dizendo: "Devemos trabalhar a capacidade de escutar, a argumentação do outro e a possibilidade de mudança da nossa perspectiva". Nossos esforços como docentes também podem ser conduzidos nessa direção. Mais do que tudo, porque "O desafio também é aprender a ser interlocutores e, ao mesmo tempo, aprender a nos mostrar. [...] Devemos parar de falar para escutarmos a nós mesmos e começar a falar e escutar para tentar decifrar o outro" (Anguita; López, 2004, p. 60).

Como professoras, pode parecer um objetivo complicado, mas, em uma conversa com os alunos do quinto ano do ensino fundamental, notamos que eles tinham visões semelhantes. Estávamos construindo uma cartografia sobre como aprendem quando Mariona destacou que o faziam falando e escutando no grupo. Logo a ideia que havíamos colocado sobre a mesa foi acompanhada pela voz de Roger e Guillem, o que ajudou, a mim (Aída) e a Juanjo, a refletir sobre o quanto os alunos eram conscientes do que acontece na sala de aula (Figuras 5.3 e 5.4).

Figura 5.3 Conversa sobre como aprendemos na escola.
Fonte: Juanjo López

Figura 5.4 Cartografia sobre como aprendemos neste curso.
Fonte: Juanjo López

Aída: O que seria diferente se não trabalhássemos assim?

Mariona: Suponho que não surgiriam tantas ideias, não abordaríamos tantos temas... porque às vezes você diz uma coisa e daí surge outro tema...

Roger: Às vezes você pode errar, e os outros sabem que você errou e podem te ajudar a...

Guillem: Podemos falar sobre o espaço e acabar falando de um urso polar. A partir das ideias que vão surgindo, vamos discutindo outros temas. Isso ajuda muito a aprender, porque, ao abordar outros temas que são superinteressantes, você aprende sobre aquele tema e também sobre outros.

Juanjo conta que um dos grandes avanços que vivenciou na sala de aula foi deixar de perguntar apenas sobre o que sabemos, os famosos conhecimentos prévios, para introduzir perguntas que nos permitam compartilhar informações, ideias, interpretações da realidade, inquietações e novas perguntas. Agora, a conversa não é mais apenas um espaço de intercâmbio de informações, mas um espaço para criar, retomar, construir e adicionar conhecimento em companhia. Essa mudança ocorreu quando, como professor, ele passou de explorador a equilibrista. Quando decidiu que o não saber com certeza o que ocorreria a seguir poderia fazer parte da vida da sala de aula (Figura 5.5).

Essa disposição de equilibrista não leva à improvisação sem contexto, mas, como diz Malaguzzi (2011, p. 97), a conviver com a incerteza e com o novo que vai emergindo:

> Não é verdade que improvisamos (o que, aliás, é uma sabedoria invejável). Nem que fazemos as coisas por acaso. O que sabemos é viver com as crianças e trabalhar, um terço com a certeza e dois terços com a incerteza e o novo.

O professor é uma figura-chave na sala de aula ao formular, com tato e sabedoria, perguntas para enriquecer a conversa. Ao mesmo tempo, traz novas informações ou estratégias de busca que ajudam a contextualizar ou aprofundar. Além disso, saber viver com as crianças é também ser um impulsionador e um referencial no exercício de reflexão sobre a conversa, com o objetivo de que um dia elas o façam de forma autônoma. Por exemplo, ao sugerir como participar da conversa ou como pensar sobre ela. "Eu pensei nisso porque a Emma disse..." é uma das muitas formas de tornar explícitos

Figura 5.5 Apresentação de livros ou documentos que servem para compartilhar conhecimentos ou gerar questionamentos.
Fonte: Juanjo López

os processos de pensamento, que nem sempre são evidentes e nos ajudam a ser mais competentes naquilo que é tão relevante: aprender a aprender.

O POTENCIAL TRANSFORMADOR DA CONVERSA: O QUE POSSIBILITA?

Chegando a este ponto, temos muita vontade de falar sobre três focos de luz que neste momento acompanham nossas práticas de conversa cultural: a construção de um espaço de encontro para aprender em companhia; a conexão com o mundo a partir de um currículo integrado; e a indagação como sentido de ser na escola.

Um espaço para aprender em companhia

A conversa cultural como eixo de aprendizagem se transforma em um espaço onde construir novas práticas por meio das quais os alunos possam pensar, agir e ser no mundo. Apostar nela é reconhecer a necessidade de uma aprendizagem relacional. Como diz Marisol Anguita (em Anguita e López, 2004):

> Falamos sobre quem somos e de onde somos, e ouvimos formas semelhantes ou diferentes de ser ou de perceber o mundo que nos ajudam a reconstruir permanentemente nossa identidade pessoal e nossos conhecimentos, pois a aprendizagem é individual, pessoal, mas se aprende com os outros e dos outros.

Uns e outros que, próximos ou distantes, conhecidos ou desconhecidos, permitem tecer uma conexão entre o dentro e o fora da escola. A conversa torna-se, assim, uma rede de conhecimento que se amplia com o saber de todo tipo de convidado. Por exemplo, quando o avô de Bru passa a fazer parte do processo de aprendizagem de todos em uma reflexão sobre o impacto que exercemos no mundo:

> Bru: Não podemos derrubar um prédio porque haverá cimento embaixo. Temos que parar de fazer coisas e reutilizar. Vi uma notícia de uma escola que já não serve e vão fazer prédios. O que temos que fazer é limpar, cuidar... Não fazer outro prédio, ocupar mais espaço... Meu avô me explicou que há portos onde, em vez de colunas de cimento, colocam tambores com madeira por cima.

Mas a conversa também se expande com convidados que não fazem parte de nossas redes familiares ou cotidianas. Como Kim Stanley Robinson, o artista que escreveu o prólogo da exposição *Després de la fi del món* no Centro de Cultura Contemporânea de Barcelona (CCCB) (outubro de 2017 a abril de 2018), que iniciou a conversa sobre nosso impacto no planeta depois de visitá-la.

Nesse sentido, aprender é relacionar as narrativas localizadas de estudantes, professores e famílias dentro de nossas próprias escolas com as grandes narrativas da mudança educativa e social que ocorrem "lá fora", além das paredes da sala de aula, mas que afetam diretamente nossas vidas. Francesc Torre Alba (Fonaments [...], 2019)[4] ressalta que, se queremos desenvolver um pensamento crítico, é necessário criar comunidades que pensem e criti-

---

[4] FONAMENTS del pensament crític, des d'una mirada filosòfica - Francesc Torralba. [S. l.: s. n.], 2019. 1 vídeo (42 min). Publicado pelo canal Fundació Bofill. Disponível em: https://www.youtube.com/watch?v=uDOv-yA0t6Q. Acesso em: 26 ago. 2011.

quem, pois é a forma ideal de somar perspectivas. Não é a escola um lugar ideal para nos preparar para uma sociedade diversa como a que vivemos?

A CONEXÃO COM O MUNDO DE UM CURRÍCULO INTEGRADO

A maior parte das conversas de sala de aula de Juanjo começa com uma notícia, seja do jornal, seja do programa InfoK (TV3) (Figura 5.6), que, sem dúvida, não se prende ao horário das disciplinas de língua, matemática ou ciências.

Quando trabalhamos a partir de uma notícia sobre a clonagem de dois macacos, aprendemos biologia, mas também melhoramos nossa capacidade de ler e compreender qualquer tipo de texto. Quando, explorando a clonagem, nos perguntamos sobre a composição de nosso corpo e descobrimos a tabela periódica, aprendemos química (Figura 5.7), mas também adquirimos novas estratégias para aprender a aprender.

Incorporar o mundo na sala de aula é apostar em uma aprendizagem significativa que requer mudanças nos espaços e nos tempos. A conversa cultural, tal como a entendemos, agita a organização por parcelas de conhecimento que ainda predomina na escola. Basicamente, porque é necessária certa flexibilidade organizativa para desenvolver com tempo e continuidade as perguntas que se formulam na sala de aula. Perguntas que, se deixadas aflorar e ajudadas a fluir, se apresentam em forma de rizoma, relacionando conceitos e áreas de saber que não seguem uma direção linear. Isso nos leva

Figura 5.6 Captura de tela do programa informativo infantil InfoK, da TV3.

Figura 5.7 Apresentação a outros grupos da nossa tabela periódica, como parte do projeto "Tudo é química, a vida também".
Fonte: Juanjo López

a apostar decididamente em uma programação e organização da sala de aula mutante e viva, que se move ao compasso do que ela necessita. Nesse contexto, professores e professoras deixam de ser escravos dos conteúdos do currículo e aprendem a renunciar a explicá-lo por inteiro para poder começar a vivê-lo.

Acreditar em um currículo integrado e conectado com o mundo significa reivindicar a necessidade de falar sobre todos os temas na escola. Um dia, Núria chegou com uma notícia que queria compartilhar: alguns arqueólogos haviam encontrado múmias do Antigo Egito até então desconhecidas. De forma natural, a partir do relato da desigualdade social entre os faraós e o povo egípcio, iniciou-se uma conversa sobre a desigualdade entre ricos e pobres na atualidade. Foi então que Juanjo perguntou: "De que forma ricos já dão dinheiro à sociedade?". Essa pergunta criou a oportunidade de utilizar o cálculo de porcentagens aprendido recentemente para interpretar o mundo. Aproveitando seus conhecimentos, os alunos compararam o salário e os impostos de um trabalhador médio com os de um jogador de futebol masculino de elite.

O resultado foi muito interessante. Embora alguns leitores possam destacar que as matemáticas entraram assim na sala de aula de forma contextualizada, nós nos interessamos especialmente por esse exemplo porque o fluxo da conversa, guiada pelas perguntas do docente, nos aproximou de uma problemática social. Terminar com o cálculo do dinheiro que os trabalhadores dão em forma de impostos à sociedade gerou a dúvida sobre a igualdade ou a desigualdade em nosso entorno, de forma que o grupo pôde identificar e se afetar por uma dualidade de ricos e pobres que descrevemos muito bem a distância, mas que nos custa identificar em nosso contexto.

Estamos convencidos de que o fato de que mundos conhecidos e desconhecidos entrem na sala de aula facilita a ação e a responsabilidade em relação ao que nos rodeia. Como dizia Roger, a partir da leitura de uma notícia (Figura 5.8), "Se sabemos que o rinoceronte branco está extinto, agora temos razões para levar mais em conta os animais".

Uma frase que ressoa com a necessidade de manter um compromisso com o mundo é a da filósofa Marina Garcés (2013, p. 19):

> Comprometer-se é descobrir o mundo, descobrir-se no mundo. Implantar, agora sim, uma ética e uma política situadas que se separam de se perguntar, cada um, pela presença do mundo em mim e de mim no mundo.

Figura 5.8 Destacamos as ideias mais importantes de uma notícia para poder comentá-la.
Fonte: Juanjo López

A INDAGAÇÃO COMO SENTIDO DE SER

Por fim, como certamente já intuíram, defendemos a importância de encher a sala de aula com nossas respostas, mas também com nossas perguntas, pois, como nos ensinou Jorge Wagensberg (2015), "mudar de resposta é evolução, mas mudar de pergunta é revolução".

Especialmente, nos interessam as perguntas problemáticas, aquelas que não podem ser respondidas com um sim ou um não. Ao contrário de algumas abordagens mais metódicas, na conversa cultural, as perguntas fazem parte de todo o processo. Se as colocamos apenas no início, como ponto de partida do projeto, o caminho que seguiremos será de uma única via. Em contraste, se novas problemáticas forem surgindo, isso ampliará a rede de relações e conexões.

Não se trata apenas de fazer perguntas para encontrar respostas. Trata-se de fazer as perguntas evoluírem para ampliar o contexto ou para aprofundá-lo. Por exemplo, quando o grupo da "Smart class" do sexto ano do ensino fundamental começou seu percurso perguntando o que é um AVC, essa pergunta os levou a questionar como as artérias se obstruem e, finalmente, a se perguntar como o colesterol aumenta (Figura 5.9).

Dora Muñoz, Cati Sbert e Maite Sbert (1996, p. 73) dizem que "As perguntas atuam como geradoras e organizadoras do saber escolar. Assim, elas despertam nosso desejo de conhecer coisas novas, nos ajudam a refletir sobre o próprio saber e o processo de aprendizagem". Por isso, em uma sala de aula em que a indagação é parte de seu sentido de ser, formular perguntas não é sintoma de ignorância, mas fonte de saber. Os alunos também sentem dessa forma e mostram isso no seguinte diálogo, que faz parte da construção da cartografia sobre como aprendem:

> Bru: Outra coisa meio relacionada é que nós fazemos perguntas, mas ao mesmo tempo eu acho que também encontramos respostas. Sempre encontramos respostas. Sempre respondemos as nossas dúvidas. Eu acho isso muito importante para não ficar com dúvidas.
>
> Javi: Por exemplo, da pergunta quem são o Zong Zong e o Hua Hua.
>
> Carla: Ou poderia ser a pergunta de quem são o Zong Zong e o Hua Hua e depois conversamos.

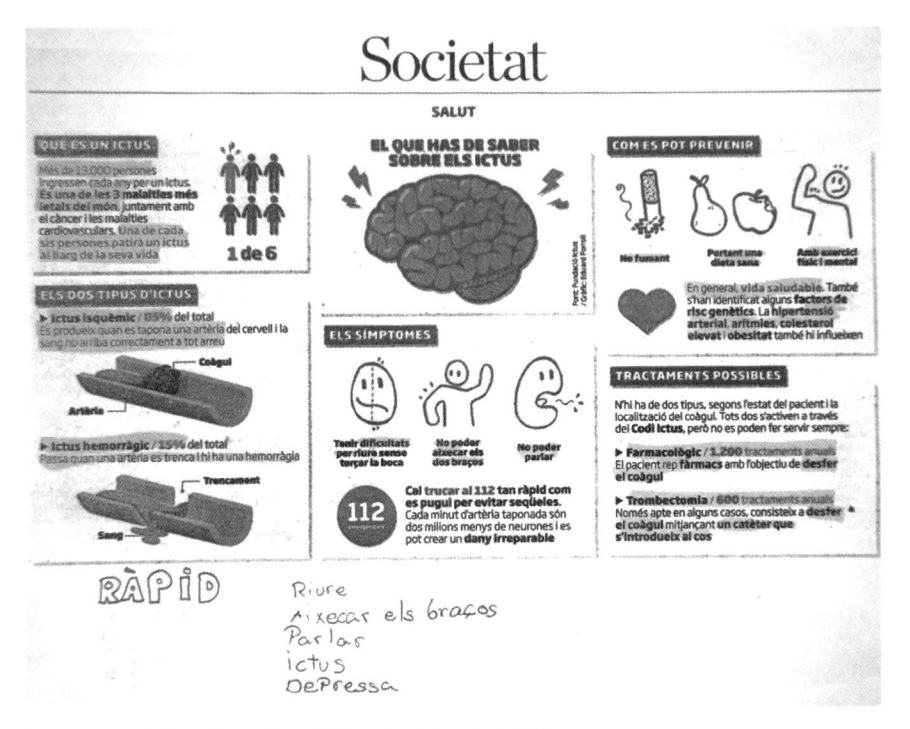

Figura 5.9 Infográfico sobre AVC de La Marató da TV3.
Fonte: Juanjo López

Aída: Para vocês, o que é mais importante, as perguntas que encontram ou as respostas?

Bru: Ambas.

Núria: As perguntas.

Arnau: Eu diria os dois, porque às vezes fazemos perguntas interessantes que respondemos com respostas ainda mais interessantes, ou às vezes fazemos perguntas que são mais interessantes.

Aída: Como pode uma pergunta ser mais interessante do que uma resposta?

Arnau: Às vezes pensamos muito em uma pergunta e às vezes surge uma pergunta que é muito interessante, que nos interessa muito como isso aconteceria. Depois a resposta é algo muito simples e não é tão importante quanto a pergunta que nos fez pensar.

Como assinala Jaume Carbonell (2015, p. 41), por meio do fluxo das perguntas, o professor pode "[...] criar conflitos cognitivos que provocam nos alunos a necessidade de mudar seus esquemas de conhecimento. [...] Ajudar os alunos a aprender a pensar". O professor utiliza perguntas para enriquecer a conversa basicamente em três aspectos: para solicitar mais informação e participação, para transferir a conversa a outro âmbito e para relacionar a conversa com outro tema.

Finalmente, cabe destacar que, num espaço de intercâmbio de ideias provenientes de diferentes fontes, as estratégias de contraste e verificação fazem parte do dia a dia. Somente num espaço onde ideias, hipóteses, perguntas ou respostas não são classificadas como corretas ou erradas há a possibilidade de construir e reconstruir sem medo. Portanto, os conceitos de certo e errado necessariamente mudam no contexto de uma conversa cultural. Como ressalta Mariana Blotta (Abakerli Baptista, 2014, p. 193):

> A partir das experiências nas quais estão envolvidos os sujeitos implicados no processo de aprendizagem, percebemos que há outras maneiras de ver e relacionar-se com a informação, o que faz com que se perceba que o que é verdadeiro para uma pessoa não o é para outras.

Essa é uma forma natural de conviver com a diversidade de perspectivas e aprender sabendo da multicausalidade e da multi-interpretação dos fatos. Nada menos que duas das grandes qualidades para poder aprofundar e discernir com conhecimento de causa. Aqui é onde o professor abre perspectivas, introduz "depende" e condicionais que ajudam a evoluir a conversa. Para a pergunta "O câncer mata?", a resposta vai do "Sim ou não" ao "Sim, mas não", "Não, embora sim"...

Somente a indagação nos permite analisar todo tipo de afirmação contraditória. Por exemplo, quem ganhou as eleições americanas de 2016? É preciso considerar que Donald Trump obteve 304 representantes e Hillary Clinton, 227, mas que o primeiro foi menos votado, pois recebeu 48,5% dos votos populares, contra 48,7% recebidos pela segunda.

Jorge Wagensberg (2014) propunha que "a história da ciência é mais a história das perguntas do que a história das respostas", e nós nos perguntamos se também deveria ser assim a história da vida de uma sala de aula. Com isso, o desafio para uma instituição que se identifica com a transmissão do saber está lançado.

NÓS NOS JUNTAMOS AO TIME

A jornada de aprender e conviver em companhia não é um barco que navega impulsionado apenas pela correnteza, sem timão ou âncora. Requer o acompanhamento ativo do professor, cuja função principal não é mais apenas planejar atividades de aprendizagem, mas também equipar-se com recursos e contextos suficientes para ampliar as perspectivas que emergem no grupo. Ele é um criador de circunstâncias e um agitador do emergente (Anguita; López, 2004). Um facilitador e enriquecedor de rizomas de conhecimento. Segundo Hernández e Ventura (2008, *apud* Abakerli Baptista, 2014, p. 229):

> Uma das atividades que uma professora pode realizar durante o desenvolvimento do projeto é estudar e atualizar as informações sobre o tema ou problema abordado pelo projeto, com o critério de apresentar novidades, levantar questões, sugerir paradoxos, de forma que permita aos alunos criar novos conhecimentos.

Dessa maneira, os professores, como criadores de circunstâncias, possibilitam outras narrativas em que ressoam ideias e dúvidas, e a conversa cultural nos guia para seguir pensando em companhia. Em última análise, trata-se de participar de uma conversa cultural na qual pensar, ser e atuar em uma rede de relações facilite compartilhar e questionar a interpretação e a compreensão da realidade, para desenvolver uma aprendizagem com sentido que flua dentro e fora da escola. E assim seguiremos apaixonadamente estendendo os fios de uma conversa que se entrelaça com as histórias da humanidade, que segue necessitando compreender-nos e compreender, e estenderemos novelos que nos presentearão com tramas complexas para seguir tecendo em companhia.

REFERÊNCIAS

ABAKERLI BAPTISTA, M. B. *Relaciones entre la cultura visual y la perspectiva educativa de los proyectos de trabajo en un trayecto de formación*. 2014. Tesis doctoral (Doctorado en Artes y Educación) – Facultad de Bellas Artes, Universitat de Barcelona, Barcelona, 2014. Disponível em: https://diposit.ub.edu/dspace/bitstream/2445/65287/1/MBAB_TESIS.pdf. Acesso em: 26 ago. 2024.

ANGUITA, M.; LÓPEZ, J. Espacio para la acogida y el diálogo: conversar y reinventarse en compañía. *Cuadernos de Pedagogía*, n. 332, p. 59–61, 2004.

CARBONELL, J. Las pedagogías del conocimiento integrado: los proyectos de trabajo. In: CARBONELL, J. *Pedagogías del siglo XXI*: alternativas para la innovación educativa. Barcelona: Octaedro, 2015. p. 207–246.

CELA, J.; PALOU, J. *Com perdre la por i superar les barreres del pensament crític a l'educació?* 2019. Disponível em: https://fundaciobofill.cat/videos/com-perdre-la-por-i-superar-les-barreres-del-pensament-critic-leducacio-jaume-cela-i-juli. Acesso em: 26 ago. 2024.

FONAMENTS del pensament crític, des d'una mirada filosòfica - Francesc Torralba. [*S. l.: s. n.*], 2019. 1 vídeo (42 min). Publicado pelo canal Fundació Bofill. Disponível em: https://www.youtube.com/watch?v=uDOv-yA0t6Q. Acesso em: 26 ago. 2011.

GARCÉS, M. *El compromís*. Barcelona: Centre de Cultura Contemporània de Barcelona, 2013.

HERNÁNDEZ, F. Los proyectos de trabajo: un mapa para navegantes en mares de incertidumbre. *Cuadernos de Pedagogía*, n. 310, p. 78–82, 2002.

MACIP, S. *Porcs modificats per trasplantar òrgans a humans*. 2015. Disponível em: https://diumenge.ara.cat/diumenge/porcs-modificats-trasplantar-organs-humans_1_1783613.html. Acesso em: 26 ago. 2024.

MALAGUZZI, L. *La educación infantil en Reggio Emilia*. 3. ed. Barcelona: Octaedro, 2011.

MUÑOZ, D.; SBERT, C.; SBERT, M. La importancia de las preguntas. *Cuadernos de Pedagogía*, n. 243, p. 73–77, 2004.

WAGENSBERG, J. *El pensador intruso*: el espíritu interdisciplinario en el mapa del conocimiento. Barcelona: Tusquets, 2014.

WAGENSBERG, J. *Si la natura és la resposta, ¿quina era la pregunta?*. Barcelona: Tusquets, 2015.

Leituras recomendadas

CARBONELL, J. CP "Es Pont", compartir interrogantes. *Cuadernos de Pedagogía*, n. 245, p. 40–46, 1996.

HARGREAVES, A. Sentir-se mestre: les emocions d'ensenyar i el canvi educatiu. *Temps d'Educació*, n. 22, p. 271–292, 1999. Disponível em: https://raco.cat/index.php/TempsEducacio/article/view/126049/246521. Acesso em: 26 ago. 2024.

6

A vida do grupo como lugar para ser em companhia, ou como nos abrimos ao mundo para criar nosso próprio mundo

Irati Lerga

Marisol Anguita

> Acredito que nascemos filhos dos dias, porque cada dia tem uma história, e nós somos as histórias que vivemos.[1]
>
> *Eduardo Galeano*

> Quando você estiver com outras crianças, vocês investigarão a vida?
>
> *Èric (5 anos)*

> Nós, seres humanos, somos organismos contadores de histórias, organismos que, individual e socialmente, vivem vidas contadas.
>
> *Connelly e Clandinin (1995)*

VAMOS DE MÃOS DADAS NA PAISAGEM-AULA

Na sala de aula onde se desenrola a história que contaremos a seguir, meninos e meninas são narradores e narradoras de suas próprias vidas. Imersos

---

[1] Esta citação se encontra na entrevista: VIGLIONE, D. *Eduardo Galeano*: "Somos las historias que vivimos". [2012]. Disponível em: http://www.bitacora.com.uy/auc.aspx?4262. Acesso em: 27 ago. 2024.

nessa história de histórias, tentaremos extrair focos de luz que nos ajudem a pensar e repensarmos, de mãos dadas com duas professoras que cruzaram nosso caminho nessa trama de relações, afetos e saberes.

Relatar em duas vozes, entrelaçadas com 25 meninos e meninas e suas famílias, requer confiança, saber soltar e soltar-se nessa outra pessoa[2] que está contando com você. Estar no cenário sem dizer nada, desfrutando o que contam, narrar, escutar, calar, registrar o vivido... não é simples, mas é necessário. É necessário porque nos permite ter uma experiência de aprendizagem compartilhada, em que respeitamos as outras e seus tempos e compartilhamos um espaço de igual para igual.

No que relatamos, ressoa para mim, Marisol, um dos meus desejos na educação: gerar uma vida compartilhada em que nos acompanhemos. Ressoa em mim a metáfora pessoal da ponte móvel de Guilin, na China: difícil de atravessar se não estiver acompanhada. Uma avó da etnia miao insistiu em me segurar pelo braço para me ajudar a cruzar a ponte que ela conhecia e eu, não. Cruzamos juntas, em equilíbrio sobre a ponte suspensa. Os passos coordenados nos ajudaram a atravessar juntas. Desde então, muitos acompanhamentos, reflexões sobre eles e muita vida têm surgido. Como geramos relações pedagógicas de acompanhamento? Irati e eu nos encontramos na ponte e decidimos atravessar. Apostamos nesta jornada intensa, em que queríamos ser aventureiras da vida e refletir sobre nossas próprias mudanças.

Nesta viagem, contaremos histórias em companhia para arejar nossas vozes e nossos olhares entrecruzados. Convidamos você e nos convidamos a passar um bom tempo contando e lendo histórias de ser e aprender em companhia. Dito isso, como duas narradoras desta história, nos propomos a viver uma aventura de mãos dadas, para lembrar e relatar experiências que nos permitam compartilhar ideias pedagógicas que gostaríamos que lhes servissem para conhecer(-se) e pensar(-se), ajudando-os a ver(-se) em nossas vidas relatadas.

Neste capítulo, compartilharemos o significado que tem a vida em grupo como lugar para ser em companhia a partir da aventura da vida da sala de aula. Refletiremos sobre o que significa a vida na sala de aula como um

---

[2] Ao longo deste capítulo, utilizaremos o feminino sempre que possível, distanciando-nos de um mundo marcado pelo patriarcado e pelo uso do gênero masculino como genérico. Queremos, assim, reivindicar nossa voz.

tecido e sobre como essa história de histórias nos faz ser quem somos. Ela gera um significado que fala de um "nós" que é feito de cada uma das aventureiras deste relato.

A partir das minhas memórias e emoções, a distância, eu me conecto com minha amiga e professora Marisol — diz Irati. E também eu, Marisol, rememoro e mergulho naqueles dias em que arejávamos: viva a vida!, e nos deixávamos sentir: eu sou nós!

A HISTÓRIA DE UM GRUPO DE PESSOAS QUE DESEJA VIVER SUA VIDA

Antes de começar a contar esta história, devemos apresentar as protagonistas principais: as Big Bangs Aventureir@s da vida. As Big Bangs são 25 pessoas de 5 anos que vivem em Ullastrell (Barcelona) e todas as manhãs entram pela porta da Escola Serralavella com o desejo de viver e aprender a vida.

Esse é o mundo delas, onde se movem diariamente e fazem parte da comunidade que as acolhe. Mas elas também olham e investigam além dos eventos que vivem em suas famílias ou na escola. Com isso, queremos destacar que leem livros que despertam seu interesse, conhecem e compartilham as notícias sociais e políticas que ocorrem no mundo e fazem circular as experiências de suas vidas. Em suma, olham para o mundo e refletem para poder se entender e entendê-lo.

No início do curso, em seu terceiro ano juntas, conversaram sobre possíveis nomes para a sala de aula que representassem um mundo que falaria sobre elas. Assim, se abriram para o mundo para criar o nosso. Um mundo que fale sobre nós e nos represente. Esse era o desejo que guiava Marisol. A partir daí, todas se perguntaram algo essencial e corajoso: quem quero ser no mundo? Mas junto com minhas companheiras e companheiros, não sozinha.

Quando começaram a escrever as propostas, emergiram temas que falavam de seus interesses e de sua posição em seus cosmos. Eram desejos que faziam parte de sua vida de aprender: paz, não poluir, tesouros, investigadoras, aventureiras, viajantes, exploradoras...

Os pais de Lucia e Daniela propuseram um dia, na porta da escola, que o grupo poderia se chamar "Aventureiros da vida", já que no ano anterior queria salvar a vida. Essa proposta fala sobre como todas influenciam nesta vida e todas têm voz. Nessa transição, nos questiona Oriol: "E Big Bangs?". Marisol propôs unir as duas ideias, porque com o Big Bang começou a vida na Terra. Um grito unânime do grupo deixa claro que esse nome é o nosso.

Mas por que esse nome é tão chamativo? O que revela? O nome do grupo é uma declaração afirmativa. Revela que estamos diante de pessoas com critério, que decidem como vão viver com os outros e se vinculam projetando quem querem ser. O nome surge do que nos (co)move e afeta.

ENTRETECER NOSSAS VOZES

Quando nos vimos pela primeira vez, Irati estava fazendo o mestrado que eu tinha feito algum tempo antes. Tínhamos em comum Fernando Hernández e Imanol Aguirre, mestres de vida, companheiros e cúmplices. Nós, com muita vontade de nos mover e nos mover juntas, queríamos, como Manen (1998), ter tato no ensino e sentir que viver é (co)mover-se e mover-se (com), e acrescentamos nós. Cruzamos a ponte dispostas a nos olhar profundamente e falar alto — como dizia Unamuno (2006) em *São Manuel Bueno, mártir*.

Quando Irati chegou, as Big Bangs nos esperavam de mãos estendidas. Ela nos diz agora: "Encontrei uma vida de grupo que me convidou a ser em companhia, a fazer parte". E começamos a caminhar. A sala de aula se revela como um possível lugar para nos compreender(mos) dentro do nosso grupo de meninos e meninas, que nos convida a aprender(mos) juntas. A partir dessa posição, nós, professoras, compartilhamos a vida aventureira e desejamos aprender com elas e delas.

Vivemos experiências e temos conversas com o desejo de entender nossas vidas, e não apenas colocar-nos no nosso próprio saber. Tentamos interpretar de onde falamos. Criamos entre todas um código próprio, uma linguagem da vida da sala de aula que está carregada de experiências afetivas, porque, como afirmam Anguita, Hernández e Ventura (2010), aprender é uma experiência afetiva, não apenas uma questão cognitiva. Somos uma rede de afetos em que te acompanhamos e tu nos acompanhas, e entre todas nos cuidamos (Figura 6.1). Bebe[3] nos canta ao ouvido: "Vamos, deixa-me

---

[3] Bebe, "Tiempo pequeño", no filme de J. L. Cuerda. A EDUCAÇÃO das fadas. Direção: José Luis Cuerda. Roteiro: José Luis Cuerda, Didier Van Cauwelaert. [S. l.: s. n.], 2006. 103 min. Título original: La educación de las hadas.

Figura 6.1 Nós nos acompanhamos e cuidamos.
Fonte: Marisol Anguita

acompanhar-te, não é hora de estar sozinha". Rancière (2010, p. 26) nos lembra de que essa aventura "requer espectadores que desempenhem o papel de intérpretes ativos, que elaborem sua própria tradução para se apropriarem 'da história' e fazerem dela sua própria história. Uma comunidade emancipada é uma comunidade de narradores e tradutores".

A partir daí, vamos navegar por esta vida apaixonada, permitindo-nos sentir que não pretendemos ensinar nosso saber, mas (nos) convidamos a nos aventurar pela selva de coisas e signos, relatando o que vimos e o que pensamos e sentimos, abolindo fronteiras e hierarquias de posições, como aponta Rancière (2010).

TECIDO DE RELAÇÕES, OU COMO VAMOS TECENDO A TRAMA

A vida na sala de aula Big Bang faz parte de um rizoma que se pensa em um tecido de relações e de conexões de vida que surgem entre experiências vividas. Para isso, o grupo está aberto ao emergente. Observa e conhece o que acontece ao seu redor, e dessa forma permite que o dentro e o fora da sala de aula fluam e confluam. Somente assim é possível criar um tecido de relações fluido e complexo, em que a vida real se entrelaça.

Descobrir algo novo implica sair de si mesma para chegar à outra, se afetar com ela e aceitar a sua surpresa. Na sala de aula e nas diferentes experiências do grupo com as famílias, aprendemos a nos envolver em um espaço em movimento. Jorge Drexler[4] nos relata nosso sentido de ser no mundo ao cantar que estamos vivos porque estamos em movimento.

O saber atravessado por nossas vidas, enriquecido de vida, é pensado por meio da experiência compartilhada. Por essa razão, é necessário derrubar o muro que separa a escola do mundo. Permitir que a vida real entre na sala de aula significa abrir as portas para as famílias e outras pessoas que queiram compartilhar e nos presentear com suas experiências em nossa aventura. Também se trata de arejar e refazer o caminho da aventura, às vezes com uma notícia que uma colega deseja compartilhar com as outras, com uma visita a uma exposição organizada pelo grupo, com uma saída à natureza com as famílias, com uma voz que nos move... O nós da sala de aula é um nós redimensionado que cresce a cada conexão.

A vida que vivemos é uma vida de valor. Nessa vida, o tecido tem interrupções ou desvios que acabam fazendo parte dessa trama de compreensão. Um rizoma pode ser quebrado, interrompido em qualquer parte, mas sempre recomeça de acordo com esta ou aquela de suas linhas e de acordo com outras (Deleuze; Guattari, 2010). Essa vida de sala de aula rizomática – com saídas, cruzamentos de caminhos, entradas, nós e novos mistérios – se entrelaça horizontalmente e está em constante crescimento. A partir dessa intensidade, Ton e seu pai nos presentearam com um fio que foi tecido com os saberes do grupo e o que queríamos compreender juntas.

A TRAMA DA EVOLUÇÃO

Numa manhã, Ton convidou seu pai para se juntar a nós na conversa. O que não sabíamos naquele momento era que tanto para ele quanto para Putxu, o pai de Ton, aquele era um dia muito especial. Putxu, claramente emocionado, nos disse: "Hoje eu sou a surpresa" (Figuras 6.2 e 6.3). Ele sabia bem que esta vida se enriquecia com as surpresas que cada pessoa trazia para a vida da sala de aula, para se conectar e se entrelaçar na trama. Naquele dia, Putxu completava 40 anos, e seu filho desejava compar-

---

[4] MOVIMENTO. Intérprete: Jorge Drexler. Compositores: Jorge Drexler. *In*: SALVAVIDAS de hielo. Intérprete: Jorge Drexler. [*S. l.*]: Warner Music, 2017. 1 CD, faixa 1.

tilhar isso com o grupo. Ton nos contou sobre a surpresa que preparou para seu pai de manhã cedo. Seu relato e, sobretudo, seu entusiasmo ao contá-lo permitiram que Putxu se sentisse parte do grupo. Todas nós o acolhemos com carinho e compartilhamos um abraço de tribo. Ton nos mostrou um desenho que fez para o aniversário de seu pai (Figura 6.4), e Putxu nos disse que foi o presente de que mais gostou. Era um desenho muito especial. Para eles, e também para nós, esse desenho tinha um grande significado. Era uma representação gráfica da evolução de Putxu, desde quando ele era um macaco até se transformar em humano. Além de dar um significado afetivo para Ton e Putxu, seu desenho, ou melhor, o contexto que ele traz, dialoga com os saberes do grupo sobre a evolução humana. Assim, o desenho serviu como um gatilho para relembrar nossas descobertas sobre a evolução do humano e do não humano e sobre a evolução da vida.

Essa situação mostra como nos afetamos e nos deixamos afetar. Fala sobre nos deixarmos atravessar por relatos que falam de nós, que nos movem e nos comovem, e que nos fazem ser juntas. É arrepiante o fato de Ton decidir que o presente para seu pai será sua própria evolução. Fala sobre a transcendência desse mistério que estávamos desvendando juntas. A partir daquele dia, nos aniversários, primeiro Ton e depois mais pessoas do grupo decidiram presentear com imagens de nossa evolução (Figuras 6.5, 6.6 e 6.7). Esse desejo de compreender cresce e começamos a registrar todas as nossas evoluções para entender como somos agora. Essas histórias passarão a formar parte de uma exposição para toda a escola. Ton continua evoluindo em seus relatos sobre a evolução, e todas nós nos pensamos a partir de quem somos nessa ideia.

Figuras 6.2, 6.3 e 6.4 A surpresa de Ton.
Fonte: Marisol Anguita

Figuras 6.5, 6.6 e 6.7 Traços da nossa evolução.
Fonte: Marisol Anguita

Essa trama da vida continua tecendo-se com outras ideias e outras vozes. Desta vez, vamos compartilhar a reflexão que Ivette nos propôs numa saída para a floresta de Ullastrell, onde fomos buscar materiais para fazer música pré-histórica, outro mistério da evolução. Enquanto caminhávamos juntas pela floresta, Ivette encontrou um caracol marinho e nos contou: "Quando encontrei o caracol marinho, era uma pista de que aqui havia mar. Pensei que a terra tinha sugado a água e ela estava indo embora. Sob a terra há magma que está muito quente e faz com que pedaços tenham energia. Quando a água desapareceu, começaram a construir casas".

Sua voz nos provoca uma reflexão que nos transporta a ser e sentir naquele tempo, há milhares de anos, quando nossa aldeia era nada menos que água. Além disso, nos permite dialogar com outras questões que estão inter-relacionadas. Seguindo essa ideia, Núria pergunta: "Se antes havia mar aqui, como a água desapareceu?". Ela se conecta com a história das conchas e reabre a discussão, criando novos cenários e deixando uma porta aberta para a dúvida e a surpresa. Assim, o tecido de relações de nossa vida na sala de aula se enriquece com a entrada e a saída de saberes. Essa riqueza fez com que nosso desejo de compreender a evolução nos levasse a criar nossa própria linha de vida.

Tínhamos vivido a linha de vida do Museu da Ciência de Barcelona e tínhamos caminhado através das eras para continuar evoluindo. Decidimos que nosso longo corredor se transformaria em um caminho evolutivo, refletindo como nos sentíamos. Tecemos novas ideias a partir de diferentes contribuições. Roc C. trouxe um livro muito antigo, do tempo em que seu pai era pequeno. Ele marcou a página que falava sobre evolução e nos disse: "Éramos nós evoluindo". Joana comentou: "Se você é um macaco e a aldeia tem árvores, você vai para a selva e se torna um pouco macaco, um pouco... humano!". Roc G. replicou: "Eu não! Eu não sou macaco!".

Os textos sobre nossa evolução, as descobertas de cada encontro, de cada mudança, nos significam e nos levam a expressar por onde queremos transitar. Surgem nós de cada momento crucial. Milhões de anos e muita vida. "Quem éramos quando não estávamos? Agora somos evoluídos!" "Mas eu não era um macaco", Roc G. nos lembra, o anti-Darwin da sala de aula. Enquanto isso, Roc C. nos diz que "não éramos macacos, mas evoluímos deles". Nesse vai e vem, Roc G. diz um dia: "Darwin não sabe nada sobre mim ou sobre minha família!".

Outro dia, o tema de se éramos macacos antes volta à tona. Adrián nos conta: "À medida que o cérebro crescia, crescia, estava pensando, estava pensando muito, e nos transformamos em humanos". Algumas vozes ecoam afirmando: "Quando éramos macacos, fomos nos transformando!". Roc G., o anti-Darwin, não consegue aceitar isso e começa a chorar, provavelmente porque a afirmação "antes éramos macacos" é limitada e ele não a compreende. "Eu não era nenhum macaco!" "Você não, seus tataravôs ou ainda mais longe", algumas vozes indicam. Ele tolera isso menos ainda. Em sua casa, ele tem uma árvore genealógica que mostra seus antepassados, e não há macaco lá. Duas amigas se sentam ao seu lado, o tranquilizam e lhe dão razões para entender.

Paula diz a ele: "Você não era o antepassado, eram outros, os primitivos que existiram antes de nós e nasceram antes de nós". E Núria acrescenta: "Os macacos de agora podem ser os macacos de antes". Avançamos assim, entre laços fortes, descobertas, desencontros, incertezas... Enquanto isso, vamos compreendendo por meio desses atos de contar e nos contar.

Nesses dias, morre Jorge Wagensberg, cientista e escritor. Vemos um InfoK[5] sobre suas ideias científicas e percebemos que a pergunta sobre como os dinossauros se extinguiram não é adequada. Wagensberg nos convida a participar da ideia de que mudar a resposta é evolução e mudar a pergunta é revolução. Mudamos a pergunta ao questionar a resposta de que o meteorito foi a causa da extinção. A pergunta não é como eles se extinguiram, mas como se transformaram. Colocamos essa proposição na linha da vida, no momento da extinção. Ton nos lembrou de que ele já havia contado que os dinossauros se transformaram em pássaros.

---

[5] Informativo de notícias para a infância da TV3.

Quando a linha, com 40 metros de comprimento no chão do corredor, estava pronta, decidimos inaugurá-la convidando pais, mães e familiares para percorrê-la. Passamos por cada mudança, por cada momento emblemático de transformação, sentindo e vivendo juntas como evoluímos. As expressões emocionadas no início de nossa jornada juntas são impagáveis (Figura 6.8).

Gerard começa a narrativa da linha dizendo: "Primeiro, a Terra não existia. O Big Bang explodiu e aos poucos a Terra nasceu". A partir daí, avançamos em nossa vida evolutiva, incorporando cada momento da evolução (Figuras 6.9 e 6.10). Sentimos, como Fritjof Capra (1998), que uma comunidade humana sustentável é consciente das múltiplas relações entre seus membros. Por isso, nutrir essas relações, como estamos fazendo, equivale a nutrir a comunidade.

DEIXAMO-NOS TOCAR PELAS SURPRESAS DE NOSSA VIDA COMPARTILHADA

Outra maneira de nos repensarmos é por meio das surpresas, como vimos com o relato de Putxu. Esta é uma vida em que vamos para a sala de aula todos os dias para nos deixarmos surpreender, para pensar e sentir o que nos acontecerá hoje juntas. Surpreender-nos ajudará a conhecer e nos conectar cada vez mais conosco mesmas, com nossos interesses e com o mundo ao nosso redor.

Uma manhã, Ivette nos diz que quer que Àngels fique enquanto começamos a conversar. Àngels tem algo para nos contar e pede a Vero, mãe dos gêmeos Lara e Arnau, que também fique. Ivette nos conta que está triste

Figuras 6.8, 6.9 e 6.10 Em trânsito pela linha da evolução.
Fonte: Marisol Anguita

porque sua mãe mentiu para ela. Nesse sentimento, o "nós" é importante. E é por isso que devemos compartilhar o que elas sentem.

Vínhamos do interesse por fósseis, evolução e dinossauros que havia surgido nos primeiros dias de aula. Ivette apresentou seu diário de férias e sua caixa de tesouros de verão. Na caixa, havia um pequeno dinossauro de plástico, que, ela nos contou, encontrou cavando na floresta. Tinha algumas ferramentas que usou para encontrá-lo. Tudo fazia parte de um desses jogos que simulam como encontrar fósseis e desenterrá-los. Como é pequeno, ela nos diz, é um filhote de dinossauro. Ao que Roc Comella comenta: "Não pode ser, os filhotes de dinossauro são muito grandes".

Ficamos com isso para investigar mais e, quase no final do ano letivo, com todas as descobertas sobre evolução, surge a sensação de mentira. Algumas aventureiras dizem a Ivette que seu fóssil é falso, que é de plástico, e ela sente que seus pais mentiram para ela.

Àngels, mãe de Ivette, conta a todas nós que se tratava de um jogo para imaginar o trabalho dos paleontólogos, porque naquela época Ivette não sabia tudo o que sabemos agora, tudo o que descobrimos juntas. Ela diz que não foi uma mentira, mas uma maneira de se aproximar do que Ivette conhecia naquela época.

Vero, mãe de Arnau e Lara, veio convidada para compartilhar como montaram a festa de aniversário dos dois durante o verão. Eles fizeram sobre a pré-história e também desenterraram fósseis. Mas ela, desde o início, diz a eles que vão simular, e fazem fósseis de massa de sal que vão esconder (Figura 6.11).

Na sala de aula aventureira, tínhamos esses materiais que simulavam fósseis reais, além de muitos outros documentos que íamos descobrindo e explorando sobre esse tema. Descobrimos, com essa cena, que uma menina do grupo precisa compartilhar seus sentimentos, assim como sua mãe. Descobrimos que, nessa conversa contínua sobre o que queremos entender, não estamos mentindo, não há truques, mas vamos nos aproximando de nossas hipóteses e ideias sobre o que precisamos compreender.

O que foi relatado nos leva a destacar que aprendemos dizendo "nós", como nos diz Marina Garcés (2013). A partir desse "nós", podemos nos perguntar qual é o significado que temos na vida das outras e o que geramos quando nos vinculamos a essas vidas.

Figura 6.11 Vero e Àngels convidadas a compartilhar seus relatos.
Fonte: Marisol Anguita

ESTA VIDA É A NOSSA!

Nossa vida de sala de aula está em constante movimento porque estamos comprometidas com um mundo comum, que é o nosso. Marina Garcés (2013, p. 11) define esse compromisso da seguinte forma:

> Isso significa deixar-se afetar, deixar-se tocar, deixar-se interpelar, saber-se requisitado, ver-se preocupado: entrar em espaços de vida que não podemos aspirar a controlar completamente, envolver-se em situações que nos excedem e que exigem de nós inventar respostas que talvez não tivéssemos e que com certeza não nos deixarão iguais.

As aventureiras estão conscientes de que, no próximo ano, uma das colegas do grupo não estará mais com elas: Marisol, a pessoa que as acompanhou durante três anos em uma aventura de aprendizagem e descobertas.

Em um momento em que os afetos brilhavam no espaço da sala de aula, celebrávamos o aniversário de Daniela e Marisol (Figura 6.12), ambas nascidas em 29 de fevereiro, e preparávamos alguns cadernos de presente para escrever nossas aventuras. Éric Castillo me olha e pergunta: "Quando você

Figura 6.12 Preparando o aniversário de Marisol e Daniela.
Fonte: Marisol Anguita

estiver com outras crianças, vocês investigarão a vida?". Suas palavras me tocam e começo a chorar de emoção.

Essa pergunta move todas nós e nos oferece um novo fio para esticar e refletir. Com certeza, essa pergunta estava tecida com a vivência de uma exposição no Centro de Cultura Contemporânea de Barcelona (CCCB) em que artistas e filósofos afirmavam que a vida que conhecemos já havia acabado. Seu título era: *Depois do fim do mundo*.

Outro dia, resgatamos a reflexão que Éric fez a Marisol. "Por que você acha que aqui aprendemos sobre a vida?" Ao que Éric respondeu: "Porque aqui estamos sempre falando sobre a vida...". E Lucia replicou: "Eu adoro a vida que fazemos aqui!". E algumas pessoas, lideradas por Joana, começaram a gritar: "Viva a vida! Viva a vida!".

Escrevemos sobre esses dias em tempos de pandemia e confinamento, e é totalmente premonitório. Um vídeo nos recebia na exposição com uma voz em *off* que dizia: "A vida quer viver". Ton, nosso filósofo particular, traduziu isso como "A vida quer vida" (Figura 6.13). Diante disso, Lucia nos disse: "A vida quer viver porque, senão, morre".

Ton, em outro momento, desenvolveu sua teoria: "Eu antes pensava que, quando a Terra morresse e as pessoas também, o Big Bang começaria novamente. A vida quer vida, a vida está acabando e quer vida. Se não poluirmos, terá mais vida, mais vida, e se tornará maior e cobrirá todo o universo".

Figura 6.13 Representação de Ton expressando que a vida quer vida.
Fonte: Marisol Anguita

E foi assim que, imersas em pensar a vida e viver nossa vida de sala de aula juntas, Éric nos presenteou com essa pergunta tão transcendente que ainda ressoa e nos emociona.

COMO DEIXAR-SE COMPROMETER É APRENDER A DIZER NÓS

A voz de Marina Garcés nos ajuda a compreender o "nós" que criamos e espalhamos com o grupo Big Bang. Deixar-se comprometer também é aprender a dizer "nós". Pensar o que este mundo diz sobre nós para nos apropriarmos de nossa vida. Perguntar-nos, como Marina Garcés (2013), sobre a presença do mundo em nós e de nós no mundo.

No projeto de vida da sala de aula, cada uma de nós existe porque somos. Cada uma de nós deixa de ser sozinha para ser em relação com as outras. A vida depende de todas, do que somos e de como nos movemos dispostas a mudar de lugar.

Minha voz nos leva agora ao momento em que me movi e as movi apresentando minha própria linha (Irati). Quando apresentei minha linha da vida (Figura 6.14), um relato visual que criei para compreender como me movia no grupo, recebi um convite das Big Bangs para ser, sentir e aprender em companhia. O grupo estava reunido em círculo, e eu, fora, com meu caderno. Opinaram que eu também deveria estar no círculo e, como disse Gerard, era simples, "só precisava de um tapete voador". A partir desse momento, comecei a viver conscientemente uma aventura em companhia. Descobri-me no mundo e descobri-me nesse mundo, como nos diz Marina Garcés.

Nesse relato, foi lindo ver como a vida relacional foi sendo tecida. Como, a partir do que eu contava, as pessoas do grupo se vinculavam com base em seus saberes. Criavam idas e vindas, bifurcações, desvios que cartografavam e enriqueciam minha linha, sentindo que agora era de todas.

Aquele dia, Ivette e Éric me acompanharam com suas descobertas sobre a Terra. Acompanharam-me com carinho Christian e Daniela. Todas as Big Bangs me fizeram viver!

Em meio a tudo isso, enquanto nos descobríamos no mundo, decidimos apresentar nossa vida às crianças de 2 anos que chegariam à escola no ano seguinte. Convidamos elas para viver nossa vida uma manhã e decidimos recriar, para antecipar-lhes, alguns momentos de nossas primeiras vivências na sala de aula e na escola que nos haviam emocionado.

Chegou o dia em que as meninas e meninos do Cucut, a Escola Infantil de Ullastrell, vieram compartilhar a manhã conosco (Figura 6.15). Nós, as

Figura 6.14 Irati apresentando sua linha da vida.
Fonte: Marisol Anguita

Big Bangs estávamos terminando nosso caminho na educação infantil, e as crianças de 2 anos, o seu no Cucut. Nesse tempo de transição, ressoam vozes como a de Christian, que relaciona o encontro com nossas mudanças e nos diz: "Éramos pequenos e fomos crescendo, e, quando éramos grandes, íamos ao Cucut e nos tornamos pessoas, pessoas, pessoas". Daniela, que ia receber seu irmão Iago, nos diz: "Aqui todas somos professoras e hoje seremos professoras dos do Cucut, porque lhes ensinamos a vida".

Decidimos compartilhar o ritual de abrir nossa caixa de surpresas e guardamos ali livros e diferentes objetos com os quais iniciamos nossa vida há três anos. Saiu nosso conto preferido: "Onde vivem os monstros", de Maurice Sendak (1963), com todos os monstros que havíamos acumulado. Nós nos abraçamos e ficamos juntas — todas as pessoas que iniciavam uma nova jornada: as amigas, os irmãos, as primas. Também as professoras do Cucut, que haviam sido as nossas. Vivemos uma experiência relacional única que nos presenteou com uma manhã emotiva, cheia de lembranças e vivências por descobrir.

As pessoas do Cucut nos trouxeram seus conhecimentos e afetos, e nós lhes mostramos os nossos. Assim, foi possível abrir uma nova entrada no tecido de relações da sala de aula e fazer com que o dentro e o fora confluís-

Figura 6.15 Visita do Cucut à escola.
Fonte: Irati Lerga

sem. Entendemos essa maneira de aprender em companhia, a partir de uma posição em que somos professoras umas das outras, e por isso nossa vida juntas depende de todas, do que somos e do que movemos para continuar nos movendo.

SER UMA BOA PROFESSORA, OU COMO SER AUTORAS DO NOSSO CAMINHO DE APRENDER

Até agora, aos professores foi dito não só o que devem fazer, mas como devem ser. Isso fez com que, em grande medida, tenham construído seu ser docente mediado por desejos, intenções e propostas de outros. Hernández nos diz, no prólogo de Goodson (2004, p. 24): "O que acontece se ninguém nos disser que tipo de professor podemos ser, mas nos convidar a ser professores uns dos outros?".

Fechamos este relato contando uma aventura que vivemos quase no final desses três anos de viagem. Irati vai a Pamplona, à sua casa, e se encontra com Imanol e suas alunas do curso de magistério. As cumplicidades com nosso amigo e mestre nos envolvem em um novo fio. Imanol e suas estudantes nos perguntam: "Vocês, que dizem que todas são professoras, podem nos contar o que é ser uma boa professora?". As meninas e as famílias se envolvem nessa pergunta.

Sem suas perguntas, companheiras que aprendem e investigam para ser professoras e a correspondência como mediadora de aprendizagem, não poderíamos ter expressado estas palavras que definem profundamente o que é ser uma boa professora.

Recebemos a pergunta das estudantes de Pamplona: o que é para você uma boa professora? Ela nos permite pensar que tipo de professoras queremos ser. Começamos a conversar sobre essa demanda com as aventureiras. Propusemos a elas que falassem sobre a ideia de ser professora. Dissemos que não tinham de pensar em nós, as professoras que tinham por perto. E começamos a dialogar. Aqui escolhemos alguns fragmentos de suas vozes, tão potentes, para não nos alongarmos.

"Aqui todas somos professoras", gritam em uníssono. E começam a destilar ideias como: "Não castigam e são amigas de todo mundo", "Fazem a paz!", "Brincam, são amigas e se gostam", "Ouvem muito quando você diz uma ideia importante". Muitas vozes destacam: "As professoras fazem aventuras!". Diante disso, Daniela nos diz: "Eu gosto muito de como você faz as aventuras", "São tranquilas como você", "Tem que investigar!". Daniela aprofunda dizendo: "Tem que saber muitas coisas e dizer coisas importantes". "Claro", diz Ton, "para ser um bom professor, você tem que estudar muito", "E que seja tranquilo e que se emocione!". E Christian nos lembra: "A professora tem que dizer aos neurônios para não pensarem na guerra", "Então, salvemos a vida juntas!". Daniela nos aponta: "Você sabe fazer as melhores aventuras juntas! Por isso você tem direito a ser professora"... Suas vozes avalizam que aprendemos a ser aventureiras da vida.

Implicamos as famílias nessa conversa. Se sentíamos que todas éramos professoras umas das outras, todas devíamos ter voz nessa indagação. Àngels nos diz que a professora "deve saber escutar, empatizar e ser apaixonada pelo trabalho que faz e pela vida. Tem que ser uma boa comunicadora, tem que se deixar ensinar e surpreender pelos outros". Vero nos propõe que "uma boa professora sabe escutar, acompanha e sente o que faz, emociona e se emociona". Isabel nos diz: "E você me pergunta isso? Uma boa professora é você".

Nesse ponto, continuo pedindo às famílias que respondam em geral, pontuo que não estamos falando de mim... "É difícil separar", me dizem, "já há muitos afetos tecidos". Fanny nos diz que "uma boa professora tem que amar a educação. Ouvir e aprender com seus alunos. Tem que estar comprometida com o mundo e amar a vida".

Laura nos diz que "é uma pessoa apaixonada pelo seu trabalho e com uma capacidade incrível de ouvir os outros e dar-lhes voz. Sabe tirar o melhor de cada criatura e tem uma paciência sem limites".

Maica nos diz que "tem que ser criativa, tem que estar motivada e motivar", e, como diz Èric, "tem que ensinar a salvar a vida!". Montse nos diz que "a professora toma notas porque ouve e tenta interpretar o que move e comove cada pessoa". Gema nos fala que "tem que ser amável, carinhosa, simpática, empática, tem que amar e se deixar amar, tranquila, tem que saber ouvir". Conversando com Imanol, pensamos que redimensionamos o dentro/fora da escola e que, agora, também o nós da sala de aula é um nós redimensionado.

Mireia nos conta que "uma boa professora, considerando as que ela conheceu, ama o que faz e se apaixona. Sabe tratar as crianças como pessoas, acredita nelas, em seu potencial criativo. Também sabe estender o fio de cada criança. Abaixa-se e olha nos olhos. É uma guia. Um pouco Mary Poppins!".

Uma boa professora, nos dizem Mila e Jesús, "faz aprender com espírito crítico, abrindo os olhos para o mundo que nos cerca; é aquela pessoa que acompanha e compartilha a vida com nossas filhas e filhos". Jesús nos comove ao dizer: "Alguém capaz de transmitir conhecimento e contagiar a paixão por aprender, por saber, por querer destrinchar a essência das coisas. Alguém com quem aprender seja tão natural quanto respirar. Compartilhar essa louca paixão que fica para sempre em cada um dos corações de todos. No final, um bom professor é aquele que seu coração lembra quando passaram muitos anos. Aquele que te ensinou a mover as asas e brincou de nos ensinar a gravidade e os ventos. Aquele que você sabe que faz parte de cada batida de asa ao longo do nosso voo. Esse sem dúvida seria um bom professor". Sonia e Javi fecham esse diálogo propondo que as crianças, as mães e os pais "a amem e a admirem tanto como professora quanto como pessoa".

Com todas essas ressonâncias de guia, nos últimos dias de viagem, Sonia, a mãe de Oriol, encontra uma metáfora que acolhe nossos desejos de ser e nos diz que pensou na nossa vida juntas. Algumas tribos africanas acreditam, como as aventureiras, que "eu sou porque nós somos", e a essa ideia chamam *ubuntu*. Envia-nos uma representação de uma tribo que sente *ubuntu* e decidimos representá-la como uma despedida (Figura 6.16).

Na nossa despedida, organizamos uma festa em que enviamos um vídeo para as estudantes de Pamplona e dissemos adeus a esta vida tão intensa e bonita. Comemos melancia e gritamos "Viva a vida!", como Frida Kahlo. Nós nos presenteamos com momentos de corridas e balões de água que irradiavam esse tremor de vida que sentimos.

Eu, Irati, também desejo contar o que significa para mim ser uma boa professora a partir da minha experiência com as Big Bangs e meus aprendizados posteriores com outras crianças. Uma boa professora trilha um caminho de aventuras em companhia das pessoas do grupo. Vive em um aprendizado contínuo. Cada dia que entra na sala de aula, escuta seus alunos, porque, como diz o Pequeno Príncipe, "o essencial é invisível aos olhos". Assim, se deixa levar pelo desenrolar do grupo. Investiga, descobre e compartilha com as demais professoras e professores, com as famílias, com todas as pessoas que compartilham esta vida. Mas é certo que hoje em dia as professoras não conhecem essa maneira de ser na sala de aula quando cursam seus estudos universitários. Elas conhecem quando se deixam viver e colocam seus afetos em movimento junto com um grupo de meninas e meninos.

Figura 6.16 Representando o sentido de *ubuntu*.
Fonte: Irati Lerga

E você, já se encontrou com uma vida de grupo que a convida a ser em companhia? Já a convidaram alguma vez a serem professoras umas das outras? E você, quem a acompanha? Nós somos acompanhadas por Drexler (MOVIMIENTO..., 2017), com sua canção, enquanto lembramos como caminhamos juntas, nós duas, família e meninas, todas professoras, rumo à cratera do Cruscat: "Somos uma espécie em viagem. Não temos pertenças, mas bagagem. Vamos com o pólen ao vento. Estamos vivas porque estamos em movimento".

REFERÊNCIAS

ANGUITA, M.; HERNÁNDEZ, F.; VENTURA, M. Los proyectos, tejido de relaciones y saberes. *Cuadernos de Pedagogía*, n. 400, p. 77–84, 2010.

CAPRA, F. *La trama de la vida*. Barcelona: Anagrama, 1998.

CONNELLY, F. M.; CLANDININ, D. J. Relatos de experiencia e investigación narrativa. *In*: LARROSA, J. et al. *Déjame que te cuente*: ensayos sobre narrativa y educación. Barcelona: Laertes, 1995. p. 11–59.

DELEUZE, G.; GUATTARI, F. *Rizoma*. Valencia: Pre-Textos, 2010.

GARCÉS, M. *El compromís*. Barcelona: Centre de Cultura Contemporània de Barcelona, 2013.

GOODSON, I. F. (ed.). *Las historias de vida del profesorado*. Barcelona: Octaedro, 2004.

MANEN, M. *El tacto en la enseñanza:* el significado de la sensibilidad pedagógica. Barcelona: Paidós, 1998.

MOVIMIENTO. Intérprete: Jorge Drexler. Compositores: Jorge Drexler. *In*: SALVAVIDAS de hielo. Intérprete: Jorge Drexler. [*S. l.*]: Warner Music, 2017. 1 CD, faixa 1.

RANCIÈRE, J. *El maestro ignorante:* cinco lecciones sobre emancipación intelectual. 2. ed. Barcelona: Laertes, 2010.

UNAMUNO, M. *San Manuel Bueno, mártir*. 26. ed. Madrid: Cátedra, 2006.

Leituras recomendadas

BENEDETTI, M. *El amor, las mujeres y la vida*. 10. ed. Madrid: Visor Libros, 2003.

RANCIÈRE, J. *El espectador emancipado*. Vilaboa: Ellago, 2010.

7
O papel do diálogo na relação pedagógica, ou como algumas mentes solitárias começaram a conversar e a enfrentar seu medo de não conhecer

Jaione Arróniz

Marisol Anguita

> Compreender e aprender talvez sejam, em última análise, atividades rigorosamente individuais. Mas sempre ocorrem no extremo de alguma forma de conversa [...]. Conversar é talvez o melhor treinamento que um ser humano pode ter para ser um ser humano... Não me lembro de ter conversado muito durante os 20 anos que passei nas salas de aula.
>
> *Jorge Wagensberg (2000)*

O DIÁLOGO COMO ESPAÇO PARA APRENDER EM COMPANHIA

Este relato trata de um encontro, de um cruzamento entre pessoas apaixonadas que começaram a dialogar para perder o medo de não saber. Isso ocorre em uma sala de aula chamada "voadora". Foi nessa vida voadora que Marisol e Jaione se conheceram, junto às 22 Voador@s Misterios@s de 4 anos. Mergulhamos aqui em um trânsito apaixonado guiado pelo diálogo. Uma vida dialógica que pudemos repensar, aprofundando como isso acontecia.

Os espaços onde se encarna a Perspectiva Educativa dos Projetos de Trabalho (PEPT) estão cheios de vida. Cheios de circunstâncias de aprendizagem complexa, mutável, constante e em companhia. Um aprendizado em que meninas[1] e professoras ensinam ao mesmo tempo que aprendem. As hierarquias se rompem, havendo horizontalidade no dia a dia para que se possa dialogar entre iguais. Essa igualdade de condições não significa que todas as pessoas que participam da sala de aula sejam iguais; pelo contrário, leva-se muito em conta a realidade de cada uma, o que cada pessoa é e pode aportar, mas todas as vozes ressoam, fazem parte e contribuem com riqueza nessa vida de aprender juntas.

Todas somos criadoras e participantes ativas da nossa própria aprendizagem. Somos um grupo diverso, formado por um conjunto de individualidades, em que a aprendizagem se dá em companhia. Convivemos compartilhando dúvidas, inquietações e saberes de cada uma. Nesse compartilhar, o diálogo é fundamental. O diálogo vai além de expor o que pensamos; ele é o motor dessa vida compartilhada, nos move e nos comove, nos presenteia com mistérios que nos fazem avançar juntas. Como quando, falando sobre voar até o espaço, Marc A. nos presenteia com uma pergunta: "Não sei por que a Terra nos aguenta; se os sapatos estivessem colados ao mundo, ficaríamos como uma estátua". Ao passo que Joaquin replica: "Mas como nos aguentamos no mundo? A Terra, que é o nosso mundo, nos aguenta e não sabemos por quê". Para entender isso, devemos voar de mãos dadas com o diálogo (Anguita; López, 2004, p. 61):

> O diálogo nos move, nos organiza, nos situa, vai construindo a narração. Não é falar por falar. Trata-se de conversar, dialogar, cooperar intelectualmente, discutir de maneira argumentativa, valorizar diferentes posições.

Cada pessoa tem sua opinião e sua maneira de ver a vida, portanto não há uma única resposta para os mistérios, conflitos e questões que vão emergindo. É importante destacar que todas as vozes têm um lugar para ressoar na sala de aula. Todas as vozes se entrelaçam na narrativa, trazendo valor a essa vida compartilhada, possibilitando que, por meio da escuta ativa e da valorização de cada contribuição, demos espaço às vozes silenciadas ou

---

[1] Queremos esclarecer que não reproduzimos a linguagem hegemônica por considerá-la sexista, já que identifica o homem com o mundo em si, produzindo uma masculinização do pensamento e uma ocultação da mulher e do feminino. Frente a isso, preferimos utilizar o feminino plural como genérico para nos referirmos a elas e a eles. Quando falamos de pessoas concretas, se for um homem, recorremos ao gênero masculino, mas, se a maioria for mulher, continuamos a utilizar o gênero feminino. No caso das citações, mantemos o gênero original.

silenciosas, provocando que estejam presentes com base em quem são e como querem se mostrar. Queremos que o diálogo seja significativo, complexo e vinculado ao que desejamos compreender.

Todas as pessoas precisam se sentir ouvidas e empoderadas da mesma forma. Ter voz própria faz com que Esther nos presenteie com um novo mistério sobre voar: o espaço não acaba nunca, nem o céu, nem os números, porque são infinitos. Mergulhemos nesse infinito.

O diálogo é uma ferramenta importante para a aprendizagem individual e coletiva, com a qual se constrói uma narrativa de vozes diferentes costuradas, uma conversa dinâmica, em movimento, que gera reflexão e indagação. Não é uma simples exposição em que os ouvintes mal podem esperar que um termine para poder começar sua própria história pessoal; pretende ser vinculado, e não desarticulado. São situações em que se escuta e se participa ativamente, e se vai construindo um saber pessoal único e crítico. Falamos do pensamento crítico entendido como construção de saber que não se contenta em acolher as opiniões dos outros ou verdades absolutas como próprias, mas cada um vai construindo seu próprio relato. Para situar o diálogo como mediador de aprendizagem, temos presente a seguinte descrição que Fernando Hernández (2002, p. 79) oferece:

> O diálogo exige que as pessoas estejam envolvidas na conversa de maneira espontânea, construindo-a a partir das ideias dos outros. O que exclui as intervenções das professoras para que os alunos respondam com a resposta prefixada como a única verdade a ser alcançada. O diálogo implica que as pessoas estejam abertas a novas ideias e formas de pensar, a novas maneiras de ser, e que não estejam fechadas em seu próprio ponto de vista. [...] Em resumo, estejam dispostas a assumir riscos e desafios que as convidem a uma busca permanente de seu "lugar" para aprender.

Para nos deixarmos seduzir e nos envolver em um diálogo que nos ajude a conhecer e nos conhecer, o espaço-tempo em que isso ocorre tem que ser amigável e de confiança (Figura 7.1). Deve haver um clima em que as diferentes identidades se sintam integradas, em que se possa compartilhar opiniões e emoções de maneira fluida e sem medo de julgamentos.

É necessário transformar a sala de aula em um espaço que dialogue com o conhecer. Uma sala de aula que nos convide a conversar e a crescer juntas. Tem de ser um contexto de cumplicidade, em que cada emoção que surgir,

Figura 7.1 O círculo como espaço de conversação e diálogo.

cada questão, tenha seu espaço de escuta. Onde se duvide do que já se sabe. Onde nos aprofundemos no que queremos aprender ou possamos levantar novas perguntas com a certeza de que o apoio das colegas fará com que um pensamento individual se converta em uma investigação coletiva.

Os espaços de conversa são situações em que as pessoas da sala de aula têm a oportunidade de compartilhar seus interesses ou inquietações, ao mesmo tempo que são espaços para organizar o processo de aprendizagem. Fernando Hernández (2002) recorre várias vezes à expressão "conversação cultural", sugerida por Kincheloe (1993), e especifica o seguinte:

> Nesta conversa trata-se de dar sentido (na medida em que se conecta com as perguntas que deram origem aos problemas que abordamos e com os questionamentos que os sujeitos se fazem sobre si mesmos e o mundo) e transferi-lo para outras situações.

Ao entender a conversa dessa maneira, vemos uma clara relação entre a PEPT e a conversação, transformando essa última em um dos eixos dessa perspectiva educativa. Na conversa, entrelaçam-se todas as experiências de cada participante e se constrói uma narração global em que todas somos protagonistas. A vida da aula é uma história de histórias que se vão tecendo nesse diálogo compartilhado.

As famílias e qualquer convidada que queira tecer o diálogo conosco passam a fazer parte dessa vida compartilhada. Como quando Rosa, uma mãe, nos contou como se sentia em relação à vida de aprender que compartilhávamos, e nos disse: "Sara mudou muito. Antes era muito tímida e não explicava nada. Agora nos pede para trazer coisas para a escola relacionadas com tudo o que vocês vivem. Agora tem uma história para contar" (Figura 7.2). Que revelador ter histórias para contar que nos ressoem e nos façam dialogar e refletir.

A conversa pode se orientar de diferentes maneiras, e nunca se sabe para onde vai nos levar, mas adentramos nela dispostas à surpresa e ao mistério. Os mediadores implicados — desde colocar materiais concretos mediando o que estamos conversando até levar convidados à aula, dialogar com vídeos de pessoas que lançam luz sobre o que queremos descobrir... — provocam bifurcações, derivações e novos mistérios.

Os mediadores oferecem e facilitam situações de aprendizagem que vão se vinculando com as necessidades e os desejos associados ao que queremos compreender. Nessas situações de conversa, geram-se estratégias de reflexão e indagação, mas trata-se de um processo no qual é necessário acompanhar

Figura 7.2 Sara tem uma história para contar.

o diálogo como uma participante a mais, como alguém que gerencia e ao mesmo tempo faz parte.

O papel da docente é assegurar as condições apropriadas para uma conversa na qual todas as pessoas se sintam implicadas e estimular um diálogo respeitoso entre todas as participantes do grupo. Na pesquisa realizada por Wells e Mejía Arauz (2005), eles nos dizem que o diálogo nas aulas apresenta situações de ensino e aprendizagem por meio da indagação. Eles utilizam a expressão "construção do conhecimento dialógico" para se referir à aprendizagem que se desenvolve de uma forma participativa e comunicativa na sala de aula. Atribuem às docentes, em cada caso, um papel ativo como organizadoras e coordenadoras das situações de aprendizagem do grupo e como coparticipantes na busca de significado e compreensão.

Como quando, dando corda ao interesse de compreender como nascemos e por que os médicos sempre escutam o coração dos bebês, foram convidadas a mãe de Esther, Anna, e a de Aïna, Elisabeth, com um aparelho para ouvir o coração. As convidadas e seu relato envolvem todas nós e nos fazem participar e continuar dando corda a novas perguntas que o encontro nos proporciona (Figuras 7.3 e 7.4).

Telma nos diz: "Eu tenho muitos corações, aqui, aqui, aqui e aqui. O médico escuta em muitos lugares". Novo mistério à vista!

Sempre se dedica algum espaço à conversa nas salas de aula, mas isso não significa um diálogo em que se gere reflexão e indagação. As assembleias com as quais se começam os dias na educação infantil podem cair em uma repetição e ser dirigidas exclusivamente pela professora. Esse momento de

Figuras 7.3 e 7.4 Escutar o coração dos bebês.

encontro coletivo, do nosso ponto de vista, pode ser encarado como um espaço de tomada de decisões e aprendizado comum, participativo e horizontal. Como um espaço de criação, investigação e reflexão.

COMO O DIÁLOGO É GERADOR DE REFLEXÃO E INDAGAÇÃO

Para analisar mais profundamente como o diálogo é gerador de reflexão e indagação na PEPT, vamos nos concentrar em três perguntas:[2]

- Que estratégias de reflexão e indagação[3] a professora gera em sua participação na conversa cultural que ocorre na sala de aula?
- Como a reflexão e a indagação são geradas na conversa cultural?
- Que tipos de reflexão e indagação ocorrem na sala de aula das Voador@s?

Para refletir sobre essas questões, continuaremos a explorar a realidade da sala de aula das Voador@s Misterios@s de 4 anos, em que essas questões emergiram. Foi essa vida de sala de aula que nos proporcionou essa indagação. O nome que escolheram para falar desse "nós" e que dialogará para compreender e compreender-se já nos dá pistas do desejo de se aprofundar em um dos mistérios da humanidade: se as pessoas podem voar. Esse mistério se entrelaçará com muitos outros itinerários de indagação nessas conversas em que esse grupo dialogará para compreender. Meninas e meninos convivem em uma sala de aula como um espaço de reinvenção de um grupo que quer aprender em companhia e ser autor de seu próprio caminho de aprendizagem. O diálogo as ajudará a conectar mistérios, questionamentos e propostas que as convidarão a serem juntas.

---

[2] Essas três perguntas são fundamentadas na pesquisa realizada por Jaione como parte de seu trabalho final de mestrado. A pesquisa foi conduzida na sala Voador@s Misterios@s (4 anos), na escola pública Serralavella de Ullastrell, cuja professora era Marisol Anguita.

[3] Ao usar o termo "reflexão", Jaione se refere ao processo de análise da situação que possibilita buscar as ferramentas apropriadas para resolver as diferentes problemáticas que surgem para as pessoas envolvidas. É importante levar em conta as experiências e os conhecimentos prévios das crianças para ter uma ideia mais concreta sobre a realidade e poder reconstruí-la. Por outro lado, quando se refere ao termo "indagação", relaciona-o com a disposição para aprender e descobrir novos horizontes, mesmo que isso signifique enfrentar o desconhecido para poder seguir avançando.

Que estratégias de reflexão e indagação a professora gera em sua participação nas conversas culturais que ocorrem na sala de aula? Na conversa cultural que se gera na vida da sala de aula das Voador@s, entrelaçam-se diversas estratégias. Elas convivem simultaneamente, influenciando umas às outras para criar novos caminhos de investigação. As estratégias de reflexão e indagação que a professora gera são as seguintes:

- **Perguntas:** questionamentos para ajudar as crianças a buscar e avançar no processo de indagação. As perguntas são geradas por vários motivos: o desejo de saber coisas novas, a reflexão sobre o próprio saber, a busca por novos conhecimentos ou a revisão do próprio processo de aprendizagem. Diante dessa complexidade, é necessário provocar perguntas com sentido, evitando que surjam de maneira isolada. As crianças também geram essas perguntas, assim como o fazem outros participantes da vida da sala de aula, como famílias ou pessoas convidadas.
- **Crises:** situações-limite que desestabilizam as afirmações durante o diálogo para provocar e fazer emergir mais perguntas. Essas situações de dúvida normalmente são geradas por perguntas que ajudam a aprofundar e esclarecer as ideias de cada pessoa.
- **Mediadores:** diferentes recursos, pessoas, documentários, etc. envolvidos nas conversas que permitem estabelecer relações entre os aprendizes e o itinerário de indagação. Nas conversas em que há algum tipo de mediador, as crianças podem se conectar com eles para facilitar sua participação. Esses mediadores podem ou não ter relação direta com a intenção da docente ou das outras pessoas que participam da conversa, mas sempre carregam novos conhecimentos. Essa estratégia ajuda a professora tanto a retomar temas que não foram encerrados quanto a criar novas rotas para explorar.
- **Escuta ativa:** interpretação do que é evidente e do que está oculto. A professora, além de participante da conversa, é organizadora e guia, e para isso precisa estar sempre atenta. É impossível abranger tudo o que acontece na sala de aula, mas, quanto mais atenta ela estiver, mais significativa poderá ser a resposta. Para não romper o vínculo que a criança cria em seu relato, é preciso escutar e tentar interpretar o que ela está dizendo e o que não está, para depois poder ajudá-la a dar continuidade.

- **Vocabulário da professora:** a linguagem específica da professora evita o linguajar infantilizado e recorre a palavras como investigar, representar, conectar, guardar as ideias, propor, pensar, concentrar-se, relacionar... Dessa maneira, reabre temas anteriores, questiona respostas únicas e ajuda a construir e interiorizar o que foi aprendido. Ela envolve e empodera os alunos nas investigações que estão vivendo, tornando-os participantes ativos de sua aprendizagem.
- **Vinculação de temas:** trata-se de não segmentar nem fechar o que está sendo aprendido, para ter a oportunidade de continuar construindo um relato transversal, complexo, integrado e entrelaçado.

A conversa a seguir tenta esclarecer o que queremos compartilhar nesta seção. É formada por perguntas, crises, escuta ativa, vocabulário da professora e vinculação de temas. Apesar de, neste momento específico, não haver mediadores concretos, eles têm uma presença contínua na sala de aula. Isso faz parte de uma conversa em que cada uma pode expor o que quiser. Quem quiser falar, levanta a mão, e a ordem é respeitada.

Entre os itinerários de indagação gerados por essa trama complexa que é o projeto de vida de aula, interessa-lhes voar, compreender como nascemos e morremos, como pessoas e animais são por dentro; isso nos fez falar sobre o corpo por dentro, o esqueleto, o coração e o que acontece se ele parar, etc. Nesse caminho, surgiram desejos de entender quem é perigoso para quem, por que há animais em perigo de extinção, como é que há pessoas que fazem guerra... Conversar sobre o esqueleto e o papel que tem no corpo nos leva a diferentes posições e olhares.

Marc V.: Eu tenho medo de esqueletos porque imaginei que um esqueleto me comia pela boca.
Lucas: Não existem esqueletos, só existem dentro do corpo.
Marc A.: Todo corpo tem ossos.
Marisol (a professora): Todos os animais têm ossos? Como podemos saber?

Aqui é importante fazer a pergunta que acolhe as diferentes hipóteses sobre ter ou não ossos. Também será necessário voltar ao medo de Marc V., que está relacionado com o medo de morrer e leva a pensar que falar sobre a vida anda de mãos dadas com falar sobre a morte.

Sara: Se tocarmos em um animal e sentirmos que está mole, ele não tem ossos.
Marisol: Como podemos saber se um animal tem ossos? Quais vocês conhecem?
Núria P.: Polvos.
Marisol: Por que você pensou nisso?
Núria P.: Meu cérebro me fez pensar nisso, eu tocaria e pensaria se está fininho.

Este "Por que você pensou nisso?" promove a metacognição, levando a pensar sobre como pensamos e a compartilhar isso com o grupo.

Lucas: Quando os esqueletos estão fora, dão medo... (Lucas deixa escapar sem esperar a vez de falar.)
Marisol: Espere um momento. Guarde essa pergunta na cabeça por um momento. Agora é a vez da Janna.
Janna: Quando fui tomar banho, vi muitas águas-vivas. (Janna começa a contar uma história de sua própria experiência.)
Marisol: O que pensamos sobre as águas-vivas outro dia? O esqueleto... têm ou não?

Marisol recorre à pergunta para vincular o relato de Janna com a narrativa que estão construindo em comum sobre o esqueleto. Além disso, gera diferentes opiniões entre elas, provocando uma crise por não saberem quem tem razão e quem não.

Marisol: Sim? Mas você me disse que, se tocasse, estariam muito fininhas. Você disse que sabia que não tinham esqueleto (dirigindo-se a Núria P.).

Ela relembra suas próprias palavras de uma conversa anterior, dando pistas para saber qual resposta pode nos fazer avançar:

Núria P.: Eu disse o polvo.
Marisol: Você disse o polvo, mas as águas-vivas não se parecem com os polvos? Também não têm esqueleto?

As meninas sabiam que os polvos não têm esqueleto, mas Marisol relembra e cria a relação com as águas-vivas, começando a construir a ideia de que pertencem ao mesmo grupo e classificando-as na mesma família.

O vocabulário da professora e a escuta ativa estão sempre presentes, empoderando e motivando as crianças em suas investigações. As perguntas, as crises e os mediadores não precisam estar sempre presentes ou juntos, mas um pode influenciar o outro. Por exemplo, uma pergunta pode gerar uma crise, ou um mediador, uma pergunta. O que é muito difícil de acontecer é que essas estratégias se isolem e que a professora gere apenas uma delas. Nesse caso, não haveria a reflexão-indagação (R-I) que se gera nas conversas culturais. Seria outra coisa.

Como se gera a reflexão e a indagação na conversa cultural? As situações de R-I que ocorrem na sala de aula nem sempre são geradas da mesma forma, nem são criadas diretamente pela professora. Possibilitam-se circunstâncias apropriadas para que outras possam gerar situações de R-I de diversas maneiras. Essas situações são levantadas, principalmente, pelas crianças ou pela professora, embora essa última sempre envolva alguma das crianças no processo. Como as crianças que geram esse processo, elas participam de sua própria aprendizagem de forma mais ativa.

A forma como se gera R-I varia. Pode ter origem na própria sala de aula ou no exterior, em suas famílias e experiências de vida, mas sempre provocando a participação ativa das crianças. Dessa maneira, possibilita-se, segundo Wells e Mejía Arauz (2005), que o discurso tanto oral quanto escrito seja o recurso mediador que permite que o conhecimento seja construído de maneira colaborativa e, ao mesmo tempo, seja apropriado de maneira individual. Apesar de tal processo se dar em comum, no final a reflexão será individual, e cada uma a integrará da maneira que melhor se ajustar às suas necessidades.

Que tipos de reflexão e indagação ocorrem na sala de aula das Voador@s? A maneira como se cria um processo de R-I na sala de aula das Voador@s é diversa, variando conforme cada vivência. Em alguns casos, elas criam vínculos com suas experiências pessoais ou com o próprio tema que está sendo tratado. Em outros casos, encontram-se no processo de transformar a informação em conhecimento. Reformulam o aprendido, classificam as mensagens que recebem ou justificam a informação, etc. O mais importante, considerando a diversidade de possibilidades para gerar R-I, é que esses processos nunca ocorrem isoladamente.

Os tipos de R-I são compatíveis entre si e se acompanham e enriquecem mutuamente. Um dos tipos de R-I, ou a mistura de vários deles, pode resultar em outro. Os tipos de R-I que foram identificados no grupo das Voador@s são os seguintes:

- **Conexão experiencial:** há diferentes tipos de conexões que as crianças constroem com base em suas vivências (biológicas, culturais...) para gerar R-I. Elas se apoiam em algo que conhecem para poder se mover através da informação abstrata até o desconhecido e convertê-lo em conhecimento, e então em um saber próprio construído em cada processo de indagação. Na PEPT, se respeita e se favorece a identidade de cada pessoa e suas experiências. Facilita-se o compartilhamento com o resto do grupo para criar uma narrativa conjunta, mas, além disso, ao explicar essas experiências, às vezes se descobre um processo de R-I oculto. Em outras ocasiões, pode acontecer o contrário: em um processo de R-I, recorre-se à experiência para embasar uma argumentação. Seja para uma indagação pessoal, seja para uma coletiva, as experiências de cada uma repercutem no processo de R-I.
- **Entorno social:** cada pessoa tem um entorno social concreto que influencia sua identidade. No caso das alunas, elas recebem informações extracurriculares que se refletem na conversa cultural que ocorre na sala de aula. Como nos aponta Hernández (2002), essa conversa serve de ponte entre as identidades dos aprendizes, o ambiente de aprendizagem e a conexão que se estabelece com o que se aprende. Isso se entrelaça de tal maneira que pode possibilitar ou gerar um processo de R-I que vincula o que ouvem e vivenciam em suas famílias e nas diferentes experiências vividas.
- **Foco de indagação:** é o tema principal do diálogo e é um facilitador de novos pensamentos. Parte do processo de R-I consiste em criar vínculos, e entre eles estão as conexões que se criam a partir do tema principal de investigação. Movida pela paixão coletiva ou pessoal, a ideia evolui e se transforma em perguntas ou argumentos para criar novos conhecimentos e saberes. A origem dos temas e das investigações é relevante na hora de aprender, pois, se as crianças são participantes ativas na escolha dos temas e se sentem autoras de sua aprendizagem, é mais fácil possibilitar a criação de vínculos. Ao serem conscientes da origem e do processo de que fazem parte, autorizam-se a desenvolvê-lo e mudá-lo por meio da indagação. Por essa razão, os itinerários se entrelaçam, possibilitando uma

aprendizagem globalizada, que integra pessoas e vidas de aprender relatadas. Dessa maneira, a PEPT propõe o diálogo com a realidade como origem dos temas a explorar, sem separá-lo do entorno e das identidades das participantes. Um currículo integrado de base transdisciplinar é compreendido não como algo que os interesses dos docentes decidem, que os livros didáticos determinam ou que a administração estabelece em função de modas ou pressões, mas como resultado de um diálogo permanente com a "realidade" e com as mudanças que ocorrem na sociedade, no conhecimento e nos sujeitos pedagógicos (Hernández, 2002, p. 82, parafraseado).

- **Investigação pessoal ou coletiva:** é a busca e descoberta de alternativas a nível tanto individual quanto coletivo. Como aponta Hernández (2002), um projeto pode ser considerado um formato aberto para a indagação. Na sala de aula das Voador@s, investiga-se continuamente, mas nem sempre de maneira uniforme. Em algumas ocasiões, as crianças se envolvem mais do que o habitual, e da investigação conjunta derivam indagações pessoais a partir de seus interesses e preocupações. Em outras ocasiões, acontece o contrário: elas criam investigações coletivas ao compartilhar as que estão realizando individualmente. Em cada uma dessas investigações, cria-se R-I.
- **Raciocínio:** supõe justificar as ideias estabelecendo relações de causa/efeito ou multicausais. Um tipo de R-I ocorre ao se ter a necessidade de argumentar o que se pensa. Isso acontece quando, em vez de apenas descrever a ideia, cria-se uma narrativa para explicá-la. Uma narrativa na qual as crianças estabelecem conexões. Da ideia principal ou da causa, desenvolve-se uma conexão até descobrir e compartilhar o efeito que pode ter ou estabelecer novas causas. As principais características desse tipo de R-I são apreciadas quando as crianças justificam o que estão dizendo, dando razões, reconhecendo contradições ou estabelecendo relações que fazem sentido para elas, embora nem sempre precisem ser corretas.
- **Análise:** implica definir ou classificar as ideias construindo relações e estabelecendo diferenças. Essa R-I se caracteriza pela profundidade nas ideias que são formuladas. As afirmações pensadas dessa maneira tendem a ser claras e precisas, de modo que, para chegar a elas, é necessário refletir e investigar, principalmente formulando perguntas, estabelecendo diferenças ou exemplificando. A segurança

das ideias se reflete ao fornecer conceitos precisos que evitam ambiguidades. Às vezes, esta estratégia aparece junto ao raciocínio, explicado anteriormente, como parte da investigação que estão realizando.

- **Tradução:** trata-se de compreender, reformular e poder interpretar os próprios pensamentos. As crianças descobrem determinada informação, mas por meio do processo de R-I conseguem torná-la própria. A transformação da informação é uma estratégia para compreender melhor o que estão investigando. As crianças interpretam a informação e a explicam por meio das relações que construíram.
- **Metarreflexão:** como explicam Fernando Hernández e Montserrat Ventura (2008) no prólogo da nova edição do livro *A organização do currículo por projetos de trabalho*, esse tipo de R-I contribui para o caminho que vai da informação ao conhecimento. As investigações em si mesmas são um processo que realiza essa transição, mas a metarreflexão é visível quando, apesar de se acreditar ter clareza sobre o que está sendo explicado, surgem dúvidas e não se sabe responder às perguntas que emergem. A metarreflexão nunca aparece sozinha; depende dos outros tipos de R-I para alcançar seu objetivo.
- **Inquietude:** para criar um processo de R-I, é necessário querer fazê-lo, e para isso é preciso motivação, interesse e curiosidade. O grau dessa inquietude varia, mas de qualquer forma possibilita a descoberta de novos conhecimentos. De acordo com seu interesse, os sujeitos aprofundam ou excluem determinados conceitos. Na PEPT, essa condição é considerada uma das principais características:

> Por meio dos projetos de trabalho e outras formas de aprender a investigar que não adiem nem neguem o desejo de aprender dos alunos, que enfrentem a complexidade do conhecimento, que o vinculem à compreensão da "realidade" e que aumentem o interesse por aprender dentro e fora da escola ao longo da vida (Hernández, 2002).

Com 3 anos, Telma nos perguntou por que os golfinhos não têm pelo e mamam, aumentando nossa vontade de compreender como nascemos e por que mamamos. Na sala voadora, Magí trouxe o vídeo do nascimento de um golfinho no zoológico de Barcelona e desenrolamos esse fio. Marc A. também assistiu ao vídeo e nos explicou suas hipóteses sobre como o golfinho nasceu; já Aïna nos falou de suas galinhas, se têm pintinhos, ou dos ovos que comemos (Figura 7.5).

Telma envolveu sua mãe, Cristina, que na época não trabalhava, e ela começou a participar muito da sala de aula (Figura 7.6). Telma ditou a pergunta sobre os golfinhos e a vinculou com tudo o que vivemos. Um dia, Cristina nos disse: "Esta forma de aprender está me revelando muitas emoções. Me permite fazer, ser, sentir e viver situações na escola que nunca imaginei que viveria e que me fazem aprender com as meninas e comigo mesma". Essa voz nos faz pensar e sentir como aprendemos com os outros e as outras, entrelaçados em diferentes formas de conversação.

Veremos, em outras conversas, como diferentes tipos de R-I influenciam uns aos outros e como são possíveis graças aos diálogos e às descobertas com as diferentes pessoas envolvidas. Em uma conversa sobre um filme de golfinhos, as Voador@s lembram o que aprenderam sobre esses animais no Centro de Recuperação de Animais Marinhos:

Figura 7.5 Compartilhando nossos mistérios sobre como nascemos.
Fonte: Marisol Anguita

Figura 7.6 Cristina compartilha nossa vida de aprender.
Fonte: Marisol Anguita

Joaquín: Nos disseram que os golfinhos não eram assim antes, não tinha maneira de encontrar comida e as patas se transformaram em barbatanas.
Telma: Os golfinhos, como são do mar, não têm pelo.
Esther: Sim, os golfinhos nascem da barriga e não têm pelo...

Nessas intervenções, é perceptível que, apesar de já terem lido e visto imagens da evolução dos golfinhos e sua adaptação ao meio, eles ainda precisam continuar construindo suas próprias versões.

Magí: Meu pai tem um líquido para limpar esgotos.
Marisol: Por que você teve essa ideia?

Essa intervenção ajuda a buscar o porquê da ressonância. Marisol pressupõe que Magí tenha um argumento para pensar no líquido de limpeza.

Magí: É do corpo, dos plásticos que vão até o mar e são comidos pelos golfinhos.

Magí relaciona assim outro mistério que temos em mãos: a extinção — nesse caso, dos animais marinhos. Telma retoma seu conhecimento construído quando nos conta:

Telma: Era uma matilha de cães e, como não tinham o que comer na terra..., então, ficaram mais longos, mais longos, mais longos até se transformarem em golfinhos.

Essa reflexão surge a partir do tema dos animais e do perigo que os humanos podem representar para eles. Eles lembram e compartilham um conhecimento que começaram a explorar no ano anterior, incentivando a curiosidade das companheiras e gerando a necessidade de continuar explorando esse mistério como outro foco de indagação. Após alguns dias, o tema reaparece com uma pergunta muito interessante:

Núria P.: Eles se transformaram durante a guerra?

Núria reflete sobre dois temas que estão sendo investigados na sala de aula naquele momento e os conecta para dar continuidade. Ela cria um vínculo entre os dois temas e decide investigar se realmente, como ela acredita, a evolução dos golfinhos e a Guerra Civil aconteceram ao mesmo tempo, já que ambas as coisas ocorreram há muito tempo e ela não as viveu. Dessa forma, Núria recorre à análise, à tradução e à metarreflexão.

Marisol: E por que você está fazendo essa pergunta?
Núria P.: Porque faz muito tempo que a guerra começou, eu tenho pensado... Ninguém a viu.

Nessas duas intervenções, eles raciocinam sobre por que esses dois temas estão relacionados.

Marisol: Ninguém? Quem veio outro dia e a viu?
Janna: Sua mãe!
Marisol: Minha mãe viu a guerra e contou quando estava apresentando minha caixa de vida!

Vemos aqui novamente a importância dos mediadores — nesse caso, a caixa de vida de Marisol, a experiência de conhecer sua mãe e o relato sobre a Guerra Civil quando ela era criança (Figura 7.7). Diante dessa história, Núria P. nos presenteia com uma nova pergunta: "Mas por que as pessoas matam?".

Na efervescência da sala de aula, são necessários tempos e espaços de compartilhamento para que esse tipo de reflexão e indagação possa ocorrer.

Figura 7.7 Apresentação da caixa de vida da professora do grupo.
Fonte: Marisol Anguita

Nesse compartilhamento, surgem todas essas possibilidades de aprendizagem, que a docente vai orientando para a horizontalidade, a crítica e a motivação. Mas isso não é fácil. Portanto, é preciso garantir que, nos momentos em que se compartilhem emoções, dúvidas, preocupações ou o que cada um quiser, as diferentes identidades se sintam confortáveis e integradas. A docente ou as crianças podem recorrer a qualquer uma das estratégias mencionadas para construir um pensamento crítico pessoal que gere uma narrativa global de grupo. Esse pensamento crítico implica a transformação da informação em conhecimento por meio dos tipos de R-I que podem ocorrer nas conversas. A partir disso se vai à construção individual e coletiva dos nossos saberes, criados e recriados pelo grupo.

Para esse diálogo compartilhado, nos presenteamos com um espaço de cumplicidade que comove todas as crianças, docentes, famílias e todas as pessoas que se vinculam ao nosso mundo de aprendizagem. Nesse espaço, a maneira de conviver na sala de aula se torna a forma de fazer e de ser de cada um no dia a dia. Nós nos sentimos, como Núria nos disse um dia, "professoras umas das outras, porque aqui todas somos professoras".

REFERÊNCIAS

ANGUITA, M.; LÓPEZ, J. Espacio para la acogida y el diálogo. *Cuadernos de Pedagogía*, n. 332, p. 59-61, 2004.

HERNÁNDEZ, F. Los proyectos de trabajo: mapa para navegantes en mares de incertidumbre. *Cuadernos de Pedagogía*, n. 310, p. 78-82, 2002.

HERNÁNDEZ, F.; VENTURA, M. *La organización del currículum por proyectos de trabajo*: el conocimiento es un calidoscopio. Barcelona: Graó; Octaedro, 2008.

KINCHELOE, J. *Toward a critical politics of teacher thinking*: mapping the Postmodern. Westport: Bergin & Garvey, 1993.

WAGENSBERG, J. Conversar, conversar. *El País*, 4 de octubre, 2000.

WELLS, G.; MEJÍA ARAUZ, R. Hacia el diálogo en el salón de clases: enseñanza y aprendizaje por medio de la indagación. *Sinéctica*, n. 26, p. 1-19, 2005.

Leituras recomendadas

ARRONIZ, J. *Un viaje hacia el diálogo a través de la perspectiva educativa de proyectos de trabajo*. 2014. Trabajo de final del máster no publicado – Universitat de Barcelona, Barcelona, 2014.

HERNÁNDEZ, F. Educación artística para la comprensión de la cultura visual. *Qurrículum*, n. 12-13, p. 11-27, 1996.

HERNÁNDEZ, F. Pasión en el proceso de conocer. *Cuadernos de Pedagogía*, n. 332, p. 46-51, 2004.

PARTE
III

8

"Com caneta azul ou com caneta preta?": o difícil trabalho de construir a desobediência

Jordi Domènech-Casal
In memoriam

Acredito ser necessário intitular o capítulo assim porque às vezes esquecemos a magnitude da tarefa que nos propomos. Com mais ou menos definição, os horizontes estão claros: a expectativa de uma educação emancipadora e a construção de uma cidadania crítica a partir da escola. Mas, para avançar, precisamos de mapas, e isso requer, além de um horizonte, um ponto de partida.

Esta pergunta que os alunos costumam fazer ao chegar nos anos finais do ensino fundamental, "Com caneta azul ou com caneta preta?", evita mal-entendidos. Quando falamos de desobediência, emancipação e construção do espírito crítico na escola, esse é o ponto de partida.

E é melhor que saibamos disso. Partimos de uma instituição escolar na qual ainda metabolizamos autoritarismo (que não é o mesmo que autoridade) e fomentamos uma relação econômica com o conhecimento (você aprende, eu pago). Convivemos com mensagens contraditórias sobre o papel do professorado (desde *coaches* emocionais até mestres), que muitas vezes se desvia de seu papel político. Não conhecemos muito bem o caminho entre esse ponto de partida e o ponto de chegada, mas acredito que concordaremos que se trata de um "longo itinerário".

PROGREDIR

Quando tentamos avançar, às vezes agimos de um modo um pouco ingênuo. Princípios pedagógicos como "os estudantes no centro da aprendizagem" se traduzem diretamente em mantras e atuações como "o alunado no centro do mundo", e assume-se que o alunado pode, de repente, aprender a desobedecer (Meirieu, 2013). Mas aprender a desobedecer é difícil.

Para nossos alunos (e para nossa cidadania), "O mais fácil é que lhe digam se você deve escrever com caneta azul ou com caneta preta" (Del Moral, 2016). O que Vygotsky dizia sobre a "zona de desenvolvimento proximal" também se aplica a aprender a desobedecer: é preciso fornecer apoios, acompanhar. Além disso, passar do "argumento da autoridade" à "autoridade do argumento" não é apenas um processo cognitivo; é um processo político e democrático (Maulini, 2006; Simó-Gil; Tort-Bardolet, 2018, 2020) que interpela não só as metodologias, mas a instituição educativa na sua totalidade. Afinal, aprender a desobedecer significa apropriar-se gradualmente do processo de construir conhecimento, e também do propósito e da ação.

A APRENDIZAGEM BASEADA EM PROJETOS E O RUÍDO

Tanto em um (conhecer) quanto em outro (o propósito e a ação), precisamos de formas de "ajudá-los a fazer isso sozinhos", modos de transitar em direção à emancipação, à dissidência e ao espírito crítico. E cada vez parece mais evidente que a aprendizagem baseada em projetos (ABP) poderia nos ajudar nisso.

Além de se comportar às vezes como uma "metodologia de aprendizagem" (uma estratégia cognitiva para conseguir aprendizagens significativas por meio da problematização), dependendo do grau de abertura, a ABP também se comporta como uma "filosofia de aprendizagem" (uma abordagem política emancipadora sobre o que é conhecer e agir) (Sanmartí, 2016). Em ambas, a desobediência desempenha um papel.

Na ABP como metodologia, a busca por soluções criativas, a interpretação autônoma dos dados e a análise crítica são "desobediências" ao ditado externo de "o que as coisas são ou parecem ser". A indagação, os projetos investigativos ou o STEAM são bons exemplos disso.

Na ABP como filosofia de aprendizagem, o maior grau de abertura, a conexão com outros propósitos e a ampliação da liderança dos estudantes são "desobediências" que ajudam não apenas a construir o conhecimento, mas também a construir o aluno como conhecedor e como agente de mudança. Os projetos de aprendizagem-serviço (APS), a "ciência cidadã" e a autogestão do centro educativo por parte dos estudantes são alguns exemplos.

Intuímos que ambas as modalidades da ABP podem nos ajudar, mas às vezes constrói-se um relato da ABP como uma espécie de "portal dimensional" pedagógico que permite mudar repentinamente todo o corpo pedagógico e didático (papel da instituição, avaliação, expectativas dos alunos e das famílias, papel dos professores, infraestruturas, etc.) e acessar suavemente um "novo ecossistema". Esse relato não é verdadeiro. Quando fazemos mudanças — e especialmente quando são tão profundas quanto as promovidas pela ABP —, ocorrem fricções com diferentes partes do sistema: algumas partes avançam, outras ficam para trás. Gera-se um "ruído" entre as novas práticas e as diferentes partes do funcionamento do sistema: "Então, a partir de agora, eles darão a própria nota", "Mas... essa nota nos serve para credenciar os alunos?".

Essa é uma tensão que só emerge na prática; só podemos ouvi-la criando ruído para os docentes. Costumamos dedicar pouca atenção a ela e, muitas vezes, a afastamos em vez de usá-la para avançar. Mesmo em alguns eventos pedagógicos, é quase falta de educação mencioná-la. Mas, como ao engatinhar, essa tensão é necessária para que o conjunto avance. Talvez mudar o papel da avaliação na aprendizagem seja precisamente o ponto de apoio que o sistema precisa para repensar o que ou para que credencia, embora depois não sejamos nós a tomar essa decisão. Muitos acreditam que a chave está, precisamente, nesse ruído, nessa tensão (Del Moral; Domènech-Casal, 2018). E acredito que é justamente isso, o ruído, que nos permite traçar um mapa entre o ponto de partida e os horizontes educativos.

Por isso, para falar sobre a ABP como pedagogia desobediente (que busca e utiliza a desobediência), quis me concentrar em situações nas quais se ouve esse ruído em diferentes âmbitos (atividades, avaliação, sala de aula, centro educativo, comunidade, currículo).

ATIVIDADES: CRIAR PROJETOS E ATIVIDADES QUE EMANCIPEM. "BUSQUE A VIDA"

Ao desenvolver atividades de ABP, costuma-se orientar a ação para a resolução de um problema ou para a elaboração de um produto. Isso faz com que sejam fornecidos aos alunos apoios (andaimes didáticos) para que realizem a tarefa. Contudo, muitas vezes esses andaimes impedem que o alunado enfrente o conflito (cognitivo, ético...), o trabalho de defini-lo e definir as formas de abordá-lo, e isso não nos ajuda a responder à solicitação que Montessori recebeu de uma aluna: "Ajude-me a fazer sozinha" (Houssaye, 1995).

Percebi isso em uma atividade na qual os alunos deveriam realizar uma apresentação oral (Domènech-Casal, 2013b). Em vez de mostrar aos alunos diferentes apresentações, discutir com eles o que fazia uma apresentação boa ou ruim, criei não um, nem dois, mas três andaimes didáticos para a elaboração de apresentações orais: um modelo, uma avaliação classificatória e uma base de orientação (que se mostraram muito eficazes para confundi--los e eliminar qualquer vestígio de criatividade).

Mas isso se interpunha a um elemento-chave: as apresentações orais são feitas "para que outros entendam". Eliminar essa conexão com o propósito (a análise de por que essas apresentações são como são) resultou em que eles já não estavam fazendo apresentações para que outros entendessem, mas para a avaliação classificatória. Se o conflito (fazer com que outros me entendam) desaparece do cenário e o alunado se concentra em fazer o professor ficar satisfeito, podemos dizer que essa ABP é, de algum modo, emancipadora?

Acho que é bom darmos apoio ao alunado, mas nosso apoio não deve substituir o esforço de enfrentar a estruturação de um problema, analisá-lo e avançar em sua resolução. É preciso deixar um pouco de espaço vazio. Talvez a chave seja caminhar de projetos mais fechados para projetos mais abertos, nos quais os alunos decidam cada vez mais coisas (Domènech-Casal, 2016).

Com o tempo, aprendi a correr menos e a transmitir aos meus alunos que planejar, organizar-se e definir um problema era parte do que queríamos aprender. Passei a chamar isso de atividades "Busque a vida", o que culminou em um acrônimo espetacular: BAV. Um modo simples de criar esse espaço vazio.

Ainda assim, chegar a esse ponto requer um processo gradual. Acredito que os diagramas de Gantt possam ser úteis para exemplificar isso. "Missão rumo às estrelas" (Figura 8.1) era um projeto complexo em que os alunos decidiam pouco. As tarefas estavam predefinidas (embora não as soluções), e nos preocupava que os estudantes "perdessem o fio", que desconectassem as tarefas do propósito: projetar uma missão espacial em todos os seus aspectos (questão de pesquisa, situação dos objetos estelares a serem investigados, *design* do telescópio orbital e sua rotina informática, orçamento, etc.). Usamos um diagrama de Gantt para que se organizassem e fossem marcando as tarefas feitas e as que estavam por fazer. Essa familiaridade com o diagrama de Gantt abriu uma porta. No projeto seguinte, propusemos as tarefas e eles tiveram de organizá-las e elaborar seu diagrama de Gantt. No projeto posterior, tomaram posse de tudo: decidiram as tarefas e elaboraram seu diagrama. Era possível abrir gradualmente, ceder o controle, "progredir em direção à desobediência".

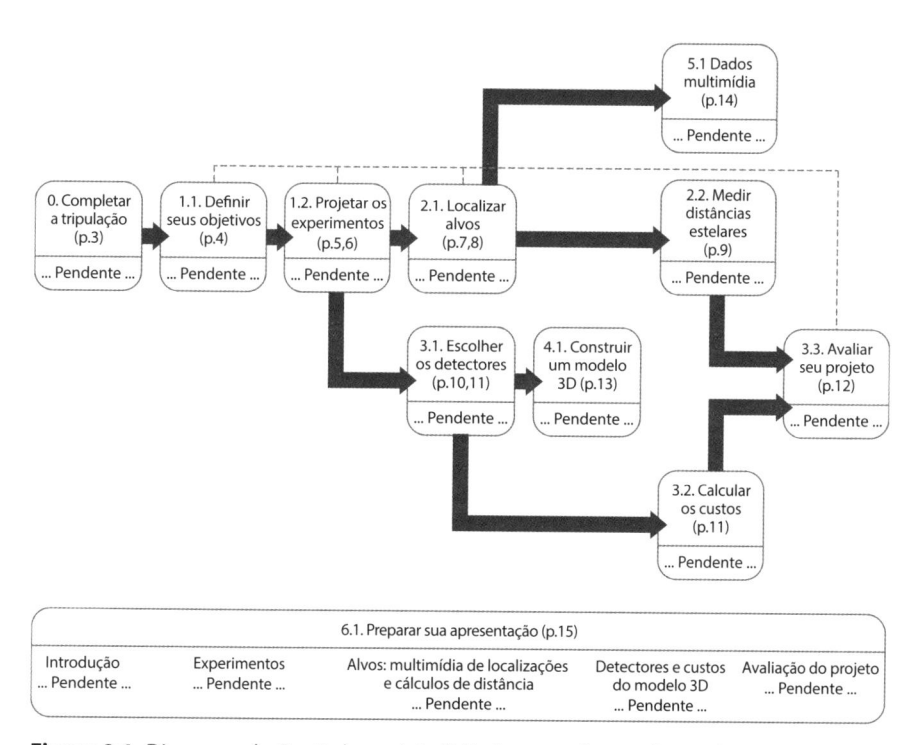

Figura 8.1 Diagrama de Gantt do projeto "Missão rumo às estrelas" e alunos trabalhando no projeto.
Fonte: Domènech-Casal e Ruiz-España (2017)

Nesse processo, nos acompanhará este ruído: **como conseguir que pensem por si mesmos se não lhes damos apoios?**

AVALIAÇÃO. DEMOCRATIZAR OS OBJETIVOS

Muitas vezes me deparo com meus alunos contando em casa qual é o propósito do nosso projeto (identificar o melhor antitumoral, apresentar um projeto de prevenção de terremotos para sua cidade, etc.), mas não o que estão aprendendo. Seu olhar e suas decisões estão no que fazemos, não no que aprendemos. Decidem sobre se esforçar ou não, sobre como avaliar o produto final do projeto, até mesmo sobre o que precisam aprender, mas não havíamos criado espaços para refletir e decidir juntos sobre a relação entre essas três coisas. Considerei que apenas ditar-lhes objetivos de aprendizagem não resolveria as coisas. Assim seria impossível que se apropriassem deles. Era necessário fazer com que eles os ditassem. Foi aí que surgiu a tabela de autoavaliação (Tabela 8.1) que usamos em cada projeto.

A tabela aparece vazia no início de cada projeto, e acordamos com os alunos, gradualmente ao longo do projeto, os diferentes itens — o que precisamos fazer, o que precisamos aprender, como vamos avaliar se fomos capazes de transferir tudo isso para um produto/problema. Normalmente, nos discursos pedagógicos, tendemos a permanecer nesse espaço confortável. Contudo, no mundo real, há alunos que lidam muito mal com a ideia de "dar-se" uma nota em um projeto ou até mesmo uma disciplina. Acredito que conversar sobre a tabela com eles permite tornar transparentes as contradições que vivemos como docentes. Trata-se de convidá-los a colonizar esse espaço de decisão. E de colocar em discussão que papel eles querem atribuir à nota de uma matéria. Mais dificuldades ao tentar responder honestamente a esta pergunta: "**Que nota tem um aluno que não aprendeu nada** e, ainda assim, diz que sua nota é 10?".

SALA DE AULA. DECIDIR EM CONTEXTO.
O DESAFIO LOGÍSTICO DO MUNDO REAL

Quando decidimos adotar a ABP como filosofia de aprendizagem, isso implicou partir de contextos reais e ceder poder ao alunado em projetos que interviessem no mundo. Isso transformou o alcance dos projetos e o papel dos alunos. Em vez de realizar uma pesquisa sobre esportes alternativos, ou

TABELA 8.1 Tabela de autoavaliação contínua individual nos projetos

Completei as etapas Avalie se você se esforçou para aprender e se realizou o trabalho necessário em cada etapa...	/10
1	
2	
3	
4	
...	
TOTAL/10	
Considero que aprendi...	/10
1	
2	
3	
...	
TOTAL/10	
Autoavaliação do produto final	/10
1	
2	
3	
4	
...	
TOTAL/10	
Levando em conta o quanto me esforcei, aprendi e fui capaz de usar o produto final, minha nota final é .../10.	

uma exposição escolar sobre sangue, ou organizar um festival de esportes alternativos, ou uma sessão de doação de sangue em colaboração com a Cruz Vermelha (Assens *et al.*, 2020), os alunos, organizados em diferentes comissões, decidiriam e construiriam. Acho que as implicações pedagógicas dessa transformação e sua relação com a pedagogia crítica e a APS estão claras. Agora, gostaria de focar as tensões.

Inicialmente, pensávamos em dedicar uma semana inteira a isso, mas como os alunos contatariam pessoas fora da escola, decidiriam e comprariam materiais a tempo? Resolvemos essa tensão comprometendo-nos ainda mais com a autonomia: os projetos se desenvolveriam ao longo do trimestre, e os alunos decidiriam a cada semana quantas horas precisariam para prepará-lo. Chamamos isso de "recrutar horas". Decidir o que fazer também significava decidir o horário e o calendário.

Chegou um ponto em que percebemos que, para se coordenarem entre si, as diferentes comissões (logística, comunicação e divulgação, orçamento...) tinham como ponto de encontro o corpo docente. Era preciso sair de cena. Assim surgiu a "comissão coordenadora", um grupo de alunos que coordenava os demais. Em alguns momentos do projeto, o corpo docente não sabia muito bem em que ponto estávamos, então convidávamos essa comissão coordenadora para as reuniões de equipe docente, reuniões em que as decisões eram tomadas com sua participação e diálogo. Isso me pareceu interessante, porque abriu uma brecha para a participação dos alunos na gestão da escola, permitindo imaginar sua implicação ativa nesse projeto comum (Figura 8.2).

Ceder poder aos alunos implica assumir que o projeto "dê errado", embora não tenhamos muita clareza sobre o que isso significa. Quando pincéis quebram ou um produto não está pronto para sua apresentação pública, isso realmente significa que está "dando errado" (em termos de aprendi-

Figura 8.2 Reunião do corpo docente com alunado da comissão coordenadora para a gestão de um projeto globalizado. Imagem dos alunos da comissão coordenadora.

zagem, quero dizer)? Também implica assumir que perdemos um pouco do controle sobre os "conteúdos" que são trabalhados nesse projeto, ou que, mesmo os mantendo, outras coisas pesam muito mais. Mesmo o que acontece na escola. Ruído. De quais outras reuniões da escola os alunos não podem participar?

CENTRO EDUCATIVO. DESOBEDECER ÀS LITURGIAS ESCOLARES: O PLANO DE AUTONOMIA

As liturgias escolares que desenvolvemos geralmente só fazem sentido no mundo acadêmico: todos devem estar sentados fazendo a mesma coisa no mesmo lugar ao mesmo tempo, e as sessões devem durar uma hora. Decidimos que acompanhar os alunos rumo à desobediência significava questionar também essas liturgias. Era preciso criar um cenário de possibilidades.

Assim nasceu o plano de autonomia. Segundo o plano, cada equipe docente identifica aqueles alunos (cerca de três ou quatro por grupo/classe) que têm autonomia suficiente para gerenciar sua aprendizagem (sabem se autorregular) e educação cívica suficiente para serem tratados como adultos. Esses alunos são liberados das restrições das liturgias escolares, apoios à aprendizagem que consideramos indispensáveis, mas que eles não precisam. Podem sair da aula (ou não frequentá-la) se desejarem, mover-se livremente pelos espaços da escola, frequentar aulas de outros cursos, trabalhar em seus próprios projetos e até mesmo ir ao pátio. Não precisam fazer nada se não quiserem. Podem pedir materiais na portaria e se instalar para trabalhar em mesas dispostas para isso no corredor. Assistir às aulas que acharem necessárias. Aprender sozinhos ou com outros.

Essa intervenção (baseada simplesmente em retirar o apoio de uma organização obrigatória) provocou várias situações. Por um lado, os alunos e tutores dedicaram tempo a falar sobre autonomia. Falar sobre o porquê das normas e por que alguns devem cumpri-las e outros não, em um processo pessoal de aprendizagem. Para compartilhar um horizonte. Por outro lado, alguns alunos ampliaram o cenário do possível. Uma aluna publicou um livro. Outra preparou um concerto de piano. Eles exemplificaram um projeto de autogestão diante dos nossos olhos.

O plano está em funcionamento há três cursos, e acho interessantes suas tensões. Alguns docentes acreditam que, em troca, os alunos devem produzir algum projeto especial. Que não podem apenas conseguir o mesmo que os outros de uma maneira mais livre. Alguns alunos usam sua autonomia fazendo exatamente o mesmo que seus colegas: assistem a todas as aulas e nunca utilizam sua liberdade de ação, nem mesmo para ir ao banheiro durante a aula. Contudo, acredito que a mais importante dessas tensões é que agora, quando estamos em aula, alunos e docentes têm claro que isso não precisa ser assim. Que é uma decisão que estamos tomando, mas que poderíamos tomar outra. E acho que podemos começar com um ruído muito pequeno, mas que se tornará ensurdecedor se o abordarmos com honestidade: os alunos precisam pedir permissão para ir ao banheiro?

COMUNIDADE. TECER UMA COMUNIDADE, COMPARTILHAR UM PROJETO

A inovação educacional ocorre em muitas escalas diferentes. Existem planos institucionais da administração para a implantação da ABP, projetos de centros educativos que têm a ABP como eixo e docentes — às vezes isolados — que tentam desenvolver a ABP como prática disruptiva em um ambiente pouco amigável. Esses diferentes enfoques nem sempre se somam, nem têm o mesmo valor como desobediência a marcos pedagógicos preestabelecidos.

Por um lado, muitas vezes não conseguimos que esses diferentes níveis se conectem. Isso resulta em equipes docentes aplicando a ABP de forma imposta e desligada de seu propósito (em que a criatividade, a autonomia e a emancipação brilham por sua ausência), ou docentes que isoladamente (como franco-atiradores da didática) acabam usando as metodologias como armas contra logísticas escolares repressivas e autoritárias, como se isso pudesse substituir o diálogo da comunidade educativa sobre os propósitos da educação. Por outro lado, as práticas inovadoras de hoje não serão as mesmas amanhã. A cultura inovadora, o hábito de questionar práticas e a formação de comunidades de prática servirão para emancipar uma comunidade educativa para continuar questionando e desobedecendo.

Construir uma comunidade de prática que compartilhe um projeto emancipador implica criar espaços em que se possa "falar sobre o nosso", sobre o que fazemos e o que pretendemos, desobedecer à visão fechada de "cada um no seu e todos no meu". Quando a equipe docente do segundo ano do Instituto Marta Mata quis trabalhar conjuntamente, iniciamos o que chamamos de "círculos curriculares". Baseavam-se no fato de que, na reunião semanal da equipe docente, reservávamos um minuto para que cada um narrasse o que estava fazendo naquela semana em sala de aula e por quê. Um investimento mínimo de tempo que nos permitiu reconhecer uns aos outros como atores, descobrir conexões, compartilhar propósitos, "investir esforços em um projeto comum" (Figura 8.3). Dessa experiência surgiram várias propostas de ABP interdisciplinares (Domènech-Casal, 2013a, 2013b). Isso também significava para nós uma emancipação gradual, até mesmo dos nossos próprios marcos anteriores. Principalmente, do mais difícil de romper: "Os docentes de um centro educativo não conversam entre si sobre como ou para que ensinam". E acho realmente valioso que uma disrupção tão cordial e pouco beligerante possa sacudir e desobedecer a marcos pedagógicos rígidos e isolados.

Isso pode ser incorporado como estrutura do centro educativo, justamente o que se busca no Instituto Marta Estrada com a proposta dos "nós" (Blanco et al., 2019). Os "nós"[1] são reuniões mensais previstas na programação nas quais cada docente se reúne com quem deseja para tratar do tema que quiser ou construir a iniciativa que quiser e contribuir para a comunidade. O simples fato de incorporar esses espaços na própria organização do centro educativo supõe uma comunicação de expectativas aos profissio-

Figura 8.3 Docentes do núcleo de avaliação investigando e construindo de forma autoimposta a avaliação competencial.

---

[1] A ideia original dos nós como profissionais que decidem livremente se organizar para aprender e inovar juntos provém do Betacamp, um evento autopromovido de docentes que é realizado anualmente (Del Moral, 2019) e faz uma ponte entre a ética e a estética dos movimentos de renovação pedagógica republicanos e os atuais EdCamps.

nais e um modo desobediente de gerir o conhecimento (Rodríguez-Gómez, 2011), criando espaços para isso na própria logística do centro, o que se complementa com o trabalho em redes profissionais (Mas I Ferrer, 2020). Talvez às vezes esqueçamos que trabalhar por projetos também é um projeto, que não pode germinar se não promove, ao mesmo tempo, a emancipação de seus atores. **É obrigatório empoderar-se como docente?**

CURRÍCULO PARA A DESOBEDIÊNCIA. FUNDAMENTAR A DESOBEDIÊNCIA E CONECTÁ-LA À AÇÃO

A desobediência não é (apenas) uma atitude mental. É o resultado de uma tomada de decisões rigorosa que se conecta a uma atuação. Acredito que estas duas coisas, o rigor e a ação, precisam que a ABP nos ajude a reescrever (ou ler com novos olhos) o currículo com projetos como a APS, a ciência cidadã ou mesmo a gestão do centro educativo. Isso procurando conectar a desobediência com definições rigorosas do que é a dissidência e do que é o conhecimento, que poderíamos resumir assim: se não há conhecimento, não é desobediência, é evasão; se não há dissidência, não é educação, é instrução.

Isso implica, por um lado, identificar ou conectar elementos necessários para uma desobediência com rigor, que se fundamente no conhecimento e na análise crítica. Alguns itens, como a leitura crítica ou a argumentação, são alicerces fundamentais. Eles devem ser complementados com conhecimentos concretos sobre emancipação: o alunado deve conhecer "movimentos emancipatórios" que possam servir de referência, como o antirracismo, o feminismo, os movimentos de autogestão, o ecologismo ou o movimento antipseudociências, ou o efeito de grupos de interesse (interesses econômicos e empresariais, políticos, etc.), para construir uma dissidência que supere aproximações ingênuas e não seja absorvida pelo próprio sistema que pretende transformar (Domènech-Casal, 2019).

Por outro lado, educar na e para a desobediência implica também capacitar para a ação. Ensinar a compreender e decidir, sim, mas também a agir (Domènech-Casal, 2018). Orientar nossas ABPs à ação é uma forma de fazer com que os alunos conheçam incentivos de atuação cidadã (oficinas de atendimento ao cidadão, administração de distrito, greve e manifestação, instâncias, campanha de denúncia ou desobediência civil, organização em associações ou sindicatos, redes de apoio recíproco...) e possam colocar em prática sua desobediência.

Fiquei impressionado com a maneira como a tutora do meu filho conseguiu isso em seu instituto. Quando um grupo de alunos do primeiro ano veio reclamar porque um grupo de alunos abusivos do segundo ano lhes havia maltratado, empurrando-os de um banco do pátio, ela fez com que toda a turma se sentasse e ouvisse. Promoveu um debate do qual saiu a seguinte decisão: no dia seguinte, toda a turma iria ao banco e se sentaria nele e ao seu redor de forma não violenta. Sem provocar, mas sem ceder. O momento chegou, e o grupinho de abusivos do segundo ano ficou desconcertado. Um deles se sentou em um espaço vazio do banco. Após algum tempo, sem conseguir provocar violência, desistiu e foi embora. O grupo de alunos do primeiro ano ficou tranquilamente usando o banco. Não sei se no dia seguinte deram alguma palestra sobre Rosa Parks (ativista negra norte-americana). Espero que sim. Mas sei que essa turma aprendeu naquele dia uma lição: "Juntos somos fortes"; eles precisarão de reciprocidade e união para continuar desobedecendo diante da injustiça. Também aprenderam que votar ou delegar a outros não será suficiente. Havia alternativas. A tutora poderia ter repreendido os alunos do segundo ano. Castigá-los, inclusive. No entanto, optou por fazer outra coisa: ensinar a desobedecer. É possível escolher.

E é possível conectar os alunos com estímulos de atuação também fora da escola. No projeto "Earth Fluids Congress" (Domènech-Casal *et al.*, 2017), a preocupação com o rio do município e seus poluentes (e seu quadro ecológico) resultou na organização de um congresso científico escolar, em que os alunos apresentaram suas pesquisas científicas sobre a qualidade do rio (Figura 8.4), e foram convidados representantes da Câmara Municipal. A interlocução dos alunos com o secretário de Meio Ambiente do município não é um simples acidente logístico desse projeto; é uma peça fundamental para que os alunos entendam que os funcionários públicos estão a serviço da cidadania, que existem canais para se comunicar com eles e que há um orçamento destinado a iniciativas da cidadania. Que existem formas de conseguir o que se decide. Estímulos. **Podemos levar os alunos, como atividade escolar, a participar de um ato de desobediência cidadã (desocupação, por exemplo)?**

Figura 8.4 Alunos recolhendo amostras de água do rio para o projeto "Earth Fluids Congress".
Fonte: Imagem do planeta extraída sob licença livre de Flaticon.com.

CONCLUSÕES

Quisemos mostrar "ruídos" ou tensões na ABP que acreditamos ajudar a traçar um mapa para a desobediência em diferentes níveis. E há muitos outros — a relação com as famílias, as leis educativas, a relação com outras instituições, o desenvolvimento do papel político do corpo docente... — que mostram que a ABP é apenas um dos estímulos.

Evitamos deliberadamente neste capítulo definir por que precisamos de pedagogias desobedientes. Supomos que aqui poderiam ser incluídas ideias sobre o desenvolvimento de uma cidadania emancipada, a democracia ou a dignidade humana. Mas não faremos isso. Acreditamos que é conveniente parar de focar a comunicação na proposta de horizontes. A imagem de especialistas, fundações, administrações e opinadores aparece demasiadas vezes ao corpo docente como a imagem de alguém sentado numa mesa fazendo um pedido de horizontes ao garçom: "Traga-me um prato de cidadania".

Sobram horizontes e faltam cozinheiros. Devemos ser honestos. É preciso admitir que não existem "portais dimensionais" pedagógicos para os horizontes. Entender que isso vai (ou precisa) criar ruído, e tornar esses ruídos transparentes. Falar sobre eles e usá-los para avançar. Desobedecer "o que as coisas são ou parecem ser".

Vamos para a cozinha. Vamos alimentar essa gente.

REFERÊNCIAS

ASSENS, M. *et al*. Proyectos interdisciplinarios en secundaria: una propuesta organizativa y pedagógica desde el contexto, el currículum y la autonomía. *Cuadernos de Pedagogía*, n. 505, p. 44–51, 2020.

BLANCO, R. *et al*. Organizar e impulsar un centro de secundaria hacia el trabajo por proyectos. *Aula de Secundaria*, n. 31, p. 27–31, 2019.

DEL MORAL, S. El betacamp: una trobada on ningú ensenya i tothom aprèn. *Guix: Elements d'acció educativa*, n. 456, p. 40–43, 2019.

DEL MORAL, S. [*Correspondência*]. Destinatário: Fernando Hernández-Hernández. [*S. l.*], 2016. Para todos, lo más fácil es que te digan si usar bolígrafo azul o bolígrafo negro.

DEL MORAL, S.; DOMÈNECH-CASAL, J. Las (necesarias) tensiones en los centros en transformación. *Cuadernos de Pedagogía*, n. 486, p. 64–69, 2018.

DOMÈNECH-CASAL, J. Apuntes topográficos para el viaje hacia el #ABP. *Cuadernos de Pedagogía*, n. 742, p. 59–62, 2016.

DOMÈNECH-CASAL, J. Comprender, decidir y actuar: una propuesta-marco de competencia científica para la ciudadanía. *Revista Eureka sobre Enseñanza y Divulgación de las Ciencias*, v. 15, n. 1, 2018.

DOMÈNECH-CASAL, J. *Emancipación, soberbia epistémica y disidencia naíf*. 2019. Disponível em: https://www.rosasensat.org/es/emancipacion-soberbia-epistemica-y-disidencia-naif-cuatro-escenas-de-ciencia-y-pseudociencia-en-los-centros-educativos/. Acesso em: 31 ago. 2024.

DOMÈNECH-CASAL, J. Innovación y formación en un mundo en crisis: ¿Qué podemos hacer en y desde los centros educativos? *Organización y Gestión Educativa*, v. 21, n. 3, p. 6–11, 2013a.

DOMÈNECH-CASAL, J. Los andamios didácticos: oportunidades y amenazas. Análisis desde una experiencia con exposiciones orales. *Aula de Secundaria*, n. 3, p. 24–29, 2013b.

DOMÈNECH-CASAL, J. Seminarios didácticos y círculos curriculares. *Cuadernos de Pedagogía*, n. 431, p. 35–37, 2013c.

DOMÈNECH-CASAL, J. et al. Un congreso científico en secundaria: articulando el aprendizaje basado en proyectos y la indagación científica. *Investigación en la Escuela*, n. 91, p. 72–89, 2017.

DOMÈNECH-CASAL, J.; RUIZ-ESPAÑA, N. Mission to stars: un proyecto de investigación alrededor de la astronomía, las misiones espaciales y la investigación científica. *Revista Eureka de Enseñanza y Divulgación de las Ciencias*, v. 14, n. 1, p. 98–114, 2017.

HOUSSAYE, J. *Quinze pedagogs:* la seva influència avui. Barcelona: Universitat Oberta de Catalunya, 1995.

MEIRIEU, P. *Pédagogie:* des lieux communs aus concepts clés. Paris: ESF, 2013.

MAS I FERRER, M. Una estratègia democràtica de canvi professional: les xarxes i el seu context. *Revista Catalana de Pedagogia*, v. 17, p. 133–157, 2020.

MAULINI, O. Autoritat. *In*: BOLSTERLI, M. et al. (ed.). *L'escola, entre l'autoritat i la zitzània*. Barcelona: Graó, 2006. p. 19–20.

RODRÍGUEZ-GÓMEZ, D. La gestió del coneixement en les organitzacions educatives. *Revista Catalana de Pedagogia*, v. 7, p. 435–448, 2011.

SANMARTÍ, N. Trabajo por proyectos: ¿filosofía o metodología? *Cuadernos de Pedagogía*, n. 742, p. 1–6, 2016.

SIMÓ-GIL, N.; TORT-BARDOLET, A. Democracy and participation in secondary schools in Spain. *In*: FEU, J.; PRIETO-FLORES, O. (ed.). *Democracy and education in the 21st century*. Bern: Peter Lang, 2018. p. 141–156.

SIMÓ-GIL, N.; TORT-BARDOLET, A. Els reptes de la participació democràtica a l'educació secundària. *Revista Catalana de Pedagogia*, v. 17, p. 99–120, 2020.

9

DE-GENER-∀NDO:
processo de acompanhamento e aprendizagem coletiva sobre gênero e diversidades

Alba Castelltort Valls

Esther Gonzàlez de Vicente

Andrea Richter Boix

de. Preposição. Entre suas aplicações, distinguem-se claramente algumas em que prevalece o significado de separação, extração, ponto de partida, e outras em que o sentido de lugar se desvanece e forma complementos de caráter puramente determinativo.

de-. Prefixo. Propriedades. Um prefixo nunca deve aparecer sozinho [...]. Alguns são (poli)sêmicos.

gênero. Substantivo masculino.
1. Conjunto de pessoas ou coisas que têm características gerais comuns. "O gênero humano".
2. Maneira de ser de uma coisa que a torna distinta de outras da mesma classe. "Esse gênero de vida não é para mim".

gerar. Verbo TRANS-itivo.
1. Produzir certo efeito ou dar origem a certa consequência [...]. "O atrito de dois corpos gera calor; quanto mais as autoridades se opunham ao *rock*, mais entusiasmo essa música gerava entre os jovens".

degenerar. Verbo in-TRANS-itivo.
2. Perder progressivamente [uma pessoa ou uma coisa] qualidades que tinha originalmente.

-ando. Sufixo. Serve para formar o gerúndio. Não é um sufixo muito produtivo atualmente.

andar. Do lat. *amlare < ambulare.
2. *v. intr.* Mover-se uma coisa de um lugar a outro.
9. *v. tr. e prnl.* Fazer um percurso a pé.

PREPOSIÇÃO "DE"

> Entre suas aplicações, distinguem-se claramente algumas em que prevalece o significado de separação, extração, ponto de partida...

Desde sempre, quando uma de nós não entende algo ou está perdida, a estratégia é pegar um mapa e localizar o ponto perdido, ou buscar no dicionário aquela palavra que não sabemos como se escreve ou de cujo significado não fazemos ideia.

A história deste projeto coletivo tem sido um pouco isso. Situar-se em um ponto, buscar e caminhar em direção a um lugar compartilhado onde reconhecer como próprios aqueles significados que em muitos casos eram desconhecidos, desagradáveis, confusos ou simplesmente tabus.

Enfrentar as novas semânticas que o projeto "Assimetrias" nos mostrou tem sido uma vitória grupal de toda a comunidade educativa que faz parte do Institut Ca n'Oriac de Sabadell.

Durante os meses em que o projeto foi sendo gestado e, mais tarde, realizado, o itinerário individual e o percurso coletivo foram sinceros e naturais, e você percebe que nessa simplicidade e naturalidade de se aproximar do tabu a partir da visão de 120 jovens surge a ideia de desobediência mal compreendida a partir de uma visão adultocêntrica. O projeto "Assimetrias" provocou uma desobediência disruptiva entendida como um ato corajoso e estimulante, em que significado e ponto de partida degeneraram em algo único.

A proposta inicial tinha o objetivo de projetar uma exposição no instituto aberta a toda a comunidade educativa e ao bairro. A temática não seria definida pelos docentes. A ideia era que os 120 alunos e alunas do sétimo e oitavo anos do ensino fundamental escolhessem aquilo que os motivava a realizar sua pesquisa. O resultado do trabalho seria exposto semanas mais tarde no centro. Tratava-se de dar voz aos alunos em formato de assembleia para que expressassem seus interesses sobre: machismo, LGBTIQ, feminismos, violência de gênero, racismo, igualdade e discriminação, que foram os temas mais recorrentes. Também tratava-se de agrupar muitas dessas propostas de pesquisa em um único título, "($\forall$)simetrias", para construir e desenvolver suas inquietações em uma aprendizagem sobre gênero e diversidades.

Transitar por esse processo compartilhado degenerou em um trajeto novo e fascinante, e em muitos desejos de serem ouvidas, mas o mais importante não seria o quão forte acabaríamos gritando (o que fizemos); o que importava era que caminhávamos juntas: de-GENER-ando.

PREFIXO "DE"

> Propriedades. Um prefixo nunca deve aparecer sozinho [...].
> Alguns são (poli)sêmicos.

O conceito de coeducação não se limita mais — como quando éramos pequenas — a ter grupos de aula mistos formados por meninos e meninas; ele se expandiu e integra ideias como: a igualdade de oportunidades, a igualdade de tratamento, a visão crítica em relação aos papéis estereotipados que continuam gerando desigualdades e diferenças de gênero entre o alunado, a construção de modelos de identidade não sexistas, a prevenção de qualquer forma de violência de gênero, o direito à diferença, a educação para a paz, etc.

Apesar de existirem normas e planos educativos que tentam promover essa mudança de visão por meio da incorporação de novos conteúdos, metodologias e mudanças organizativas, a realidade é um pouco diferente. Poderíamos falar que os currículos são muito extensos ou que as matérias estão muito fragmentadas. Mas talvez também não devêssemos esquecer que existem obstáculos construídos por nós mesmos (professores e professoras), com nossas inseguranças e medos, e que esse ainda é um tema bastante tabu para o coletivo, na mesma proporção que é para a sociedade.

Fazem parte do currículo por competências relacionadas a tomar consciência de si e a participar do entorno. Isso implica que, como professoras, devemos oferecer espaços de reflexão e empoderar as pessoas para decidir e executar. A fim de abordar essas competências pessoais e sociais, em nosso instituto, reservamos espaços letivos para realizar projetos transversais com um enfoque globalizado e um contexto de aprendizagem relevante para a sociedade e o crescimento pessoal dos alunos.

Romper com nossas próprias barreiras é mais simples quando alguém nos acompanha. No nosso caso, a formadora Alba Barbé Serra, antropóloga, escritora e diretora do documentário *Cua de sirena* (2020), desempenhou um papel imprescindível para compartilhar significados entre o corpo docente e conscientizar e despertar nosso interesse coletivo para impulsionar uma coeducação por meio de ações concretas em sala de aula e na vida do centro educativo. A temática despertou tanto interesse entre os alunos que também foi escolhida como foco do projeto transversal do curso.

No livro *Dibuixant el gènere*, de Gerard Coll-Planas e Maria Vidal (2013), consultado em alguns momentos durante o projeto "Assimetrias", pode-se ler o prefácio de Teresa Forcades, que reflete sobre a importância de três constatações básicas: as pessoas são inclassificáveis, as pessoas são sociais e as pessoas são responsáveis.

A formação valorizou, principalmente, a responsabilidade que temos como docentes e a oportunidade de fornecer cenários hipotéticos e reais de transformação social. Essa responsabilidade nos obrigava a romper com o binarismo desconfortável de "ou nos comprometemos, ou deixamos passar a oportunidade".

ANDAR

> Do lat. *amlare – ambulare*. 2. *v. intr.* Mover-se uma coisa de um lugar a outro. 9. Fazer um percurso a pé.

A vantagem do Institut Ca n'Oriac naquele momento específico era que absolutamente tudo estava para ser pensado e construído. Um antigo edifício "semiabandonado" para habitar, um instituto recém-criado com apenas um ano e poucos cursos do ensino fundamental, um pequeno corpo docente, poucos recursos econômicos e materiais... Diante dessa situação, tentávamos resolver conflitos estruturais e arquitetônicos relacionados a coisas muito simples, mas nada triviais, como se os banheiros que estavam sendo construídos naquele momento deveriam refletir uma classificação binária de meninos à direita e meninas à esquerda ou se poderiam ser repensados de outra maneira. A magia de algo tão orgânico e íntimo como ir ao banheiro nos levou a longas conversas e discussões desconfortáveis. Não era uma bobagem, não era uma anedota. O discurso era muito claro: com tudo o que tínhamos de decidir, com as mil coisas urgentes que tínhamos de fazer..., estávamos discutindo que exatamente isso era importante. Como corpo docente, percebemos que essa decisão simples e obediente não resolvia absolutamente nada. Contudo, era a primeira vez que colocávamos sobre a mesa a noção de que uma decisão sobre o espaço que habitamos poderia ser realmente um passo desobediente (Acaso, 2012). O conflito não resolvido sobre gênero e diversidades era real e precisava ser abordado por responsabilidade. Nós nos comprometemos.

Posso ir ao banheiro? De lápis ou caneta? Azul ou preta? Está bom? Posso...? No dia a dia do instituto, ouvimos muitas perguntas como essas — perguntas obedientes, buscando aprovação. Para viver em sociedade, é necessário um marco de convivência sob o qual respeitemos umas às outras; é preciso conhecer os limites que nos ajudam a nos sentir confortáveis e, ao mesmo tempo, deixar espaço para as colegas. Muitas vezes não questionamos as normas e as normalizamos, por assim dizer.

É importante aprender a escolher, é importante aprender a nos organizar, é importante aprender a ser autônomas, é importante aprender umas com as outras; e há uma longa lista de importantes aprendizagens que não entendem de matérias ou horários. Para aprender o que realmente importa, é preciso gerar os espaços e cuidar das relações. No Ca n'Oriac, essas questões fazem parte das reflexões do corpo docente, e no contexto dos projetos transversais, se busca potencializar deliberadamente essas aprendizagens. Queremos pessoas que se sintam parte de uma sociedade e, ao mesmo tempo, sejam críticas para promover mudanças e continuar avançando. Decidimos então dotar o projeto "Assimetrias" de uma estrutura na qual os alunos e alunas precisassem tomar decisões que os afetassem tanto individual quanto coletivamente, tendo que escolher e assumir responsabilidades. Nós nos comprometemos.

GERAR

> Verbo TRANS-itivo. 1. Produzir certo efeito ou dar origem a certa consequência [...]. "O atrito de dois corpos gera calor; essa música gerava mais entusiasmo entre os jovens".

O contexto. O projeto "Assimetrias" foi desenvolvido no contexto de um projeto transversal. Foram 10 dias de trabalho intensivo, em que não havia um horário fixo por matérias, mas todas as horas eram dedicadas a um objetivo comum. Semanas antes de iniciar o projeto, foi proposto ao alunado o que seria o produto final: uma exposição, abrindo as portas da escola para mostrar às famílias e ao bairro o trabalho de investigação com expressão artística que seria realizado. O tema foi deixado à escolha dos alunos.

O tema. Com diferentes dinâmicas e processos de participação em assembleia, decidiu-se o tema da exposição. Por consenso, os alunos decidiram investigar o gênero. Conhecer o tema com antecedência nos permitiu, como professoras, desenhar um início de projeto para sensibilizar sobre o tema e gerar espaços tranquilos e seguros em que o alunado pudesse se sentir à vontade para fazer perguntas e compartilhar suas experiências e pensamentos. Ao longo dos 10 dias, foram organizadas oficinas e visitas de profissionais para enriquecer tanto a investigação quanto a organização da exposição.

A estrutura. O desafio do projeto era fazer uma exposição sobre gênero. Para isso, era necessário, por um lado, investigar o gênero e, por outro, criar a infraestrutura e a organização para realizar a exposição. Para atender a essas duas necessidades, cada aluno teve um duplo papel durante o projeto (Aronson, 1978), fazendo parte de dois grupos:

- *Grupo-base:* composto por quatro integrantes, responsável por gerar uma pergunta investigável sobre o gênero, respondê-la com base em uma pesquisa ou experimentação e criar um objeto expositivo explicando o processo ou a resposta. Entre as perguntas que surgiram, encontramos questões sobre comentários do dia a dia ou anúncios na mídia, por exemplo, "É malvisto que as mulheres não se depilem?", "O aborto é um direito ou um crime?" ou "Existem brinquedos de meninos e brinquedos de meninas?"; questões induzidas por inquietações relacionadas às suas famílias e culturas, por exemplo, "Como se percebe ser lésbica ou *gay* em diferentes culturas (cristã ou muçulmana)?" ou "Ter vulva implica ser menina e ter pênis implica ser menino?"; e outras perguntas fruto de sua reflexão, por exemplo, "Por que a masturbação é bem-vista nos homens e não nas mulheres?", "Estamos rompendo estereótipos de mulher/homem?" ou "O que pensam nossas famílias?".

- *Grupo de especialidade:* havia quatro grupos dedicados a organizar a exposição. Foram divididos para realizar as tarefas de coordenação, *design*, comunicação e guias.

A exposição. No dia da exposição, os grupos de especialidades organizaram previamente toda a estrutura e o *design*, e os grupos-base expuseram suas obras ao público (Figuras 9.1, 9.2, 9.3 e 9.4).

ASSIMETRIA

> (n) feminino. É propriedade de determinados corpos [...] em que, ao aplicar uma regra de transformação efetiva, observam-se mudanças em relação ao elemento original.

As verdadeiras aprendizagens são aquelas que perduram no tempo. No ensino fundamental e no ensino médio, costuma-se avaliar as aprendizagens de curto prazo para saber o que os alunos aprenderam após uma sequência didática ou um projeto de aprendizagem. Com o intuito de compartilhar nossa experiência, neste livro nos aventuramos a perguntar à nossa comunidade educativa o que recordava do projeto e que impactos ele causou um ano após a sua realização. Para isso, foram organizadas duas reuniões — com uma representação dos alunos e com uma amostra de professores —

Figuras 9.1, 9.2, 9.3 e 9.4 Grupo-base expondo suas obras no dia da exposição.
Fonte: Arquivo do Institut Ca n'Oriac

e foram analisadas as avaliações escritas deixadas pelas famílias após visitarem a exposição.

∀ssimetria: a voz do alunado

Sara, Lian, Elis, Sofi e Jus lembram o que significou para elas o projeto "Assimetrias" um ano depois. Durante uma conversa informal, nos surpreende, ao ouvi-las, a clareza do relato, os detalhes de que se lembram e o modo como o projeto as tocou por dentro. Lembram de quando conversavam com as famílias, enfrentando de maneira natural e transparente muitos dos tabus expostos, do sentimento de estarem seguras durante e após o projeto, da sala de aula como uma toca, da emoção de terem explicado coisas importantes e da convicção de que houve uma transferência real escola-família. A seguir, apresentamos exemplos de como suas vozes transmitem as aprendizagens e sensações vividas, exemplos que mostram as marcas que o projeto deixou em suas vidas (Figura 9.5).

Jus e Sofi lembram muitos detalhes de seu campo de investigação um ano depois do trabalho realizado:

Jus: O trabalho em equipe. Tivemos dificuldade em encontrar informações sobre alguns temas, muitos eram tabus. Em alguns momentos, perguntamos a pessoas na rua, a desconhecidos, o que pensavam sobre o tema. O nosso era um tema desconfortável de tratar: o travestismo [...]. Perguntávamos por que acreditavam que se vestiam assim; nos ouviam, pensavam, mas não encontravam uma resposta para nossas perguntas.

Sofi: No nosso caso, estudamos se os brinquedos tinham gênero [...], seguindo estereótipos de meninos e meninas, e perguntamos o que achavam.

Sara lembra que o projeto lhe deu mais força para ter mais critério e mais segurança, embora em sua família e sua comunidade predominem outras visões. Elis nos conta que na escola se sente segura para falar sobre esses temas, que a escola é como uma toca.

Sara: Em minha casa, em que somos marroquinos, é normal que as meninas usem vestidos rosa e, em contrapartida, os meninos possam usar calças, suéteres [...]. Quando falamos em sair à rua, por exemplo, meu irmão sempre pode sair, mas me dizem que eu não posso, que sou uma menina. Se pergunto por que meu irmão pode, me dizem que ele é menino e pode fazer o que quiser. Para minha família, isso é normal. Eu reivindico, só que para eles não é importante apenas o que pensam, mas também o que os outros pensam. Fazer o projeto me mudou muito, mas tenho a sensação de que em casa não posso mudar nada. Para mim, ajudou a ter razões, estar convencida de ter meu próprio critério, segurança. [...] O projeto me deu mais força.

Elis: Na aula, você sente que é como uma "toca". Toda a escola tem a mente mais aberta e podemos dizer coisas que em casa não podemos dizer, e sem machucar os outros.

Jus: Em casa nos ouvem, mas não nos entendem como vocês [professoras]. Vocês nos entendem, mas nossos pais, não. Com esse projeto, dissemos coisas que não nos atrevemos a dizer. Aqui há um respeito às diferentes opiniões, e isso permite que você dê sua opinião sem medo.

Jus descreve a experiência de apresentar os trabalhos às famílias como um processo cheio de sensações e, juntamente com Sofi, destaca a sensação de que os visitantes também aprendiam com elas.

Jus: Conseguimos transmitir nossa opinião para as famílias e elas nos escutaram, ouviram nossas ideias e o que pensamos. E eu acredito que as pessoas foram para casa com novos pensamentos. Quando falávamos com as pessoas, elas ficavam pensativas ou diziam: "Ah, eu nunca havia pensado nisso antes". E nós, que somos como seus filhos, estávamos contando coisas que elas não percebiam [...]. Compartilhamos nossas ideias, e isso ajuda a nos compreenderem melhor, tanto a nós quanto aos seus filhos [...]. Ter as famílias presentes foi um pouco estranho e nos deixou um pouco envergonhados. É como "sair do armário", mas acho que foi muito bom, porque assim pudemos levar nossas ideias para muitas pessoas; e ver que há muitas pessoas ao nosso lado que estão de acordo nos dá mais força.

Sofi: Eu perguntei à minha família e eles me disseram que aprenderam coisas.

Figura 9.5 As vozes do alunado.

Assimetria: a voz das docentes

Bruna, David e Jordi são três docentes do centro com quem conversamos um ano após a realização do projeto. Na conversa, destacam que o projeto mexia com eles, tanto como professores quanto como pais e mães. Falamos sobre as memórias, expectativas e fases anteriores ao processo. Um dos temas destacados foram as impressões durante o desenvolvimento da exposição e a recepção por parte das famílias.

David compartilha as sensações que marcaram as fases anteriores ao projeto. Sensações que também eram compartilhadas por outros professores, porque o tema não era considerado uma prioridade educacional. Por outro lado, Bruna, que já havia feito uma formação sobre o tema, destaca que, embora possamos ser pessoas abertas e instruídas, ainda há muitas barreiras.

David: Eu pensava: "Não quero fazer essa formação agora". Talvez me interessasse mais por um tema que atendesse a minhas expectativas. Fiz um comentário muito radical: "Eu não vou fazer este curso". No primeiro dia em que Alba Barbé Serra [a formadora] veio, fiquei impressionado. Pensei: "Que pessoa boa". Quando falamos de trazer especialistas, era isso, e eu estava preocupado, "E eu disse aquilo". Me senti mal, como pude dizer aquilo sendo tão ignorante no assunto e com a importância que tem. Tenho uma filha e não domino o tema, e me fez ver que aprendi muito desde o primeiro momento que ela chegou, e agora vou pensar muito antes de dizer algo semelhante.

Bruna: Embora eu me considere uma pessoa de mente aberta e tolerante, há muitas coisas que, quando você as encontra, quando precisa enfrentá-las..., tenho um choque com a realidade, talvez não seja tão aberta. Sempre tentei fazer as coisas, mas talvez haja temas sobre os quais realmente tenho dificuldade em falar com os alunos ou com meus filhos. Falar de sexualidade com meus filhos, por exemplo, até onde eu vou? Sou aberta, mas, quando um aluno vem e pergunta se eu me masturbo, é um pouco impactante, mas quero que as crianças não guardem as coisas para si e as expressem. Mas perguntas como essas também são difíceis para mim, como para meus pais.

Os professores destacaram que o momento de exposição e apresentação dos trabalhos foi quando realmente tomaram consciência do que havia acontecido e da boa recepção das famílias.

Bruna: O tema "assimetrias" foi *heavy* (pesado). Até nos encontrarmos no dia da exposição, não tínhamos consciência da magnitude... Você vai fazendo e, no dia em que vê tudo aquilo, todas as perguntas... e elas sendo especialistas diante de seus pais e mães foi muito impactante.

David: Além disso, davam importância àquelas famílias que não concordavam tanto com o tema. Fiquei surpreso com a quantidade de famílias que vieram e que estavam tão felizes por tratarem desse tema. Todas as famílias comentaram coisas.

Bruna: E não tivemos reclamações.

David: Um caso muito bonito foi o de um pai que me disse: "Todos os professores são incríveis, é um mérito". E eu o abracei e disse: "Muito obrigado por tudo". Devemos lembrar que muitas famílias saíram contentes.

Jordi, que ainda não era professor do centro, mas assistiu à jornada, destacou a qualidade das apresentações e como os alunos o fizeram pensar e reconsiderar coisas. Bruna comenta que os alunos explicavam seus trabalhos com seriedade, interesse e rigor.

Jordi: Fiquei muito impressionado com o fato de tratarem desses temas e te fazerem participar. Confrontavam você com o tema. Lembro-me que te faziam vestir bonecas com roupas, uma menina e um menino. E a pergunta era: por que é mais fácil vestir uma menina de menino, e não o contrário? O que aconteceria se um menino vestido de menina saísse à rua? E era como se eu nunca tivesse pensado nisso em termos de gênero, ou seja, gênero a partir da perspectiva masculina. Isso me impactou. Percebi algo que nunca havia pensado.

David: Gostei do estande sobre masturbação. Fiquei muito impactado. Eu me imaginava no segundo ano do ensino médio explicando aos meus pais todo o tema da masturbação, e quase morria. Então ver como um adolescente explicava aos pais o percentual de masturbação na escola... E, como pai, receber isso também me impactaria. Mas fiquei me imaginando explicando como aluno aos meus pais, em primeira pessoa: "Nós nos masturbamos e os meninos se masturbam mais do que as meninas".

Bruna: Conseguimos que os meninos e as meninas tivessem uma atitude profissional e que os resultados não fossem de mau gosto ao não tirar as coisas de contexto. Explicando as estatísticas, por exemplo.

Jordi: As famílias também ficaram muito impressionadas. É um tema [masturbação] que as toca diretamente e toca a todos por idade. É algo que todos sabem que acontece nessa idade e não se fala sobre isso. É um tema tabu que afeta a todos em termos de equidade. O tema LGBTIQ representa uma parte menor do alunado. Faz parte da vida deles, falam sobre isso — é possível que alguns não, outros sim, dependendo de sua origem ou etnia.

Durante a conversa, Jordi faz a pergunta: "Vocês sabem se o projeto facilitou a conversa das crianças com suas famílias sobre o tema?", e eles compartilham algumas impressões. Destacam que talvez, em alguns casos, a conversa tenha ficado na escola, e talvez, em outros casos, a visita à exposição tenha convidado a falar sobre o tema. Os professores destacaram que suas vivências com o tema foram, sim, levadas para suas casas e famílias.

Bruna: Eu acho que em muitos casos a conversa ficou aqui. Em muitos casos, não reverberou em suas casas. Acho que o espaço (da escola) era propício e confortável para falar sobre isso, mas em casa é diferente.

David: Eu acho que talvez desse abertura para falar. Em um momento frio, é difícil trazer o tema, mas, depois de analisar o que as famílias viram, há abertura para falar sobre isso. Eu conversei com minha família..., não especificamente sobre o tema da masturbação, mas sobre assimetrias, sobre gênero. Eu ia explicando e em casa a mente se abria mais. Já era uma mente aberta, de respeito absoluto, mas agora penso que "tudo é normal", e isso às vezes pode ser difícil.

Ɐssimetria: a voz das famílias

As famílias que visitaram a exposição foram convidadas a deixar uma pequena avaliação e um comentário sobre a experiência, e 108 pessoas responderam ao convite. As pontuações foram muito positivas: 91 pessoas deram a pontuação máxima (que era 4), 13 pessoas deram 3, e quatro pessoas fizeram uma avaliação mais negativa, situando sua pontuação entre 1 e 2.

As palavras mais repetidas nos comentários foram: "muito bom", "muito interessante", "fantástico", "excelente" e "maravilhoso". As avaliações escritas, embora breves, transmitiam mensagens positivas e interessantes: "Muito interessante, aprendi muito", "Havia muito conteúdo, o conteúdo era muito bom e pouco repetido", "Tudo isso ajuda a conscientizar os meninos e empodera as meninas", "O conteúdo era muito educativo. Obrigado. Percebe-se o esforço dos adolescentes", "O alunado era muito educado", "Incrível, vocês fizeram um ótimo trabalho", "Muito bem trabalhado e organizado", "Foi muito bom, gostei muito".

DEGENERAR

> Verbo INTRANSitivo. 2. Perder progressivamente (uma pessoa ou uma coisa) qualidades que tinha originalmente.

O depois do que significou "Assimetrias" para cada uma de nós é exatamente o agora. Continuamos em um projeto educativo que ainda está em seus estágios iniciais, continuamos decidindo maneiras de organização, de criar espaços a serem habitados e de imaginar uma escola que, como descrevem Herrero *et al.* (2019), coloque a vida no centro. "Assimetrias" sacudiu a todas nós e ao projeto coletivo de forma irreversível, e a abordagem de um processo de aprendizagem a partir de uma visão horizontal e participativa nos fez repensar, por exemplo, algo tão básico e, ao mesmo tempo, intocável quanto o organograma da escola, ou que os cuidados façam parte do eixo central da vida na escola em toda a sua amplitude.

A vontade do corpo docente neste momento seria que o anedótico cedesse lugar a uma realidade diferente de organização e de gestão coletiva. Recuperar a força que advém de fazer parte de um grupo que pensa e trabalha em equipe é, claro, um processo lento, mas, ao mesmo tempo, transformador e inteligente. Algo que deveria ser óbvio na educação e que, ao mesmo tempo, exigimos dos nossos alunos, na verdade, envolve esforço, temor e perda de controle. Cuidar e cuidar de nós mesmas nos impulsiona a recuperar a emoção de fazer parte de um coletivo, e essa ideia natural e intrínseca é realmente desobediente, chegando a ser ridículo relembrá-la.

Atualmente, estamos fazendo uma formação em sociocracia conduzida por Oriol Guinart, docente e membro do EduglobalStem. Ele mesmo expressa que é uma formação e uma proposta inédita, mas o desafio está em torná-la viável. O objetivo final seria criar uma comunidade educativa que se auto-organiza, desenvolvendo círculos de organização efetiva e afetiva em que todas somos parte ativa.

"Assimetrias" fez, sem pretensões, com que não possamos realizar projetos futuros sem repensar as relações de poder (Acaso, 2013) que se estabelecem com normalidade em qualquer centro educativo. O desafio ainda é ceder esse poder ao alunado, renunciando ao protagonismo que exercemos como docentes e ajustando-nos a um papel de acompanhamento no processo de aprendizagem. O projeto transversal "Assimetrias" exigia que a perspectiva de gênero estivesse sempre presente e que não ficasse apenas na elaboração de um documento da escola, mas que essa ideia ecofeminista acabasse impregnando tudo. Não é possível uma educação responsável e honesta sem cuidados. Se essa ideia no fundo é um pouco desobediente, nos reconhecemos como tais: degeneradas, horizontais, desobedientes e deformadas, provocando a discórdia de não sermos capazes de distinguir a parte original daquela que acabou se tornando assimétrica.

REFERÊNCIAS

ACASO, M. *Pedagogías invisibles:* el espacio del aula como discurso. Madrid: La Catarata, 2012.

ACASO, M. *rEDUvolution:* hacer la revolución en la educación. Barcelona: Paidós Ibérica, 2013.

ARONSON, E. *The jigsaw classroom.* Beverly Hills: Sage, 1978.

COLL-PLANAS, G.; VIDAL, M. *Dibuixant el gènere.* Carcaixent: Edicions 96, 2013.

CUA de Sirena. Direção: Alba Barbé i Serra. Roteiro: Alba Barbé i Serra, Sara Carro Ibarra. [*S. l.: s. n.*], 2020. 8 min.

HERRERO, Y. *et al. La vida en el centro:* relatos ecofeministas. Madrid: Libros en Acción, 2019.

Leitura recomendada

BARBÉ I SERRA, A.; CARRO, S.; VIDAL, C. *La construcción de las identidades de género:* actividades para trabajar con jóvenes y adolescentes. Madrid: La Catarata, 2014.

10

(Re)montar imagens, esboçar deslocamentos e projetar subjetividades para aprender de forma coletiva a partir do estabelecimento de relações

Fernando Hernández-Hernández

Aurelio Castro Varela

APRENDER POR MEIO DA INDAGAÇÃO EM TEMPOS DE COVID-19

Neste capítulo, queremos compartilhar como nossa atividade docente na universidade se relaciona com a perspectiva que fundamenta os projetos referidos na primeira parte deste livro e que está presente, de uma forma ou de outra, em todos os capítulos. Além disso, compartilhamos o sentido que adotamos da proposta de Atkinson (2008) de promover uma "pedagogia desobediente". Desenvolvemos esses propósitos a partir da experiência compartilhada com os estudantes da disciplina Visualidades Contemporâneas durante o ano letivo de 2020-2021, um tempo marcado pelas dificuldades e tensões geradas pela pandemia de covid-19. Tensões que se refletiram não apenas na transição obrigatória de aulas presenciais para encontros virtuais, mas também nas dificuldades que os estudantes manifestaram em relação ao seu mal-estar emocional durante esse período. Uma citação de Maritxell, uma das estudantes do curso, reflete a situação pela qual passamos:

> Em relação à forma de dar as aulas, devo dizer que, no início, fiquei surpresa ao ver que Aurelio e Fernando tinham vontade de inovar e romper com a maneira típica e entediante de dar aulas teóricas: todos sentados tomando notas enquanto os professores falam. As duas ou três primeiras

aulas que fizemos presencialmente me agradaram muito, e eu estava bastante motivada com a disciplina, já que via que poderia ser uma forma bastante dinâmica de aprender, mas então chegaram as aulas *on-line*. Quando começamos a ter as aulas *on-line*, minha motivação diminuiu e foi embora. Tive dificuldades em seguir as aulas sem me distrair. Penso que uma das razões foi que, por não termos aulas presenciais, as aulas *on-line* voltaram ao método tradicional, em que apenas os professores falavam e os estudantes ouviam. De qualquer forma, acho que também é culpa nossa, já que quase ninguém intervinha, então os professores tinham que puxar todo o tempo. Além disso, os ânimos também não estavam muito altos por causa da covid e outras questões. Portanto, foi muito difícil encontrar motivação e vontade, levando em consideração que estávamos sentadas em frente a uma tela por duas horas, o que facilita muito a distração com o que está ao redor. Está claro que foi um esforço de todos para poder fazer e seguir a disciplina.

Essas foram as circunstâncias nas quais realizamos o curso que tomamos como referência para mostrar como levamos o aprender por meio de projetos de indagação para as aulas da universidade e como tentamos explorar as possibilidades de uma pedagogia desobediente em circunstâncias no mínimo excepcionais. Como o que compartilhamos é uma pausa em um percurso de mais longo alcance, começamos situando o sentido da disciplina.

A DISCIPLINA VISUALIDADES CONTEMPORÂNEAS A PARTIR DA CODOCÊNCIA

Visualidades Contemporâneas (VC) é uma disciplina obrigatória do terceiro ano do curso de Belas Artes da Universidade de Barcelona. O desconforto que a conotação de "obrigatória" gera em algumas estudantes nos faz pensar no que dizem Jonathan Haidt e Greg Lukianoff (2019) sobre a epidemia emocional[1] que afeta a sociedade e que também se reflete na Universidade.

---

[1] Essa epidemia emocional refere-se à reação de rejeição de uma parte do alunado diante de qualquer coisa que questione ou perturbe seus pontos de vista. Esses autores veem com preocupação uma crescente limitação da liberdade de expressão nos *campi* universitários estadunidenses e em outras regiões como uma forma de proteção à fragilidade emocional do alunado. Tal situação tem um efeito contrário ao desejado: exacerbar pensamentos dicotômicos, criando comunidades menos inclusivas.

O desconforto é gerado *a priori* em relação ao adjetivo "obrigatória", que é associado a uma perda de liberdade. Consequentemente, os professores sabem que devem "ganhar" a atenção e a confiança das estudantes para que se aproximem do campo dos estudos da cultura visual (Elkins, 2003; Hernández, 2005; Mirzoeff, 2016; Alpers *et al.*, 1996). Com esse propósito, o curso oferece uma série de marcos teóricos e metodológicos para dialogar com a historicidade e as formas de socialização das imagens, tanto na época contemporânea quanto no passado.

Em Visualidades Contemporâneas, os estudantes são convidados a adotar uma abordagem rizomática (Deleuze; Guattari, 2003), baseada nos princípios de multiplicidade e ruptura, para estabelecer novas conexões entre as imagens (artísticas ou não) e reconhecer seu caráter construído, seus percursos e efeitos. Uma das premissas do curso é convidar os estudantes a sair da tradição obediente que compreende as imagens como espaços de representação que devem ser decifrados para passar a considerar o que as imagens "fazem" (também em nós) e o que nos permitem "fazer" com elas.

Há cinco anos, os dois autores deste texto compartilham a docência de um grupo de Visualidades Contemporâneas. Diferentemente do que costuma ocorrer na Universidade de Barcelona, onde compartilhar uma disciplina significa dividir as aulas, nós optamos por estar presentes em todas as sessões do curso; ou seja, por estabelecer uma verdadeira codocência. No início dessa colaboração, após o ano letivo de 2017-2018, escrevemos um texto (Castro Varela; Hernández-Hernández, 2019) como um diálogo sobre as novas possibilidades que se abriram em nossa relação pedagógica com o grupo de Visualidades Contemporâneas daquele ano, refletindo também sobre como a experiência de compartilhar a partir da reciprocidade e da escuta nos "afetou" (Hernández-Hernández, 2020) como docentes.

É habitual, por exemplo, que, enquanto Fernando explica alguma questão, Aurelio fique sentado entre o restante do grupo como um estudante a mais, e vice-versa. No entanto, quem assume essa atitude de escuta costuma contribuir com mais ideias, abrindo a conversa e incorporando outras vozes. Além disso, quando a turma se divide em pequenos grupos para elaborar uma cartografia, discutir um texto ou apenas "fazer algo" a partir de um conceito dado, ter dois docentes facilita o acompanhamento dessa atividade. Isso implica uma maior capacidade de escuta e diálogo, mas também que se reocupe o espaço da sala de aula ou até mesmo o corredor, que os móveis sejam redistribuídos ou as paredes sejam apropriadas para pendurar mapas e imagens. A codocência, em última análise, adquire um sentido de pedagogia desobediente, na medida em que serve para expandir e sustentar novas possibilidades de relação entre o grupo e a arquitetura e a materialidade da sala de aula, que deixa de ser um mero contêiner de teoria para se tornar uma ecologia de práticas teóricas diversas. As condições oferecidas pela sala de aula para aprender mudam, de fato, ao praticar a aula de outra maneira.

Posteriormente, essa cooperação teve de enfrentar situações mais difíceis de lidar. Por exemplo, no mencionado ano letivo de 2020-2021, íamos pela manhã à faculdade para nos sentarmos juntos em frente ao computador de uma sala vazia, equipado com uma câmera e um microfone para transmitir as sessões. Na tela, a grande maioria dos estudantes "aparecia" como quadrados pretos com seus nomes e sobrenomes, sem se mostrarem e, muitas vezes, sem dizer uma palavra ao longo de duas horas. Nesse último caso, a codocência serviu para nos sustentar mutuamente naquele cenário gelado — especialmente à medida que o inverno se aproximava — e assumir relações pedagógicas afetadas pelos desconfortos associados ao isolamento, à descorporização e à virtualidade obrigatória, contexto em que era necessário inventar outros vínculos e modos de relação e outras estratégias de ensino.

A verdade é que, com ou sem restrições pandêmicas, os estudantes de Artes Visuais costumam considerar Visualidades Contemporâneas (junto com outras disciplinas ministradas no Edifício Florensa da faculdade) uma disciplina "teórica" e, portanto, contraposta às oficinas (práticas) de outras disciplinas. De nossa parte, sempre tentamos discutir essa oposição entre teoria e prática a partir de várias estratégias metodológicas orientadas a "fazer coisas" com a teoria e articuladas por meio de nossa copresença na sala de aula. Em outras palavras, uma das finalidades de nossa codocência — e do curso — é reconfigurar uma sala de aula "presumidamente teórica" por meio de uma práxis que conecta explicitamente modos de conhecer e maneiras de fazer, entendidas como as duas margens de um mesmo rio de aprendizado. Essa proposta, evidentemente desobediente ao que os estudantes e a faculdade esperam, às vezes gera nos alunos efeitos como os que Paula menciona:

> Devo dizer também que aprendi muito com a forma de dar aula de Aurelio e Fernando. Acho que eles nos deram uma certa liberdade que permi-

tiu que questões muito mais interessantes florescessem nas aulas, debates, tarefas... O respeito mútuo, o saber ouvir — tão importante quanto o saber olhar — e colocar a importância que cada indivíduo tem como pessoa acima do conteúdo acadêmico me fizeram sentir muito confortável e com vontade durante o curso.

O curso é organizado por meio de: (a) sessões explicativas, abertas ao debate; (b) leitura e discussão de textos (primeiro em pequenos grupos e depois como parte de uma troca mais ampla); (c) abordagem compartilhada de conceitos-chave, como visualidade, discurso, dispositivo, cartografia, etc.; (d) intervenção em sala de aula de agentes artísticos, sociais ou educacionais relacionados à orientação da disciplina; (e) visitas a exposições e museus; e (f) uso de cartografias. Essa última estratégia visa a estimular a inventividade (Lury; Wakeford, 2012) e articular novos vínculos entre materiais heterogêneos (imagens, documentos, citações, espaços, pessoas, coisas, etc.), permitindo, como apontam Deleuze e Guattari (2008), configurar "multiplicidades ou agregados de intensidades". Ao fazer isso, as cartografias também incentivam os estudantes a situar, elaborar e expandir questões de cultura visual.

Nos cinco cursos em que compartilhamos a docência até o momento, os exercícios cartográficos favoreceram a ruptura das fileiras na sala de aula, habitando-a de forma diferente e desenvolvendo uma prática teórica em torno do visual distinta — e desobediente — daquela que os estudantes haviam previsto. Esses movimentos provocam, em alguns estudantes, como Albert, uma experiência de dificuldade e estranhamento:

> Ao tratar temas de maior transversalidade, a importância da compreensão dos conhecimentos também torna a disciplina difícil no sentido de ter a sensação de que você está seguindo no rumo certo e não se sentindo perdido em termos de conhecimento. A forma de entender que a maioria dos conhecimentos expostos em sala de aula não se limitam a um aspecto específico, mas podem ser relacionados com muitos outros, torna difícil "dominar" o conteúdo.

Este é o momento de nos perguntarmos que relação se estabelece entre uma pedagogia orientada à indagação, baseada na codocência, e a tentativa de reconfigurar uma sala de aula — ou seja, a própria aula e o espaço em que ela se desenvolve — prefigurada pela maneira dominante como os estudantes de Belas Artes tendem a entender "a teoria, o aprender e a investigação".

OS PROJETOS DE INDAGAÇÃO ENTRELAÇADOS EM UMA ECOLOGIA DE APRENDIZAGEM

O curso de Visualidades Contemporâneas, como indicamos, pretende colocar os estudantes em contato com algumas das contribuições dos estudos de cultura visual. Tentamos fazer, especialmente, com que considerem as imagens não a partir de uma perspectiva de "leitura", mas do que as imagens "podem fazer" nas pessoas que as visualizam e o que estas podem fazer com elas (Mirzoeff, 2016). A partir desse enfoque, tenta-se desenvolver atividades e projetos de indagação em que as imagens, relacionadas com textos e outras imagens, ampliem seu significado, problematizem o estabelecido e visibilizem aspectos que, de outra forma, permaneceriam ocultos.

Com base nesse pensamento, levamos os projetos de indagação ao curso de Visualidades Contemporâneas como uma estratégia poderosa e versátil de oferecer aos estudantes e a nós um novo enfoque das subjetividades, das formas de relação e dos seus movimentos de aprendizagem. Nesse processo, os deslocamentos na indagação de caráter cooperativo atuam como conectores de experiências e conhecimentos por meio do *design*, da abstração e da tradução, assim como amplificadores do conhecimento e da valorização de si mesmo e de seus movimentos de aprendizagem (individualmente e em grupo) (Onsés, 2014). Também nos levam a uma "[...] melhor compreensão das diversas paisagens de aprendizagem [dos estudantes]" (Fendler, 2013, p. 792). Além disso, os projetos nos permitem questionar se os caminhos de indagação possibilitam ir além da objetividade, do pensamento moderno e da lógica representacional na pesquisa, porque atuam como "[...] um ponto-chave para a crítica pós-estruturalista do pensamento clássico e modernista" (Mitchell, 2008, p. 3).

Mas essa não é uma tarefa fácil por várias razões. Porque os estudantes estão imersos em uma cultura de instantaneidade, produção e relação quase compulsiva com as imagens. Também porque, para estabelecer relações entre as imagens, é necessário ter um repertório cultural que lhes permita encontrar possíveis vínculos entre elas. E, sobretudo, porque necessitam de estratégias de indagação nas quais não foram formados. Esse contexto nos coloca, como docentes, em uma posição de "não saber" (Hernández-

-Hernández; Sancho; Fendler, 2015), que está vinculada ao que os estudantes vão compreendendo a partir dos conceitos, estratégias e exemplos que vamos introduzindo no curso.

AS IMAGENS DA PANDEMIA: ABRINDO-SE PARA APRENDER POR MEIO DA INDAGAÇÃO

Como mencionamos, no ano letivo de 2020-2021, tivemos de migrar para a virtualidade no mês de outubro. Naquela altura, já havíamos introduzido algumas noções relacionadas ao campo da cultura visual. Chegava o momento de "fazer algo" com o que supostamente fora aprendido. Essa ideia de "fazer algo" com a teoria é um elemento-chave em nossa abordagem de ensino, pois entendemos que, nessa ação performativa, os estudantes descobrem e estabelecem relações; de outra forma, ficariam presos nesse dualismo restritivo e enraizado como forma de ideologia artística e pedagógica, separando teoria e prática. Para isso, propusemos dois exercícios complementares — não entendidos como ações pautadas, mas como formas de relacionar a cultura visual e as imagens da pandemia.

No primeiro exercício, convidamos os alunos a incluir em uma *webpage* criada na plataforma Hotglue[2] imagens públicas ou privadas que lembravam como particularmente relevantes em sua experiência pessoal do confinamento e da pandemia.

Ao longo de duas semanas, os estudantes fizeram o *upload* dessas imagens, além de comentar durante as sessões o significado (entendido em um sentido amplo) que elas adquiriram, como foram tiradas ou circularam e como se conectavam entre si. Esse trabalho, entre descritivo e analítico, foi realizado também com base no texto de Rebeca Pardo (2020) intitulado "Que imagens farão parte da memória da covid-19?".[3] Na verdade, essa leitura permitiu levantar três questões, cujas respostas os estudantes também compartilharam por escrito no *campus* virtual, em relação ao arquivo audiovisual que havia sido constituído:

---

[2] http://vc.hotglue.me/
[3] PARDO, R. ¿Qué imágenes formarán parte de la memoria de la COVID-19? 2020. Disponível em: https://theconversation.com/que-imagenes-formaran-parte-de-la-memoria-de-la-covid-19-141673. Acesso em: 1 set. 2020.

- Quais imagens, entre todas as que incluímos no Hotglue, são suscetíveis de se tornar, no futuro, símbolos da pandemia de covid-19?
- Que cenários sociais podemos visualizar a partir desse conjunto de imagens sobre a pandemia?
- Que discursos e dispositivos podem ser associados às imagens do arquivo?

O segundo exercício consistiu em organizar os alunos em grupos de duas a seis pessoas para criar um vídeo breve sobre algum problema social e visual relacionado à pandemia. Para isso, poderiam usar tanto as imagens carregadas na *webpage* quanto outras que considerassem adequadas. Além disso, introduzimos como referência para articular as narrativas o projeto "Quadraginta",[4] organizado por Carlos Escaño, professor da Universidade de Sevilha, no qual se reflete coletivamente sobre a era covid-19 por meio de um arquivo audiovisual composto e compartilhado por participantes de vários países.

O texto de María, Laia e Pep pode servir como uma síntese do sentido que deram a essas atividades, ao mesmo tempo que mostra o papel da indagação como uma estratégia que prefigura os modos de relação postos em movimento:

> Nosso vídeo trata da evolução emocional e sentimental que desenvolvemos desde o primeiro confinamento de abril, passando por um verão de nova normalidade com certas liberdades, concluindo com o novo confinamento que estamos vivendo neste inverno. Ao longo do vídeo, combinamos as imagens do Hotglue com outras imagens externas que ajudaram a configurar melhor nosso discurso e, sobretudo, com imagens que pertencem ao mundo da história da arte, que ofereciam uma diferente camada de leitura, muito distinta das imagens mais jornalísticas. Por fim, acompanhamos nosso discurso com música que se relaciona com as diferentes emoções que queremos transmitir em cada momento do vídeo.[5]

Além disso, com a perspectiva de favorecer o aprender cooperativo por meio da indagação a cada ano propomos ao grupo de Visualidades Contemporâneas um tema relacionado à atualidade que não possa ser explicado ou

---

[4] PROYECTO QUADRAGINTA. c2024. Disponível em: http://institucional.us.es/quadraginta/. Acesso em: 2 set. 2024.

[5] Link de acesso privado: https://cutt.ly/1UGJbKC

encerrado sob um único ponto de vista e que permita abrir diferentes linhas de investigação. Para o ano letivo de 2020-2021, o tema de indagação foi "a cultura visual da colonialidade", tratado a partir da "queda das estátuas" e do movimento Black Lives Matter.

No entanto, as aulas continuavam sendo virtuais e os alunos estavam isolados. Quando os centros culturais e museus reabriram, pensamos que poderíamos convidá-los a sair de suas casas e se encontrar em uma exposição conectada a esse tema.

Finalmente, *William Kentridge: lo que no está dibujado*[6], no Centro de Cultura Contemporânea de Barcelona (CCCB), lhes permitiu, mais uma vez, abrir-se a tramas de relação, agora em torno de histórias do *apartheid* na África do Sul. A exposição tinha como referência o título: "Crônica crítica da história sul-africana desde o *apartheid* até o presente". Antes de realizar a visita em grupos reduzidos e organizados em sala, compartilhamos as seguintes instruções:

> Este trabalho consiste em fazer uma resenha a partir da visita individual/grupal (máximo de quatro estudantes) à exposição de William Kentridge. Trata-se de escrever um texto de 10 mil caracteres com espaços, que pode incluir ilustrações e que deve ser organizado com: a) um título que resuma a ideia central da resenha; b) a indicação da autora ou autores; c) o conteúdo, que deve ser composto por três partes: a explicitação do discurso da exposição e a análise da exposição como dispositivo, o cruzamento com o artigo de Nicholas Mirzoeff (2016) "O direito de olhar"[7] e o cruzamento com alguns dos temas tratados até agora no curso; d) uma bibliografia breve que sirva para fundamentar o que é dito no texto, que pode ser formada por referências compartilhadas no curso ou outras que seja necessário introduzir.

O TRABALHO FINAL COMO PROJETO DE INDAGAÇÃO

A satisfação de compartilhar, algo que já vinha dos trabalhos da segunda atividade, especialmente da realização dos vídeos, deu uma sensação de

---

[6] KENTRIDGE, W. *Lo que no está dibujado*. 2020. Disponível em: https://www.cccb.org/es/exposiciones/ficha/william-kentridge/232743. Acesso em: 31 ago. 2024.

[7] MIRZOEFF, N. *El derecho a mirar*. 2016. Disponível em: https://icjournal-ojs.org/index.php/IC-Journal/article/view/358. Acesso em: 31 ago. 2024.

normalidade que possibilitou o curso. Mas, como se tratava de uma atividade que tinha muito de "recapitulação", permitindo-nos ter uma visão geral de como o curso estava indo, entendemos que havia aspectos do diálogo com as imagens, da transferência de conceitos-chave do curso e dos elementos formais que precisavam ser reforçados pensando no trabalho final.

O trabalho final foi apresentado como um convite para ativar um processo de indagação que resultasse em uma pesquisa sobre uma problemática relacionada à visualidade e à decolonialidade. Para ajudar os alunos a se organizar, fornecemos o que seriam as diretrizes de um artigo para uma revista:

1. Extensão do trabalho: entre 8 e 10 mil caracteres com espaços (incluindo as referências).
2. Título: deve indicar claramente o problema de investigação e ser contextualizado com um subtítulo.
3. Autoras: nomes e endereços eletrônicos de cada uma.
4. Resumo: de 800 a 1.000 caracteres com espaços; explica a origem, o objetivo, o desenvolvimento e as contribuições do trabalho.
5. Palavras-chave: é necessário que sejam diferentes das palavras do título do trabalho.
6. Introdução: apresentação do tema, questão, dúvida ou problema de interesse inicial: em que consiste, de onde surge, como se concretiza, que aspectos aborda, que dúvida é levantada, etc.. Em resumo, o que se quer conhecer.
7. Estado da questão: uma elaboração da relação entre esse tema e os textos lidos no curso ou outros específicos sobre a questão de visualidade e decolonialidade explorada. Isso implica considerar que essas referências bibliográficas concretizam, matizam, problematizam, expandem, desenvolvem, questionam ou contradizem nosso tema de interesse.
8. Desenvolvimento da investigação: a ideia é tornar clara a relação entre o estado da questão e a investigação realizada, que consiste em constituir um estudo de caso em que se relacionem imagens e outros documentos. Essas conexões, fundamentadas bibliograficamente para que sejam significativas, devem levar à identificação de aspectos e questões que antes não eram visíveis.

9. Conclusões: devem explicar o que esse trabalho trouxe e que caminhos ele abre em relação à problemática abordada.
10. Breve delineamento de uma intervenção ou prática artística vinculada à pesquisa realizada: embora seja uma previsão, é necessário considerar o contexto em que essa prática ocorreria, os materiais e imagens necessários e o dispositivo que seria utilizado. Pode-se incluir também um desenho ou esboço para visualizar como funcionaria.
11. Bibliografia e fontes de suporte (fontes digitais, *sites*, etc.): nesse ponto, é importante lembrar que a bibliografia deve ser utilizada, textual ou contextualmente, ao longo do trabalho, fundamentando em todo momento suas ideias e valorizações. Todas as referências que aparecem na lista de referências devem estar citadas no texto.

Nove alunos apresentaram o trabalho individualmente. O restante o fez em grupos formados por aqueles que começaram a se encontrar na segunda atividade.

Alguns dos projetos desenvolvidos foram: "Rapa Nui — a ilha colonizada: da arte aborígene ao turismo exótico", "Haiti, a primeira república negra 'independente'", "Uma revisão dos símbolos colonialistas em Barcelona", "Visualidade e colonialidade nas moedas dos diádocos", "A ocidentalização dos personagens do mangá" e "A presença de práticas coloniais no ensino médio". Nesses projetos, apresentados seguindo o formato de um artigo para uma revista acadêmica, os estudantes aplicaram a uma problemática de livre escolha conceitos, estratégias e modos de se relacionar com o contexto das imagens que exploramos durante o curso.

APRENDER POR MEIO DE PROJETOS DE INDAGAÇÃO A PARTIR DE UMA POSIÇÃO CRÍTICA

Como mencionamos em um texto anterior, no qual abordávamos o que (nos) afeta no curso de Visualidades Contemporâneas (Hernández; Gaitán, 2019), promover o aprendizado por meio de projetos de indagação na universidade não nos deixa esquecer que Boltansky e Chiapello (2002) antecipam que trabalhar por meio de projetos é uma forma organizacional em que a força de trabalho se concentra em um indivíduo que transita de forma isolada e sem criar vínculos sociais. Isso o torna — apesar da mensagem de aumento da criatividade, da adaptabilidade e da flexibilidade — mais vulnerável às condições impostas pelos empregadores. Como a linguagem utilizada frequentemente naturaliza essas posições, é necessário refletir e decidir que sentido de aprendizado por meio de projetos se busca promover no curso de Visualidades Contemporâneas. Nossa perspectiva, como já foi mencionado no primeiro capítulo, é de que aprender por meio de projetos significa participar de uma conversa cultural que pode contribuir para o desenvolvimento de uma consciência crítica, não como "um exercício de fazer com que as pessoas pensem de determinada forma, mas para serem capazes de compreender os discursos que moldam suas próprias vidas" (Leistyna, 1999, parafraseado).

Aprender por projetos oferece uma opção que pode favorecer uma maior horizontalidade na relação entre professor e estudante, mas essa horizontalidade não se baseia na não intervenção do professor, e sim na assunção de um papel de referência que oferece um quadro-guia sobre um tema que se pode considerar de interesse — porque está relacionado com a atualidade social e afeta, de certo modo, aqueles que integram o grupo. De outro ponto de vista, a "ativação" inicial do processo por parte do professor continua sendo proveitosa e necessária se considerarmos a falta de costume de trabalhar em grupo de forma cooperativa e de fazê-lo, além disso, em processos de indagação, e não de repetição.

Nesse contexto, os estudantes são convidados a debater e escolher por si as direções que lhes interessam seguir dentro do tema, o que transforma o processo de aprender em algo muito mais pessoal, algo que os leva àquilo que querem conhecer, e não àquilo que têm de aprender. Na transição da escolha de um tema de interesse para a elaboração de um projeto de indagação, emerge um espaço para o diálogo, um encontro que dá lugar ao compartilhamento de uma série de anedotas, impressões e questões que chamaram a atenção dos estudantes. Inclusive, isso permite tornar explícitas razões e experiências que talvez, com outro tipo de abordagens, permaneceriam invisíveis.

Aprender por projetos também afeta as relações que se estabelecem entre os estudantes, as quais devem ser levadas em conta especialmente em contextos como o da Faculdade de Belas Artes, onde o tamanho dos grupos (em torno de 40 estudantes) dá lugar a situações tanto estranhas quanto comuns. Em algumas ocasiões, os estudantes se formam após quatro anos sem ter chegado a conhecer os trabalhos e interesses de seus colegas. Esse aspecto não só contribui para a ironia do "trabalho de grupo" da maioria dos programas oficiais, como também afeta a qualidade da vida social dos estudantes e, de um ponto de vista profissional, as redes de conexões que podem desenvolver no futuro.

Dessa forma, aprender por projetos "obriga" a uma troca; a conhecer o outro, os outros; a estabelecer laços de confiança na sala de aula (dentro do que é razoável, considerando a duração das disciplinas); ao aprendizado compartilhado; e à conclusão de que, como um estudante menciona, "pode ser que eu tenha perguntas e você tenha as respostas".

Esse impacto também se reflete na quantidade de vezes que os estudantes concordam que o que aprenderam não ficou confinado na sala de aula, mas foi compartilhado com os demais colegas, além de familiares e amigos, que não estão diretamente relacionados com o ensino. Dessa forma, o aprendizado se torna algo que excede os limites e os atores do modo como são tradicionalmente entendidos. Nas palavras dos próprios estudantes, isso "lhes deu forças e esperança de que há algo além da universidade e que podem assumir um papel ativo na sociedade em geral".

Nossa codocência, vinculada ao aprendizado por meio de projetos de indagação, articula estratégias e momentos e aponta para outra maneira de habitar a sala de aula e afetá-la enquanto esfera que faz parte de uma ecologia de aprendizagens. Que nos posicionemos ambos ao mesmo tempo, nas aulas, oscilando entre papéis e posições diferentes durante cada sessão, incentiva e dinamiza as atividades que levam a "romper fileiras" — ou seja, atividades em que o grupo de estudantes se relaciona com o espaço e os modos de promover conhecimentos e saberes de maneira diferente da que se supõe que possam fazer em uma disciplina teórica. Nesse sentido, como vimos no Capítulo 1, nossa proposta está vinculada a uma pedagogia desobediente, na medida em que abre fissuras nas expectativas e nos modos de fazer dos estudantes, no dualismo teoria-prática, na noção da imagem como "representação a ser lida", na codocência como quebra do isolamento docente e na consideração da sala de aula como espaço que fixa e hierarquiza relações e corpos.

Assim, o que se submete a certa reconfiguração não são apenas as relações humanas, mas também o vínculo entre elas e os elementos não humanos que povoam e organizam o espaço da sala de aula. Tal reconfiguração serve, em primeiro lugar, para desmentir o imaginário dominante do que é ou pode ser uma disciplina teórica, e, em segundo lugar, para dotar a aprendizagem de outro tipo de invólucro. A codocência adiciona aos projetos de indagação um incentivo para romper fileiras e redesenhar a ecologia de Visualidades Contemporâneas e das aulas na universidade. Desdobra, em suma, uma panóplia de maneiras de fazer, as quais implicam, por sua vez, diversos modos de conhecer e compartilhar que mostram a possibilidade de "encarnar" uma pedagogia desobediente.

REFERÊNCIAS

ALPERS, S. et al. Visual culture questionnaire. *October*, v. 77, p. 25–70, 1996.

ATKINSON, D. *Art, disobedience, and ethics:* the adventure of pedagogy. Cham: Palgrave, 2018.

BOLTANSKI, L.; CHIAPELLO, È. *El nuevo espíritu del capitalismo*. Tres Cantos: Akal, 2002.

CASTRO VARELA, A.; HERNÁNDEZ-HERNÁNDEZ, F. Compartir desde una trama de desplazamientos. *In*: HERNÁNDEZ-HERNÁNDEZ, F.; HERRAIZ GARCÍA, F. (ed.). *Compartir docencia en la universidad: ¿Cómo es que venís juntos a clase?* Barcelona: Octaedro, 2019. p. 61–68.

DELEUZE, G.; GUATTARI, F. *Rizoma:* introdución. Valencia: Pre-Textos, 2003.

DELEUZE, G.; GUATTARI, F. *Mil mesetas*. 8. ed. Valencia: Pre-Textos, 2008.

ELKINS, J. *Visual studies:* a skeptical introduction. New York: Routledge, 2003.

FENDLER, R. Becoming-learner: coordinates for mapping the space and subject of nomadic pedagogy. *Qualitative Inquiry*, v. 19, n. 10, p. 786–793, 2013.

HAIDT, J.; LUKIANOFF, G. *La transformación de la mente moderna:* cómo las buenas intenciones y las malas ideas están condenando a una generación al fracaso. Barcelona: Ediciones Deusto, 2019.

HERNÁNDEZ, F. ¿De qué hablamos cuando hablamos de cultura visual? *Educação & Realidade*, v. 30, n. 2, p. 9–34, 2005.

HERNÁNDEZ, F.; GAITÁN, J. Entrecruzar miradas: aprender a partir de proyectos de indagación en un curso de visualidades contemporáneas. *REIRE:* Revista d'Innovació i Recerca en Educació, v. 12, n. 1, p. 1–11, 2019.

HERNÁNDEZ-HERNÁNDEZ, F. Affection as a movement of desire bound to pedagogical relations. *Matter, Journal of New Materialist Research*, v. 1, n. 2, p. 75–96, 2020.

HERNÁNDEZ-HERNÁNDEZ, F.; SANCHO, J. M.; FENDLER, R. Las zonas grises de estudiantes y docentes como acontecimiento: aprender de lo que nos perturba. *REIRE*: Revista d'Innovació i Recerca en Educació, v. 8, n. 2, p. 368–379, 2015.

LEISTYNA P. *Presence of mind*: education and the politics of deception. Boulder: Westview, 1999.

LURY, C.; WAKEFORD, N. (ed.). *Inventive methods*: the happening of the social (culture, economy, and the social). London: Routledge, 2012.

MIRZOEFF, N. *Cómo ver el mundo:* una nueva introducción a la cultura visual. Barcelona: Paidós, 2016.

MITCHELL, P. *Cartographic strategies of postmodernity*: the figure of the map in contemporary theory and fiction. New York: Routledge, 2008.

ONSÉS, J. Subjective cartographies: mapping the network of neighbourhood relationships in the neighbourhood of Poble Sec. *In*: CONFERENCE MAPPING CULTURE. COMMUNITIES, SITES AND STORIES, 2014, Coimbra. *Proceedings…* Coimbra: Universidade de Coimbra, 2014.

PARDO, R. *¿Qué imágenes formarán parte de la memoria de la COVID-19?* 2020. Disponível em: https://theconversation.com/que-imagenes-formaran-par te-de-la-memoria-de-la-covid-19-141673. Acesso em: 1 set. 2024.

PROYECTO QUADRAGINTA. c2024. Disponível em: http://institucional.us.es/quadraginta/. Acesso em: 2 set. 2024.

11

Compartilhar aquilo que não pode ser ensinado

Laia Vives Parés

Vivian Gussin Paley (2006, p. 12) destaca o poder de nos narrarmos conjuntamente a partir daquilo que nasce em cada uma de nós: "Como ela sabe que o objetivo último da escola é, na realidade, encontrar um núcleo comum de referências sem desfigurar nosso perfil individual?".

APRENDENDO COM VOCÊS

Um dia sem relato é como um dia não vivido entre aqueles que coexistem em nossa sala de aula. Todos os relatos do meu último ano como professora na Inglaterra configuram este diálogo, junto a vários anos de acompanhamento a professores na Catalunha. Mostrando um relato através de seus relatos (docentes que reaprendem e criaturas que são livres). Habitando a escola a partir de um lugar de relações humanas que me ajudam e nos ajudam a nos relatar, a relatar-me e seguir caminhando, seguir aprendendo.

São relatos que conectam nossas situações de sala de aula e nossa formação permanente a partir de uma abertura para o desconhecido, podendo (re)observar nosso dia a dia. A partir de uma iniciação para confiar nas vozes e nos corpos que habitam nossas escolas, abrindo mão de nosso controle e abraçando a incerteza dos caminhos que trilharemos. A partir da conexão real e presente de tudo o que acontece e acontecerá com nosso entorno próximo e mais distante. A partir da indagação e da imaginação permanente. O convite a nos narrar tem a ver, como aponta Aldekoa (Zurutuza, [2019]), com o de "viajar, [que] tem a ver com perder o medo [...]. Se nos aproximarmos com olhos transparentes, tentando nos livrar dos preconceitos e conhecendo outras realidades, o medo deixa de ter a maioria dos argumentos".

Por isso, a formação é um convite aos professores para viajar e valorizar "[...] a importância de modificar o olhar que dedicamos a um 'outro' que é muito parecido conosco" (Ramos, 2019).

Quando estamos imersos em nosso projeto de vida de sala de aula e de escola, nos movemos em companhia. Compartilhamos muitas horas e momentos (semanais, mensais, trimestrais e anuais), e as diferentes situações que vivemos nos arrastam para lugares desconhecidos. Estou disposta a me perder com eles? Estou disposta a me deixar levar e aceitar que talvez minhas ideias preconcebidas do mundo e da sala de aula possam se modificar, a aceitar que na formação se movimentam as posições que nos envolvem e nos preocupam, ao fundo das quais queremos chegar?

PARTIR DA MINHA EXPERIÊNCIA COMO PROFESSORA

> Nenhuma história tem uma interpretação única. Seus significados atribuíveis são, em princípio, múltiplos.
>
> *Bruner (1997)*

Estou trabalhando como professora em uma turma de sexto ano do ensino fundamental em uma escola na Inglaterra. "Quem sou eu em relação a este mundo?", pergunta Tom, e Amber responde que não sabe se este é um mundo em que quer viver. Está em suas mãos mudar aquilo que não lhes gera aconchego, ou pelo menos tentar fazê-lo. Deixar-me levar como professora funciona como abertura dos processos de ensino e de aprendizagem. Quando me abro e escuto com respeito, com uma visão de possibilidades, os diferentes caminhos aparecem, e nesse momento nosso mapa de rota é criado. Costuramos em tribo, e cada fio nasce de nós.

Alfi diz ao grupo de sexto ano que, quando crescer, quer ser mãe. Este é o último ano que estarão na escola, e começar a pensar no ensino médio os faz pensar em seu futuro mais distante. "Você não pode ser mãe se é um menino!", diz Oscar. Acompanho a conversa a partir de uma perspectiva de gênero e de respeito às subjetividades e a valores democráticos de igualdade.

Faltam dois meses para fevereiro e explico-lhes que em fevereiro serei mãe. "Você não tem barriga!", diz Violeta. "O bebê ou a bebê está sendo gestado pela minha parceira", respondo. Silêncio. Reflexões sobre o fato de que o mundo é mutável e de que nosso papel é muito importante para que haja as mesmas oportunidades para todos. Começamos a indagar em contextos desconhecidos que convergem em nossa sala de aula. Essa primeira conversa tece nosso projeto anual. (Re)pensando e aprofundando-a, vamos criando nossas paradas dentro deste caminho que não tem fim.

Falamos sobre a importância de uma boa alimentação para as mães gestantes. "Se elas comem bem, com certeza terão crianças muito saudáveis", afirma Elie. E nossa alimentação é saudável? Passamos do abstrato ao nosso contexto presente. Tudo nasce de nós e dá lugar a uma visão global. Conectamos conteúdos de porcentagens, gráficos e tabelas. A alimentação de cada um e cada uma nos serve como ponto de partida, e os conselhos de uma nutricionista nos ajudam a entender o que é uma dieta saudável. Mostramos uma proposta de cardápio para o próximo ano letivo, e ela é aceita. Quem somos nós em relação ao nosso mundo, à nossa escola? Vamos tecendo eixos que configuram nosso olhar sobre a vida na sala de aula, onde vamos criando situações para ir além que respondem aos nossos interesses e, ao mesmo tempo, nos ajudam a compartilhar nossas experiências e evidências.

"A poluição também influencia o bom desenvolvimento de uma gravidez?", pergunta Bea. O diálogo gira em torno das ações que podemos realizar para reduzir a poluição e dos 4 Rs (reduzir, reutilizar, reciclar e recuperar). Nossa maneira de mudar o aqui e agora influencia nosso futuro. Organizamos a semana sem fumaça, e todas as famílias vêm para a escola de bicicleta. Começamos a substituir o material plástico das salas de aula, conscientizando a comunidade educativa, organizando um centro de resíduos e nos perguntando como enfrentar o capitalismo. Envolvemo-nos em processos de investigação matemática e de investigação sobre a área da ilha de Jersey; imaginamos o que pode ser uma ilha de plástico. Descobrimos se há mais resíduos por pessoa em Londres ou em Norwich. Se queremos mudar este presente tão degradado que temos, que ações buscamos? Como me sensibilizo ou sensibilizo outras pessoas?

Voltamos a Alfi, que defende que quer ser mãe. Ele se sente muito vinculado à sua mãe, e nos perguntamos se qualquer pessoa pode formar uma família. Voamos além dos direitos LGBTIQ+ e nos aprofundamos na indagação sobre a violação dos direitos humanos. Falamos sobre a guerra civil na Síria, passamos pela Segunda Guerra Mundial e nos perguntamos se algum de nós teria sido preso. "O que se sente dentro de um campo de refugiados?", pergunto a eles. Mandamos cartas para nossas famílias a partir do campo. Realizamos a criação artística de uma embarcação de imigrantes como símbolo de reivindicação e como escultura permanente para a escola. Recolhemos histórias de vidas de refugiados para nos questionar sobre nosso modo de viver e o que nos aconteceria se ficássemos sem escola. Isso nos leva a organizar um triatlo para arrecadar dinheiro para uma organização não governamental (ONG) dedicada a refugiados.

"Às vezes há problemas e surgem malformações, e meninas e meninos que precisam de acompanhamento ao longo da vida", diz Edu, preocupado. "Nós poderíamos ter sido siamesas", comentam Beth e Ori. Começamos a investigar possíveis doenças e transtornos de diferentes tipos, debatendo sobre as vacinas obrigatórias. Realizamos uma nova configuração do nosso pátio para promover hábitos saudáveis.

Como forma de encerrar esse ano, registramos nossas criações elaborando um documentário de crítica e esperança em direção a uma sociedade mais justa e igualitária. Queremos ser livres e conduzir nossos desejos. Desejos compartilhados e individuais. Desejos de mudança e de ação. Desejos de aqui e agora. Não queremos deixar nada para amanhã se puder ser feito hoje.

ASSUMO OS SILÊNCIOS E AS RETICÊNCIAS: PRIMEIRA TRANSFORMAÇÃO

Eu me movo e me posiciono tentando abrir meu saber como professora para a formação com outros colegas. Nem sempre é fácil. Nesta seção, narro o que tento compartilhar ao acompanhar aqueles que se propõem a repensar sua prática educativa a partir da Perspectiva Educativa dos Projetos de Trabalho (PEPT).

Colocamo-nos em um terreno desconhecido, no qual devemos descobrir como se chegou à demanda de formação. É fácil saber. Os projetos estão na moda? (Alabat et al., 2016). Trata-se de uma formação proposta pela equipe diretiva ou nasce da necessidade de refletir sobre a prática docente a partir do corpo docente? E, se for a segunda opção, há necessidade por parte de todos os docentes?

Começam a se conectar relações e medos que marcarão nosso tempo compartilhado. Narrando minhas experiências de sala de aula, mostro esse sentido de nos deixar levar e poder abrir portas desconhecidas. Aos poucos, os docentes vão mostrando suas experiências, narram de onde vêm, e podemos nos conectar. Ressoa em mim meu início como assessora, tentando ter controle de tudo e sem estar atenta e perceber que as equipes estavam marcando seu ritmo. Busco colocar um espelho entre a vida na sala de aula e as sessões de formação. Pretendo me deixar atrair por tudo o que acontece e querer ir além. As ações inquietantes são as que regem minha sala de aula e cada movimento nela e na formação. Por isso, faz sentido o que escrevem Stoll, Fink e Earl (2004, p. 53):

> Aprender [...] implica algo novo e desconhecido, desencadeia inevitavelmente uma gama de emoções. A nova aprendizagem muitas vezes inclui o risco de fracassar e a possibilidade de desconforto e desorientação, quando a aprendizagem luta para dar sentido a novas ideias.

Essa atitude implica, como propõe Morin (2001), acolher a incerteza para enfrentar a complexidade e aprender a partir dela. É que, em uma vida de sala de aula relacionada com a PEPT, cada grupo de crianças, acompanhado por seus professores, explorará caminhos distintos. Tudo será diferente e não haverá nem um princípio nem um fim marcados. Não haverá um padrão ou uma receita, e eu não poderei ditar os passos que você deve seguir, só poderei acompanhá-lo. Tudo se conecta. Professores e alunado vão tecendo as atividades de aprendizagem e avaliação para responder ao fato de que todos somos e aprendemos de formas diferentes. O que nos guiará será questionar o porquê de nossas ações, buscar seus objetivos, conectar os conteúdos e começar a traçar nossos eixos condutores em nosso mapa de rota, que nos diz por onde transitamos, mas não aonde vamos chegar.

Uma professora comenta comigo: "Fomos educados para ter tudo planejado, seguindo padrões, muitas vezes sem refletir sobre eles, e, da mesma maneira, na formação precisamos ver exemplos claros". Essa intervenção nos ajuda a avançar em nosso encontro e a refletir sobre a mudança de atitude pedagógica que a PEPT implica: aceitar a incerteza e lidar com os silêncios e as reticências. Mas, se o docente estiver aberto ao que surge na sala de aula e na formação, então é quando começa a ocorrer uma primeira transformação.

CONFIO NOS MEUS ALUNOS: SEGUNDA TRANSFORMAÇÃO

Descobrir, confiar, criar e conhecer em relação. Refletindo com os professores sobre tentar nos vincularmos a essa abertura, surgem dois debates muito marcados.

No primeiro, se relacionam todas as práticas que nascem dessa transformação inicial, de se deixar levar e se deixar tocar pelo que se observa e se vive na sala de aula e no grupo. Os docentes trazem experiências e, por meio de uma prática reflexiva, as conectamos com a PEPT, a fim de criar novos saberes que eles possam levar para suas salas de aula. Tudo se tece e se conecta. Mesmo assim, haverá momentos em que será necessário se recolher novamente — diante de um novo medo, por uma nova insegurança, por pensar que não se sabe como acompanhar os alunos. Mas, a partir dessa perspectiva reflexiva, aceitaremos esse medo e o transformaremos em um espaço de possibilidades.

O segundo debate surge ao provar algo novo em que o professor não acredita, seja por seu momento de vida, seja pela situação de sua escola. Um professor comenta: "Estou provando algo novo, mas eu não mudei quem sou". Quase sempre essas práticas acabam sendo mais metódicas, similares e fechadas, mas, às vezes, ocorre uma virada marcada pelos alunos que nos conecta a essa segunda transformação. Um momento na sala de aula em que uma voz desperta um desejo e desencadeia um novo desafio. Como acompanhante, você não o tinha previsto nem conectado, mas esse desafio não pode ser adiado, pois já ganhou força no grupo.

Graças a essas situações, começamos a falar sobre confiar no aprendiz e, ao mesmo tempo, percebemos que, a partir dessa perspectiva em que os alunos são o centro, o docente também aprende. Assim se articulam processos de construção conjunta em nossas salas de aula e em nossas sessões de formação. Um professor comenta:

> Lembro que uma vez decidi experimentar não saber como me posicionar na minha sala de aula durante as primeiras sessões de formação. Dias se passaram até que percebi que estávamos começando a criar algo diferente. Talvez meu nervosismo quanto ao sucesso ou à correta execução transmitisse rigidez aos meus estudantes. Conversando com um colega — sorrimos —, ele comentou as inquietações de sua classe. Ele pare-

cia muito satisfeito e apaixonado. Decidi tentar novamente, e eles me surpreenderam. Questionaram por que seu bairro estava sujo quando o resto de sua cidade não estava. Eles me mostraram que guiavam o aprendizado.

Começamos a falar sobre o que significa confiar em nossos alunos. Relacionamos isso com deixar-se levar e dar-lhes protagonismo. Às vezes, a abertura dos professores convida à abertura dos alunos, mas às vezes são os próprios alunos que nos convidam a abandonar o caminho já conhecido. Pouco a pouco. Um pequeno passo leva a um maior, e depois a outro ainda maior. Situações que nos tocam, nos conectam e nos relacionam vão se relacionando. Pouco a pouco, nos abrimos à mudança e à ação.

Mas precisamos de tempo. Os alunos do sexto ano precisaram de tempo para se envolver no projeto, para dar a conhecer e compartilhar suas vozes, para começar a experimentar e para querer estar ali. Os professores que participam das formações também precisam de tempo e precisam ser surpreendidos. Em algumas ocasiões, eles estão fechados a essa abertura, não porque não a compartilhem, mas porque pensam que não será possível em suas salas de aula. Começar em modo de tentativa e erro e perceber que os alunos deram início a algo que não esperavam faz com que percebam que uma mudança está acontecendo. Melief *et al.* (2010) nos dizem que aceitação da mudança significa predisposição para a mudança. Podemos chegar a ela por caminhos diferentes. Eles acrescentam que a transformação é acompanhada por quatro elementos: as experiências em sala de aula, a metodologia por meio da sua reflexão, a interação com o grupo de iguais e as experiências de nossos colegas. Esses quatro eixos são os que, juntamente com a atenção aos movimentos dos alunos, contribuem para a transformação.

Quando há abertura na sala de aula, há confiança (confiar em) entre o docente e o alunado. Quanto mais confiança há, mais lugares desconhecidos podemos descobrir e mais ações podem ser realizadas. Configura-se, assim, uma sala de aula sem limites ao conhecimento, já que nós que compartilhamos essa vida avançaremos em direção a espaços que pensávamos que não eram possíveis quando nos sentíamos sós.

A confiança em todas as pessoas que compartilham este mundo de aprender como autoras, como professoras umas das outras, faz com que cada projeto de vida de sala de aula seja distinto e possibilite uma grande riqueza de descobertas. Nós (nos) descobrimos de mãos dadas, e nessa relação pedagógica nos acompanhamos, nos cuidamos, nos relacionamos com nós mesmas, com as outras e com o outro. E assim, mesmo que não percebamos que passamos a confiar neles, começaremos a ver que nossas práticas educativas estão mudando.

PERCO O CONTROLE: TERCEIRA TRANSFORMAÇÃO

Surge novamente uma situação de espelho entre nossas salas de aula e a formação. Quando os alunos falam, perguntam e se expressam, surgem novas situações de vínculo e relacionamento. O que você comenta me convida a (re)pensar. Nessas situações, investigaremos e criaremos uma infinidade de possibilidades. Quando, na sessão de formação, os professores falam sobre uma situação de sua prática, essa situação se relaciona com as de seus colegas, e, nessa relação, seus conhecimentos e interpretações vão se transformando. Eles vão repensando sua identidade docente, e as crianças vão repensando quem são em relação a este mundo tão incerto.

Vamos incorporando novas perspectivas, pensadas, sentidas e refletidas. A partir de sua própria experiência na sala de aula, eles vão avaliando como se sentem nela, e podem (re)pensar isso porque se colocaram no processo de transformação, porque experimentaram e vivenciaram. Com medo ou não, se colocaram em jogo, se deixaram levar pela incerteza e quiseram arriscar. Esse arriscar, esse salto no vazio, eu relaciono com esta terceira transformação: perder o medo de perder o controle docente.

Compartilho essa transformação com Marisol Anguita, do nosso grupo da PEPT, que aponta que, quando surge a ideia desse salto no vazio durante as situações de formação, ela fala de equilibrismo e convida a se deixar sentir nesse movimento como forma de ser e habitar o mundo. O que significa habitar nossas salas de aula e escolas como equilibristas?

Conversamos sobre como o deixar-se levar vai mudando nas aulas e na formação, e sobre como convidamos os alunos a continuar aprendendo. O que eu quero fazer e por quê? Aonde quero chegar e como? Trata-se de possibilitar perguntas para nos abrir a outro lugar da experiência. Perguntas que nascem nas formações e que Marisol e outros professores comentam durante a formação: o que eu quero mudar? O que eu posso mudar? Mas, sobretudo, quero mudar? E, nessa transição, o que significa perder o controle? Duas professoras do sexto ano me falam sobre o medo de não cobrir todos os conteúdos. Reticências conectadas à abertura, ao equilibrismo e à mudança. Nas escolas, o controle normalmente está associado à aquisição de todos os conteúdos em cada série, mas todos os documentos e decretos falam sobre o trabalho por competências e sobre conectar todas as aprendizagens com situações significativas que possibilitem a integração curricular. Uma prática educativa fundamentada na PEPT possibilita que cada sujeito se coloque a partir de um movimento desejante, fomenta a inclusão e uma escola para todos e de todos.

Esse controle e essa preocupação com os conteúdos são outro aspecto que os professores têm dificuldade em visualizar quando compartilhamos que as situações de ensino e de aprendizagem criadas em relação a essa perspectiva vão além do que é esperado em cada série escolar. Isso é algo que não posso ensinar. É algo que eles têm de viver. Eles precisam se deixar tocar, atravessar, afetar-se por essa maneira de viver a educação.

Estamos em um momento em que eles já provaram, estão se envolvendo com a PEPT em suas salas de aula e percebem que os alunos estão conectando situações e saberes. Cada saber nos traz outro; eles vão tecendo saberes em relação, e o conhecimento se torna cada vez mais profundo.

CONECTO-ME: QUARTA TRANSFORMAÇÃO

Conversamos sobre a organização que cada professor precisa ao conectar todas as inquietações que vão surgindo na vida da sala de aula com as competências e dimensões do currículo. Relaciono isso com meu último projeto de vida como tutora e com todos os aspectos que pudemos explorar — raciocínios matemáticos, tentativas e argumentações, textos de todos os tipos, ações de sensibilização e relação com nosso entorno próximo e distante, investigações científicas, relação com a arte contemporânea e, sobretudo, pensamento complexo e afetado que nos move e nos faz pensar além do delimitado e do estabelecido.

Relacionamos isso com a programação da sala de aula e a habilidade de conectar cada emergência com aspectos-chave a serem mobilizados. Mais uma vez, trata-se de dar um passo atrás e esperar que aconteça. Não se trata apenas de esperar que os alunos ajam, mas de pensar e decidir em que posição nos colocamos como acompanhantes e provocadores de situações. Falamos de uma tripla conexão: o que parte de nós, o que nos conecta com a vida e o que curricularmente nos acompanha.

Conecto-me na minha sala de aula da mesma forma que me conecto na formação: como acompanhante de processos. Existem as inquietações e os deslocamentos dos meus alunos que nos guiam, bem como os interesses em relação à prática educativa que surgem mensalmente quando acompanho a equipe pedagógica. Mais uma vez, surgem situações em que uma professora em cuja sala de aula estão falando sobre seu bairro timidamente vai explicando como está sendo essa experiência:

> Em relação à pergunta de por que nosso bairro está sujo, fomos nos explicando com os membros de nossas famílias com quem moramos; perguntamo-nos se todas as famílias têm o mesmo número de pessoas; começamos a mostrar nossa família, acolhendo a diversidade; começamos a trabalhar as multiplicações, pois precisávamos saber quantas pessoas viviam em nossa rua para podermos nos distribuir para a limpeza; estabelecemos a média para calcular quantas pessoas vivem em cada casa e fizemos cálculos de escala para reproduzir seu bairro.

Com esse novo exemplo e com o que conhece dos que eu compartilhei, outra professora começa a falar sobre como está trabalhando a parte mais linguística. Mais uma vez, refletimos sobre o que e como aprendemos quando nos colocamos em situação, quando podemos ficar juntas, como explica Fernando Hernández (2000, p. 39):

> Trata-se de propor uma nova estratégia de aproximação a uma nova concepção de currículo transdisciplinar e a uma construção do pensamento complexo, em oposição ao reducionismo da educação atual.

Gosto muito quando o corpo docente percebe que suas práticas estão se conectando com essa quarta transformação, relacionando-se com a PEPT, e vê que todas as suas reticências iniciais vão se desmontando quando tentam. Quando falo em tentar, refiro-me a uma intenção consciente. Eles se sentem satisfeitos e corajosos para continuar. Ao mesmo tempo, convidam novos docentes a se colocarem na incerteza da mudança.

ATIVO A IMAGINAÇÃO PEDAGÓGICA: QUINTA TRANSFORMAÇÃO

A última transformação sobre a qual quero falar é a da imaginação pedagógica dos docentes, da qual temos falado ao longo dos anos com Fernando

Hernández e com o grupo da PEPT. Acredito que ela abrange muito bem as outras quatro transformações. Uma vez que nos deixamos levar, estando abertos ao que possa acontecer, conectando novos caminhos, confiando em nossos alunos e aceitando que perder o controle nos traz novos riscos, mas também novas descobertas, nós professores começamos a colocar em prática nossa imaginação pedagógica.

A imaginação pedagógica é entendida como o desafio diário de criar em companhia, compartilhando desejos em uma mesma direção. Isso é feito a partir de uma relação horizontal, por meio da experiência, arriscando, seguindo diferentes caminhos e estando abertos. A imaginação pedagógica é entendida como atrever-se a criar, a arriscar-se e a não querer cair na rotina, criando algo novo, sem pressa, sem parar e juntas.

Eu me relaciono com o mundo educativo há 12 anos, primeiro com os projetos de trabalho e, atualmente, com a PEPT. Penso em meu primeiro projeto como acompanhante. As perguntas eram fechadas (eu tinha medo de me abrir), e as atividades eram encapsuladas e mais dirigidas (o controle). Os professores que me guiaram, as famílias e os alunos me convidaram a confiar na abertura e a me deixar levar. E sei que não é fácil, que as cinco transformações estão relacionadas com o querer, com estar disposto e com saber que toda mudança implica tempo.

UM LONGO CAMINHO

Com o passar dos anos, tenho estabelecido novos mapas de rota e novas conexões. Eu me deixei mostrar em minha aula e conectei provocações que nem eu mesma sabia que existiam. Vivo em minha sala pensando que tudo é possível e que juntos somos imparáveis. Qualquer nova história que aparece, a aceitamos, a indagamos e damos resposta ou não. As perguntas geram um horizonte para continuar indagando. Perguntas que abrem espaço para a vida e para o conhecimento. Talvez a resposta nem sempre seja a correta, talvez às vezes não seja a esperada. Chamamos nossa comunidade educativa para que seja criadora e autora, e mostramos, nos projetamos e projetamos ao mundo.

Estes últimos anos me relacionando com a PEPT têm sido emocionantes e irrepetíveis. Não houve uma situação igual a outra e cada dia foi uma aventura. Essa ideia é compartilhada na formação. "Original e motivadora", comenta uma das professoras. Não há espaço para nos entediarmos ou repetirmos padrões. "A formação nos ajudou a nos posicionar a partir de nossa experiência, a prová-la e a extrair nossas próprias reflexões." Há tantas coisas que não se podem ensinar! Mas podemos nos convidar a nos deixar sentir, a ser atravessados! As aulas em que o docente ensinava conhecimento ficaram tão distantes... Agora o criamos conjuntamente, na escola e nas sessões de formação.

É um verdadeiro prazer poder dizer que a escola me surpreende. Neste ano letivo, estive longe das salas de aula. Estive acompanhando meu filho em sua descoberta do mundo durante seu primeiro ano de vida, desfrutando dele no calor dos meus braços. Estou ansiosa para voltar a sentar, dialogar e (re)pensar o agora com 25 novas vozes, biografias e corpos com os quais viverei meu dia a dia na sala de aula, e descobrir o que nos acontecerá. Trago novamente Aldekoa (Zurutuza, [2019]), que me ajuda a concluir:

> Após várias viagens, você percebe que, quando chega a um lugar de línguas, chaves e comportamentos diferentes, descobrir apenas o que vê é uma derrota. A única forma de evitar um desastre estrondoso é escutar, tentar compreender o que está acontecendo e, com sorte, sair do país entendendo um pouco mais.

Todos esses processos de transformação estão vinculados com a vontade de ser e o desejo de arriscar. Há muitos anos, em nosso grupo sobre a PEPT, vemos que esse deixar-se levar nos conduziu a lugares inesperados, e gostamos tanto que continuamos indagando caminhos, novas rotas nas quais (re)descobrir, de mãos dadas e em relação, o mundo.

REFERÊNCIAS

ALABAT, I. *et al.* La moda de los proyectos. *Cuadernos de Pedagogía*, n. 467, p. 80–85, 2016.

BRUNER, J. *La educación, puerta de la cultura.* Madrid: Visor, 1997.

HERNÁNDEZ, F. Los proyectos de trabajo: la necesidad de nuevas competencias para nuevas formas de racionalidad. *Educar*, n. 26, p. 39–51, 2000.

MELIEF, K. *et al.* Aprender de la práctica. *In*: ESTEVE, O.; MELIEF, K.; ALSINA, A. (coord.). *Creando mi profesión.* Barcelona: Octaedro, 2010. p. 19–38.

MORIN, E. *Introducción al pensamiento complejo.* Barcelona: Gedisa, 2001.

PALEY, V. G. *La niña del lápiz marrón*. Buenos Aires: Amorrortu, 2006.

RAMOS, V. R. *Xavier Aldekoa*: «Condenar a todo un continente a ser víctima indica un problema nuestro, no suyo». 2019. Disponível em: https://www.zendalibros.com/xavier-aldekoa-condenar-a-todo-un-continente-a-ser-victima-indica-un-problema-nuestro-no-suyo/. Acesso em: 1 set. 2024.

STOLL, L.; FINK, D.; EARL, L. *Sobre el aprender y el tiempo que requiere*: implicaciones para la escuela. Barcelona: Octaedro, 2004.

ZURUTUZA, K. *Xavier Aldekoa*: el error es una oportunidad para llegar a entender las cosas. [2019]. Disponível em: https://www.jotdown.es/2019/06/xavier-aldekoa-el-error-es-una-oportunidad-para-llegar-a-entender-las-cosas/. Acesso em: 1 set. 2024.

12

O grupo da Perspectiva Educativa dos Projetos de Trabalho (PEPT): gerar saber em companhia

Mariane Blotta Abakerli Baptista

INTRODUÇÃO: SITUAR O SENTIDO DO CAPÍTULO

Neste capítulo, são apresentados alguns dos fundamentos que orientam a trajetória da maioria das pessoas que participam deste livro. Ao longo deste percurso, o grupo teve diferentes nomes, que deram sentido à atividade de indagação e autoformação que realizou: Projectes de Treball, Minerva e, há alguns anos, Perspectiva Educativa dos Projetos de Trabalho (PEPT). Durante um longo período, o grupo esteve vinculado ao Instituto de Ciências e Educação (ICE) da Universidade de Barcelona. Nos últimos anos, tem funcionado de forma autônoma e se reunido no seminário da Unidade de Pedagogias Culturais da Faculdade de Belas Artes dessa universidade.

Na sua primeira etapa, organizou diferentes jornadas, que convocaram aqueles que, a partir de movimentos de renovação pedagógica ou da Escola, compartilhavam o interesse pelo aprendizado por meio de projetos gerados em torno da reforma educativa da Lei Geral de Educação (1990). Nessas jornadas, encontraram, a partir da experiência e das reflexões do grupo, um espaço para compartilhar e se sentir apoiados para enfrentar juntos os desafios que a perspectiva relacional dos projetos apresentava nos centros educativos.

Aquelas que integraram o grupo atuaram como formadoras em diferentes contextos, formatos e países. Introduziram uma maneira refletida de compartilhar, em diferentes publicações, a prática educativa, que não se limitava a mostrar o que faziam os alunos em sala de aula, mas implicava mostrar o que fundamentava essas ações. E, o que foi mais relevante, tornaram visível o papel do professor na experiência compartilhada.

Uma característica do grupo foi a sua abertura para quem quisesse participar das sessões, que tinham como foco compartilhar a prática da sala de aula, a fim de gerar, por meio da reflexão compartilhada, saber pedagógico. Há quem tenha participado de uma reunião e quem tenha feito parte do grupo por um curso ou por 5, 10, 15 e até 30 anos.

No grupo também foram explorados temas além dos gerados em torno da aprendizagem por projetos, como o desejo, a importância de se narrar, a colonização da infância, a pedagogia dos afetos, o sentido indagador das cartografias, etc.

Alguns desses movimentos são recolhidos e contextualizados neste capítulo, que faz parte da tese de doutorado (Abakerli Baptista, 2014) realizada pela autora.

COORDENADAS PARA SITUAR O GRUPO DA PEPT

O grupo Projectes de Treball de Barcelona existe há mais de 30 anos. É composto por professoras da educação básica, coordenadoras, assessoras, formadoras, professoras universitárias e estudantes de doutorado que se reúnem uma vez por mês para compartilhar suas dúvidas, incertezas, conquistas e experiências, trocar pontos de vista e aprofundar os referentes que formam a PEPT. O grupo estuda e reconstrói a PEPT não apenas a partir de bases teóricas, mas principalmente a partir das suas práticas docentes, em um processo constante de formação e criação compartilhada.

Esse grupo surgiu pela necessidade de algumas professoras de refletir e analisar a própria prática docente. Para atender a essas necessidades, o grupo rompeu com a ideia de pensar em "atividades" e começou a refletir sob a óptica de quem possui experiência educativa e saber pedagógico (Stenhouse, 1998). As sessões começaram a se desenvolver por meio de processos de indagação sobre a experiência pessoal vinculada a um objetivo mais amplo, a melhoria da prática docente baseada na PEPT, uma concepção educativa que, segundo Lieberman e Miller (2003):

- cria e mantém comunidades de prática nas quais existe espaço e tempo para a conversa, a ação conjunta e a crítica;

- utiliza os acontecimentos da vida real como fonte de desenvolvimento profissional;
- conecta explicitamente a aprendizagem do aluno e a do professor.

O diálogo é a ferramenta que permite ao grupo desenvolver uma conversa cultural em que os membros aprendem o que é uma das chaves da aprendizagem globalizada por meio de projetos:

> Dar sentido, traçando conexões com as perguntas que deram origem aos problemas que abordamos e com os questionamentos que os sujeitos fazem sobre si mesmos e o mundo, para poder, *a posteriori*, transferi-los para outras situações (Hernández e Ventura, 2008, p. 12).

Por meio do diálogo, as professoras do grupo refletem a partir de sua prática enquanto indagam sobre os processos envolvidos em sua própria formação. Desse modo, dialogar se transforma em uma prática de corporização dos processos de ensino e de aprendizagem que realizam em suas salas de aula por meio do pensamento e da ação em uma rede de relações.

AS REUNIÕES E O DIÁLOGO

Para realizar sua forma de construir conhecimento — por meio do diálogo e da atitude indagadora (Lieberman; Miller, 2003) —, a PEPT questiona a escola tradicional[1] por acreditar que sua organização já não abrange "[...] nosso volátil mundo de mudança instantânea e errática" (Bauman, 2007, p. 37).

A fragmentação horária e espacial da escola já não comporta as necessidades do século XXI. Tampouco é possível trabalhar com temas fixos, pois já não se sabe como será o futuro ou que tipos de conhecimentos serão necessários. Segundo Bauman (2007, p. 37), "Os costumes estabelecidos, os marcos cognitivos sólidos e as preferências por valores estáveis, aqueles objetivos últimos da educação ortodoxa, se tornam desvantagens".

Baseada nesses questionamentos, que problematizam o que está estabelecido, a PEPT se fundamentou no fato de que o conhecimento já não está em um único lugar ou na figura do professor, mas se configura a par-

---

[1] A expressão "escola tradicional" baseia-se na ideia da escola do século XVIII, em que os papéis estavam definidos. O professor é quem sabe e transmite, e o aluno repete e imita. As principais características dessa escola baseiam-se no controle da organização, na aplicação da disciplina e na estabilidade da programação, que se reflete nos livros didáticos.

tir de uma interseção de fontes, agentes e realidades, e tem um caráter multidisciplinar.

A Escola passa a ser um lugar onde as experiências de vida se cruzam e não estão restritas a atividades escolares, mas podem se relacionar com as práticas diárias que cada um realiza fora da escola. Esse espaço de experiência, socialização e aprendizagem tenta "favorecer uma construção dos conhecimentos de maneira significativa e promotora da autonomia (do aluno) na aprendizagem" (Hernández; Ventura, 2008). Essa autonomia está vinculada à cotidianidade, mas também é necessária para dar respostas a um tempo histórico de mobilidade, contingência e velocidade das mudanças sociais.

Esse enfoque está alinhado com a proposta de Paulo Freire (1997, p. 24), para quem "Ensinar não é transferir conhecimento, mas criar as possibilidades de sua produção ou construção". Freire considera que, para desenvolver um ensino que conceda autonomia aos alunos, é necessário que os professores se relacionem com eles por meio de suas vivências. A partir daí, Freire propõe que essa

> [...] é a maneira correta que o educador tem de tentar, com o educando e não sobre ele, a superação de uma maneira mais ingênua de entender o mundo com outra mais crítica. Respeitar a leitura de mundo do educando significa tomá-la como ponto de partida para a compreensão do papel da "curiosidade" de modo geral, e da humana de modo especial, como um dos impulsos fundadores da produção do conhecimento (Freire, 1997, p. 117–118).

Em 1970, Freire já destacava a importância do desenvolvimento autônomo em contraposição à "[...] prática 'acumulativa' da educação que se limita a 'depositar' informações na mente dos alunos para que essa seja registrada memoristicamente" (Glickman; De Alridge, 2003, p. 33).

Na PEPT, a "curiosidade" se traduz no processo de "indagação" que o alunado realiza para levar adiante o desenvolvimento do projeto (ou a rede de projetos). O modo como a PEPT organiza o conhecimento "[...] de acordo com princípios ou ideias permite [...] a generalização, desperta o interesse do alunado e reduz a perda de memória" (Hernández; Ventura, 2008, p. 52). Essa maneira de enfrentar a aprendizagem gera uma "autonomia coletiva" (Little; McLaughlin, 1993 apud Stokes, 2003), segundo a qual "alcança-se um equilíbrio entre os interesses dos indivíduos e o critério e a autoridade coletiva do grupo" (Stokes, 2003, p. 186). Tanto as professoras quanto o alunado se tornam, assim, autores (conscientes) de seus processos de aprendizagem.

A CONSTRUÇÃO DO SABER PEDAGÓGICO A PARTIR DE UMA ATITUDE INDAGADORA

Nas reuniões do grupo, as professoras "[...] questionam seus próprios conhecimentos e sua prática, assim como a prática e os conhecimentos dos outros, e desse modo estabelecem uma relação diferente com o conhecimento" (Cochran-Smith; Lytle, 2003, p. 69). É a "atitude indagadora" — a qual se realiza diante das dúvidas e incertezas que surgem em suas práticas docentes — que possibilita a transformação das experiências em sala de aula, consideradas uma oportunidade para promover a reflexão sobre a PEPT e sobre como levar novos enfoques e conceitos à prática.

O processo de indagação que o grupo realiza é o que contribui para a construção do conhecimento sobre a PEPT. Por meio dele, o grupo "[...] redefine a aprendizagem profissional indo além das formas frequentemente didáticas do desenvolvimento profissional tradicional para comprometer e envolver os participantes ativamente em sua própria aprendizagem" (Lieberman; Grolnick, 1998, p. 711).

AS REUNIÕES DO GRUPO SENDO UM PROJETO

As estratégias utilizadas pelo grupo nas reuniões são as mesmas que as professoras utilizam nas aulas quando realizam um projeto com o alunado (Figuras 12.1 e 12.2). Quanto à organização física, o grupo adota a *rotllana*[2] como formato que favorece a construção do conhecimento e o compartilhamento de experiências e descobertas entre todas, sem hierarquias.

Esse aspecto estrutural — que privilegia a circulação horizontal do conhecimento, em oposição à transmissão de informações — nos leva à questão da liderança no grupo. Nele não há um líder; as pautas das reuniões são decididas entre todas. Contudo, há um "facilitador", que faz os lembretes e sistematiza as reuniões. Essa ordenação serve para sinalizar os aspectos

---

[2] Uso a palavra *rotllana*, em catalão, em vez de "círculo", por ser um dos conceitos-chave da produção de conhecimento na PEPT. Traduzi-la seria como retirar a força que me parece ter.

Figuras 12.1 e 12.2 Como o grupo aprende?
Fonte: Mariana Abakerli

importantes que compõem a trama do dia e que deveriam ser discutidos, embora se privilegie seguir o fluxo da conversa.

Isso nos leva à complexidade do campo, que é mediada pelas "culturas e pautas sociais" (Guber, 2004, p. 129) de cada participante e cuja polifonia compõe "o vocabulário situado da cultura" (Hammersley; Atkinson, 1983, p. 225), ou o que diz respeito ao saber que o grupo vai construindo nas reuniões. O saber que se gera traduz a maneira de (re)pensar os projetos por meio da transformação de termos que fazem parte de suas práticas docentes em conceitos que reformulam a própria PEPT.

XARXA:[3] DE ESTRATÉGIA DE APRENDIZAGEM A CONCEITO-CHAVE DA PEPT

No artigo "Os projetos, tecido de relações e saberes", Marisol Anguita, Fernando Hernández e Montserrat Ventura (2010, p. 79) questionam: "Como tornamos visíveis todas as nossas histórias para que outros que não estão aqui compreendam e conheçam como estamos aprendendo?". Essa questão apontou para uma necessidade de algumas pessoas do grupo que participavam de experiências de formação, uma necessidade que começaria a tomar forma nas reuniões por meio do diálogo. A partir desse questionamento, começa a se concretizar o conceito de *xarxa* segundo a visão do grupo: "um

---

[3] O termo *xarxa* segue a mesma diretriz indicada na nota anterior. A partir de agora, usarei a palavra *xarxa*, em catalão, em vez de "rede", por ser um dos conceitos-chave da produção de conhecimento na PEPT.

tecido que confere sentido às nossas experiências, problemáticas e preocupações dialogadas nas aulas". As *xarxes*, ou mapas de relações, são representações do que havia sido trabalhado (e continua sendo trabalhado) em sala de aula. Trata-se da materialização do processo em que alunos e alunas podiam fazer cruzamentos entre conceitos, criar relações e capturar os percursos de suas experiências.

Em julho de 2009, o grupo realiza as V Jornadas de Reflexão — "Formar-nos des de la perspectiva educativa dels projectes de treball. Teixint narratives". O eixo que articulava essas jornadas era "aprender a partir de nossas experiências em projetos de trabalho", e se compartilhavam as experiências de educação infantil, ensino fundamental, ensino médio e ensino universitário tanto das pessoas do grupo quanto de quem realizou seu trabalho em outros centros e com outros vínculos institucionais.

O tema do tecido da sala de aula surgiu em algumas das apresentações, principalmente naquelas das pessoas que fazem parte do grupo de projetos de trabalho, pois era um dos temas-chave que o grupo estava investigando nesses momentos. Marisol Anguita, por exemplo, desde 2008 já estava interessada pelo tema do tecido (Figura 12.3):

> Conhecendo essas inquietações, deveríamos abordar como deveria ser uma sala de aula que potencializasse o desejo de interrogar-se sobre o mundo para compreender sua estrutura espacial, assim como o papel que deveriam desempenhar os diferentes personagens dessa trama de saberes: famílias, professores e crianças. Vamos, portanto, descrever essa viagem que se desenvolve entre o próximo e conhecido e o distante e misterioso (Anguita, 2008, p. 10).

Em 2009, o Departamento de Ensino concede a Marisol uma licença de estudos na qual acompanha duas professoras, Mercè de F. e Montse R. E., e com elas investiga, a partir da vida da sala de aula, o caminho das primeiras tramas. O resultado dessa investigação é apresentado nas V Jornadas: "Tecidos que se refletem e dialogam na complexidade".

Nessa apresentação, Marisol aponta que "a vida das pessoas se transforma em uma trama desenhada e compartilhada por todos e todas. Uma trama feita de tramas e itinerários, em que se enriquecem uns aos outros em seus trânsitos e bifurcações". Em Anguita (2008, p. 12), é apresentada uma primeira definição de *xarxa*:

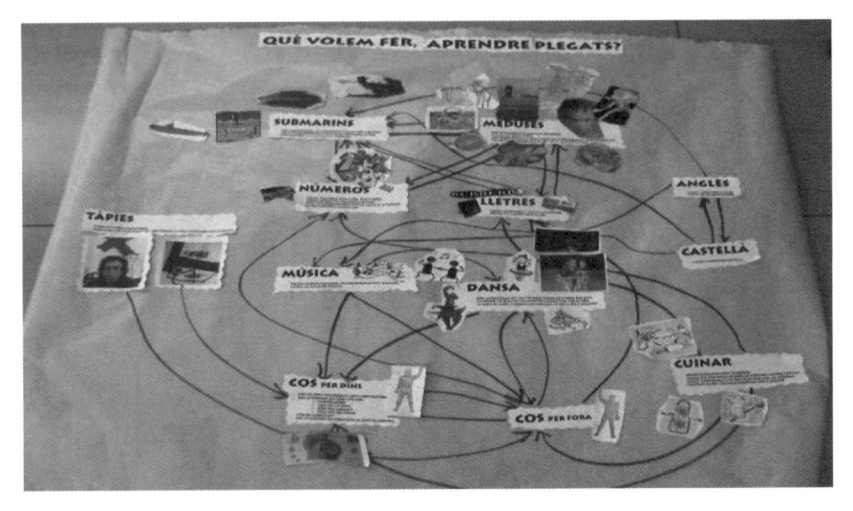

Figura 12.3 Currículo da sala de aula como tecido de relações.
Fonte: Marisol Anguita

É um mapa que mostra aqueles conhecimentos que foram escolhidos como pontos de referência-chave para explicar a viagem que representa para todos o que estamos aprendendo e os diferentes vínculos que imaginam entre eles. Que viagem realizamos enquanto aprendíamos? Como é o entorno vital pelo qual nos movemos?

Depois dessas jornadas, na reunião de novembro de 2009, o grupo volta a falar de sua necessidade de construir uma "rede de conhecimento" na qual seja possível ver o planejamento, o nó e o desfecho das narrativas que estavam sendo construídas em suas aulas. As professoras buscavam uma maneira de plasmar o caminho que haviam percorrido. Na reunião seguinte, em dezembro de 2009, o diálogo sobre o tema de criar uma *xarxa* se desloca para a possibilidade de encontrar uma metáfora que explicite o ponto de vista educativo do que está sendo realizado em aula. Então surgem as noções de "tecido" e "relações":

> Estamos colocando os nexos da *xarxa* e os pontos. Ainda há as correntes e os nós. A aprendizagem está aqui. Isso é o que é importante (Ita, uma das professoras do grupo).[4]

---

[4] Fragmento da reunião de dezembro de 2009.

O tema do tecido de aula e o das *xarxes* de relações serão amplamente discutidos no grupo e vão provocar mudanças e influências nos modos de trabalhar de alguns integrantes. Como relatava Marisol em 2009 no relatório de sua licença de estudos, já se vislumbrava o valor de pensar as vidas da sala de aula como tramas da vida:

> Nesta trama, as vozes, os olhares, as diferentes formas de expressão e representação (todas, e não apenas algumas) se entrelaçam, se entretecem em uma conversa cultural que nos ajuda a criar uma narrativa de sala de aula. A narrativa de sala de aula é um tecido feito de diferentes tramas, de texturas, de diferentes relatos que se misturam em uma narrativa global, como se fosse uma teia que nos captura a todos e todas e nos transforma em tecelões dos nossos próprios desejos (Anguita, 2009, p. 735).

Mercè V., uma professora do grupo, influenciada pelas conversas entre os participantes, em 2010 muda sua maneira de plasmar os percursos dos projetos. Até então, seus alunos documentavam o processo do projeto em um caderno. A partir das conversas nas reuniões do grupo, ela decidiu realizar um mapa de relações (Figura 12.4) com seus alunos e, em uma comunicação às Jornadas de Pesquisa em Artes e Educação, relata como chegou a essa mudança na vida da sala de aula:

Figura 12.4 Mapa de relações de um projeto na aula de Mercè V.

Posso fazer esta apresentação desta experiência porque pertenço a este grupo; caso contrário, não teria aprendido o que sei. Também devo dizer que é fruto da visita à exposição da escola de Marisol e da conversa que tive com Montse V. no carro de volta a Barcelona (Bellido *et al.*, 2011).

Em fevereiro de 2010, a ideia de *xarxa* volta ao grupo de projetos e se conecta com a própria PEPT. Dessa maneira, sai do âmbito das aulas e começa a abarcar outras tramas:[5]

- Inicial: como construímos nossos currículos (desejos).
- Trajeto: passa por elaborações (caminho e percurso da aula).
- Concretização: o sujeito aprende a pensar por meio do pensar-se.

A *xarxa*, enquanto manifestação do trajeto de aprendizado do alunado, aparece como uma estratégia que permite recriar os caminhos e as mudanças pelos quais o projeto transitou. Além disso, esse material permite uma reflexão avaliativa entre todos. No entanto, o mais importante é que os alunos criam os caminhos pelos quais transitam e que reflete sobre eles. Dessa forma, um projeto deixa de ser uma simples conversa e passa a ser um tecido de conversas que se enriquecem mutuamente. Assim, a trama que manifesta o "pensar(-se)" em companhia durante o projeto e a *xarxa* inclui noções como narração e escuta.

Quanto à narração, realizar uma *xarxa* significa recuperar as experiências dos alunos e das pessoas que fazem parte da trama que possibilita aprender e que se articula no relato de cada projeto. Isso implica dar um sentido pedagógico às experiências sem seguir estratégias rígidas ou receitas, utilizando formas alternativas que abrangem o que seria uma conversa global. Ao recuperar a narração da vida em sala de aula, os alunos se transformam em autores de suas vidas e do processo de conhecimento que estavam realizando.

A noção de escuta na *xarxa* permite que as professoras se conectem com a narração em seu papel de respigadoras da conversa e reflete como escutar, o que escutar e como devolver isso ao grupo. Essas contribuições sobre a *xarxa* (re)constroem o tecido de conhecimento do mundo e das pessoas, tornando-o visível para aqueles que não participaram do processo que possibilita o projeto.

---

[5] Fragmento da reunião de fevereiro de 2010.

A NOÇÃO DE TECIDO DE VIDA DA SALA DE AULA

Paralelamente ao tema da *xarxa*, nas reuniões também se falou sobre a comunidade de vida de aula como uma noção que pode explicar os tipos de relações entre os alunos, os professores, a escola e o entorno. Essa comunidade se configura como um espaço-experiência de relação em que as propostas e os processos de indagação compartilhados formam a base potencializadora dos vínculos que possibilitam ser e aprender em companhia.

O entrelaçamento das conversas e do processo de indagação que as professoras realizaram nessas reuniões promoveu uma mudança na compreensão do conceito de *xarxa*, transformando-o em "tecido de vida da sala de aula". Um conceito que não apenas abrange a manifestação do processo de aprendizagem, mas que também tenta dar conta das relações que existem no cotidiano do grupo.

Falar de vida de sala de aula redimensiona a ideia de projetos, pois está em questão um projeto de projetos impregnado pela vida de cada grupo e pelas relações que vão sendo criadas com os saberes que cada um traz e com aqueles que os participantes encontram no mundo. Isso levou o grupo a passar de fazer projetos de trabalho a pensar na vida da sala de aula e na escola como um projeto.

Para o grupo, esse novo conceito tentava abarcar dois pontos-chave relacionados à PEPT: o trânsito em direção à aula como projeto e o trânsito da aula para a escola, a comunidade e o mundo; e o que pode significar construir uma vida de aula e de escola por meio da PEPT.

No entanto, para abranger essas dimensões, também era necessário problematizar a diferença entre fazer um projeto e a PEPT. Para isso, em junho de 2012, foram realizadas as VI Jornadas da PEPT — "De fazer projetos à vida da sala de aula como um projeto". Essa proposta destacava o sentido do convite que o grupo fazia para dialogar, conectando o que foi discutido em jornadas anteriores com as reflexões que estavam sendo realizadas recentemente.

Esses conceitos de *xarxa*, narração, escuta e tecido de aula continuam a derivar outros conceitos que reformulam a própria PEPT. O grupo sempre refletiu sobre o que fundamenta o sentido dos projetos e que concepções os alimentam, sempre vinculando isso às experiências e questionamentos que surgem de suas práticas docentes. Dessa forma, enquanto o grupo repensa os projetos, também está em processo de formação. Isso lhe permite mudar enquanto compartilha e reflete sobre o que lhe acontece na vida em sala da aula.

A CONSTRUÇÃO DO CONHECIMENTO EM COMPANHIA E OS SABERES PEDAGÓGICOS

Os saberes pedagógicos são os processos vividos a partir de cada subjetividade que nutrem a construção do conhecimento comum que conforma a PEPT. O conhecimento gerado entre as pessoas do grupo conforma a PEPT e, por meio do intercâmbio reflexivo gerado nas reuniões, constrói-se uma linguagem que se busca compartilhar. Segundo Greenwood e Levin (2012, p. 129), "Grande parte do nosso saber é tácito e se expressa em nossas ações". Isso faz com que a reflexão coletiva sobre as questões que surgem nos contextos de cada docente gere conhecimento e saber pedagógico, derivando em conceitos que o grupo vai (re)formulando, como vimos nos parágrafos anteriores.

A partir desse conhecimento, o grupo pode, como destaca Eisner (1998), compreender e apreciar as qualidades das próprias práticas educativas, ter consciência dessas qualidades e desenvolver a capacidade de experimentar com elas. Um propósito que o grupo torna público em um artigo de 1994:

> Quando, como pessoa adulta, você tem seu próprio projeto de conhecimento, pode acessar diferentes contextos, grupos, matérias ou etapas educativas seguindo um fio condutor. Porque é esse projeto pessoal que serve como guia e referência, como elemento estruturante, dito em termos acadêmicos (Grupo Minerva, 1994, p. 77).

O conhecimento que o grupo gera nas reuniões sobre a PEPT atua como elemento estruturante das práticas docentes do grupo Projectes de Treball. Essa relação entre projetos de trabalho e PEPT faz com que o grupo mude de nome e passe a se chamar Perspectiva Educativa dos Projetos de Trabalho, destacando que não é tanto a realização de projetos que marca seu sentido, mas o enfoque (de enfoques) que o inspira. Aponta, ainda, que essa perspectiva vai além de fazer projetos, impregnando a vida da aula e da escola.

Como vimos, no grupo, o conhecimento se constrói a partir de diversas fontes e com outras pessoas, sendo gerado no entrelaçamento entre a prática docente pessoal e o diálogo. Isso destaca, como apontam Lieberman e Miller (2003), que o elemento crucial para a melhoria do ensino é o professor.

UM EPÍLOGO PARA INDICAR O QUE ACONTECEU DEPOIS

Mariane terminou sua tese após fazer parte da vida do grupo por vários cursos. Já no Brasil, nos enviou este capítulo, que termina com a demanda de colocar o docente no centro de qualquer processo de mudança educativa. Mas o grupo continuou seu caminho durante esses oito anos. Por isso, os coordenadores deste livro escreveram este encerramento, que se vincula com a introdução do capítulo. A finalidade é destacar o que nesse tempo, fora do campo deste capítulo, nos moveu e nos fez mudar de lugar nesta conversa contínua entre nossas práticas docentes e as descobertas de cada vida de aprender que tecemos juntas.

Nos últimos anos, diferentes temas adentraram no grupo, permitindo-nos avançar. Exploramos o papel que o desejo tem nesses mundos de aprender. As cartografias que vinculam subjetividades e modos de conhecer nos ajudaram a desdobrar e repensar as tramas da vida de aula. Fernando Hernández propôs ao grupo cartografar como aprendemos. Isso nos levou a elaborar e compartilhar nossas cartografias e a refletir juntas sobre como nossa relação biográfica com o aprender afeta nossas práticas docentes (Hernández; Canales; Lozano, 2020).

Isso representou, ainda, um convite a nos pensarmos em cartografias de nossas vidas de aula. Vimos que as cartografias não são apenas uma forma de expressão visual e textual, mas se integram em processos de colaboração e de geração de saber pedagógico. Na aula, vivenciamos como a conversa cultural que representa a experiência de aprender em companhia se repensava de forma cartográfica (Figura 12.5). Com isso, nossos objetos, documentos e descobertas passaram a fazer parte de um entrelaçamento de cartografias efêmeras que se refazem a cada encontro.

Vemos nessa trama dos Big Bangs, que representamos no final do curso, quão importante é cada uma das linhas relacionais que vinculam e entrecruzam diferentes itinerários do projeto de vida de aula e quão importantes são as pessoas que viveram nesse tecido.

Nos últimos anos, compartilhamos o papel que desempenha uma pedagogia dos afetos nessas vidas de sala de aula em que vamos construindo

Figura 12.5 Cartografia de subjetividades e movimentos do grupo dos Big Bangs.
Fonte: Marisol Anguita

uma história de aprender, que é a nossa, por meio de narrações que não seguem uma linha preestabelecida, mas fragmentada e em constante movimento. Como destaca Hernández-Hernández (2018), a partir da realização de cartografias, os afetos aparecem, se produzem e acontecem, então ocorre uma experiência de encontro de subjetividades (como nos conhecemos e nos narramos) e saberes (como nos vinculamos com o que conhecemos).

Esses temas se vincularam entre si nos encontros do grupo e na maneira de construir o tecido de vida da sala de aula. Pois, como vimos no Capítulo 3, cartografar uma vida de ser em companhia pode possibilitar o que Bakko e Merz (2015) denominam "uma prática afetiva", na qual as relações, os corpos e a memória do vivido se colocam em jogo. A partir da ideia de que ser professora é se colocar em jogo, nós que fazemos parte do grupo da PEPT seguiremos pensando em companhia para gerar saberes e, com eles, imaginar futuros para a educação escolar.

REFERÊNCIAS

ABAKERLI BAPTISTA, M. B. *Relaciones entre la cultura visual y la perspectiva educativa de los proyectos de trabajo en un trayecto de formación*. 2014. Tesis doctoral (Doctorado en Artes y Educación) – Facultad de Bellas Artes, Universitat de Barcelona, Barcelona, 2014. Disponível em: https://diposit.ub.edu/dspace/bitstream/2445/65287/1/MBAB_TESIS.pdf. Acesso em: 9 ago. 2024.

ANGUITA, M. *Com aprenen els nens i les nenes des de la perspectiva educativa dels projectes de treball?* Com aprenen els/les mestres? Com aprèn l'escola? Com aprenc jo mateixa repensant el meu recorregut i emmirallant-me en les narratives que acompanyo? Barcelona: Generalitat de Catalunya, 2009. Disponível em: http://www.xtec.cat/sgfp/llicencies/200809/memories/1886m.pdf. Acesso em: 1 set. 2024.

ANGUITA, M. Yo de mayor quiero ir a Honolulu. *Aula de Infantil*, n. 41, p. 9–13, 2008.

ANGUITA, M.; HERNÁNDEZ, F.; VENTURA, M. Los proyectos, tejido de relaciones y saberes. *Cuadernos de Pedagogía*, n. 400, p. 77–80, 2010.

BAKKO, M.; MERZ, S. Toward an affective turn in social science research?: theorising affect, rethinking methods and (re)envisioning the social. *Graduate Journal of Social Science*, v. 11, n. 1, p. 7–14, 2015.

BAUMAN, Z. *Los retos de la educación en la modernidad líquida*. Barcelona: Gedisa, 2007.

BELLIDO, E. *et al*. El proceso de reflexión sobre la documentación de un proyecto de trabajo realizado por alumnos de primero de primaria. Proyecto realizado con alumnos de primero de primaria de la Escuela Isabel de Villena y la visita a la exposición «Picasso davant Degas». *In:* JORNADAS DE INVESTIGACIÓN EN ARTES Y EDUCACIÓN, 1., 2011. *Actas...* Barcelona: Facultad de Bellas Artes, 2011. p. 155–163.

COCHRAN-SMITH, M.; LYTLE, S. Más allá de la certidumbre: adoptar una actitud indagadora sobre la práctica. *In*: LIEBERMAN, A.; MILLER, A. (ed.). *La indagación como base de la formación del profesorado y la mejora de la educación*. Barcelona: Octaedro, 2003. p. 65–79.

EISNER, E. W. *El ojo ilustrado*: indagación cualitativa y mejora de la práctica educativa. Barcelona: Paidós, 1998.

FREIRE, P. *Pedagogía de la autonomía*: saberes necesarios para la práctica educativa. Mexico: Siglo XXI, 1997.

GLICKMAN, C. D.; DE ALRIDGE, P. Hacerse pública las exigencias de la educación en el siglo XXI. *In*: LIEBERMAN, A.; MILLER, A. (ed.). *La indagación como base de la formación del profesorado y la mejora de la educación*. Barcelona: Octaedro, 2003. p. 29–40.

GREENWOOD, D. J.; LEVIN, M. La reforma de las Ciencias Sociales y de las universidades a través de la investigación-acción. *In*: DENZIN, N. K.; LINCOLN, Y.

(coord.). *Las estrategias de investigación cualitativa*. Barcelona: Gedisa, 2012. V. 1, p. 117–154.

GRUPO MINERVA En contra del método de proyectos. *Cuadernos de Pedagogía*, n. 221, p. 74–77, 1994.

GUBER, R. *El salvaje metropolitano:* reconstrucción del conocimiento social en el trabajo de campo. Buenos Aires: Paidós, 2004.

HAMMERSLEY, M.; ATKINSON, P. *Ethnography:* principles in practice. London: Tavistock, 1983.

HERNÁNDEZ, F.; CANALES, C.; LOZANO, P. Expandir la investigación: las trayectorias de aprendizaje del grupo de la Perspectiva Educativa de los Proyectos de Trabajo (PEPT). *In*: HERNÁNDEZ, F. et al. (ed.). ¿Cómo aprenden los docentes?: tránsitos entre cartografías, experiencias, corporeidades y afectos. Barcelona: Octaedro, 2020. p. 203–218.

HERNÁNDEZ, F.; VENTURA, M. *La organización del currículum por proyectos de trabajo: el conocimiento es un calidoscopio.* Barcelona: Graó; Octaedro, 2008.

HERNÁNDEZ-HERNÁNDEZ, F. Encuentros que afectan y generan saber pedagógico entre docentes a través de cartografías visuales. *Revista Digital do LAV*, v. 11, n. 2, p. 103–120, 2018.

LIEBERMAN, A.; GROLNICK, M. Educational reform networks: changes in the forms of reform. *In*: HARGREAVES, A. et al. (ed.). *International handbook of educational change*. Dordrecht: Kluwer Academic, 1998. p. 710–729.

LIEBERMAN, A.; MILLER, L. (ed.). *La indagación como base de la formación del profesorado y la mejora de la educación*. Barcelona: Octaedro, 2003.

STENHOUSE, L. *La investigación como base de la enseñanza*. 4. ed. Madrid: Morata, 1998.

STOKES, L. Lecciones desde una escuela indagadora: formas de indagación y condiciones para el aprendizaje del profesorado. *In*: LIEBERMAN, A.; MILLER, A. (ed.). *La indagación como base de la formación del profesorado y la mejora de la educación*. Barcelona: Octaedro, 2003. p. 173–191.